人類の歩み

― 21 世紀の分岐点 ―

大塚友美
編著

上之園佳子　澤田博司
石川晃司　　髙階曜衣
鵜川元雄　　高橋正樹
江川　晃　　内藤佳津雄
落合康浩　　深田喜八郎
櫛　英彦　　蒄田光三
小池高史　　藁谷哲也
著

AN21研究シリーズ

No. 6

文眞堂

はじめに*

　今日の日本は，経済の低迷，膨れ上がる社会保障費，年金問題といった複雑多岐にわたる社会経済問題に直面している。その要因の1つに，少子高齢化現象の進展がある。人口転換理論によるなら，このような人口構造の変化は社会経済の発展に伴う出生率と死亡率の低下によって生ずる。すなわち，少子高齢化現象は，社会経済の発展という輝かしい成果の影の部分なのであって，先進国は避けて通ることができない。

　それゆえ，この問題を克服する方途を探ることが，今日の我が国にとって喫緊の課題となっている。しかも，日本の少子高齢化現象は，欧米等の先進諸国の中でも例を見ない速さで進展している。このため，その克服策を欧米諸国等の先例のなかに見出すことができない我が国は，これを求めて試行錯誤を繰り返さなければならないのである。

　平成25年度日本大学文理学部人文科学研究所総合研究（「21世紀における日本の針路〈少子高齢化への挑戦〉」）においては，文理学部の社会系・理系・人文系の研究者が集まり，このような問題意識のもとに，それぞれの専門分野の立場から日本の少子高齢化問題を学際的かつ総合的に考察した。その研究の成果は，

　　『少子高齢化（21世紀日本の課題）』（AN21研究シリーズ No.5），

として2014年4月に文眞堂から刊行されている。

　さて，既述のように，社会経済の発展よる人口転換転換の進展にともなって，少子高齢化などの問題が顕在化してきた。しかし，この発展は，より良い暮らし（より豊かで健康な暮らし）を求めてきた人間の努力の賜物である，といえる。このように考えるなら，少子高齢化に起因する諸問題や地球温暖化などの環境問題は，より良い暮らしを希求する人類のこれまでの経済活動がもたらしたものであることになる。

それゆえに，上記の諸問題の克服策への手掛かりを得るためには，豊かさと健康を求めてきた人類のこれまでの歴史を俯瞰し，現状を把握した上で，その将来の在るべき姿（将来像，ないしはビジョン）を構築することが重要になってくるはずである。

　このような研究実績と問題意識のもとに，文理学部の社会系・理系・人文系の研究者がふたたび集まって実施した学際的研究が，平成26・27年度の日本大学文理学部人文科学研究所総合研究（「21世紀における日本の針路に関する学際的研究〈少子高齢化に伴う諸問題の克服策〉」）である。そして，このたび，その研究成果をまとめ，

　　　　　『人類の歩み』（AN21研究シリーズ，No.6），

として文眞堂から刊行することとなった。

　本書の構成は，およそ次の通りである。

　第1章（宇宙の誕生から地球の誕生まで），第2章（生命体の誕生と生物進化），第3章（人類の起源と進化と文化の発展）においては，地球という惑星が誕生し，生命が生まれ，やがて人類が誕生して，文明・文化を築き上げるまでを概観することを通して，生命の尊さを説いてる。

　第4章（豊かさを求めて〈経済の成長と発展〉），第5章（戦争の論理と平和の倫理〈国民国家・資本主義との関連で〉），そして第6章（人類の歩み〈長寿と健康を求めて〉）においては，より良い生活（より豊かで健康な暮らし）を求めて経済を成長・発展させてきた人間の営み，それとは反対に戦争という破壊行為を繰り返してきた人間の愚行，そして長寿と健康を求めて医学を発展させてきた人間の地道な努力を俯瞰している。

　第7章（日本の高齢者の生活保障のあゆみ），第8章（超高齢社会における孤立死），そして第9章（少子高齢化と地域開発）においては，経済発展の負（マイナス）の側面である少子化高齢化に起因する社会保障問題，老人の孤独死，さらに，少子高齢化対策の一環としての国土利用計画であるコンパクトシティーが論じられている。

　第10章（環境破壊と成長の限界）と第11章（トランス・サイエンスのた

めの科学・技術倫理）では，人間の経済活動がもたらした環境破壊と成長の限界，経済至上的な科学技術の利用への再考を促すための科学・技術者倫理が考察されている。

　本書を通して，将来のビジョンが僅かでも浮き彫りになれば幸いです。

　最後に，本研究会（アルス・ノストラ21）では，このような学際的研究および出版活動を，今後とも鋭意継続してゆく所存です。

　＊本書は，日本大学文理学部人文科学研究所平成26・27年度総合研究「21世紀における日本の針路に関する学際的研究＜少子高齢化とそれに伴う諸問題の克服策＞」の研究成果の一部である。

平成 28 年 4 月吉日
著者代表
AN21（アルス・ノストラ）代表
大　塚　友　美

目　次

はじめに

第1章　宇宙の誕生から地球の誕生まで …………1
　1. はじめに …………1
　2. 宇宙の大きさ …………1
　3. 宇宙の膨張と宇宙のはじまりの認識 …………5
　4. 銀河宇宙の形成と恒星の一生 …………8
　5. 太陽系の形成 …………10
　6. 太陽系惑星の特徴 …………12
　7. 地球と月の形成 …………14
　8. 水惑星地球と生命の誕生 …………15

第2章　生命体の誕生と生物進化 …………18
　1. はじめに …………18
　2. 生物と生命について …………18
　3. 生命の起源と化学進化 …………22
　4. 地球環境の変化と生物進化 …………28
　5. 多細胞生物の出現と化石の記録 …………32
　6. 現代の進化論について …………35
　7. おわりに …………39

第3章　人類の起源と進化と文化の発展 …………40
　1. はじめに …………40
　2. ヒトの起源の判定基準 …………40
　3. 人類の起源と進化 …………42

4. 農耕と文明のはじまり ……………………………………………51
　5. 人類の基本的・原初的経済活動 …………………………………53

第4章　豊かさを求めて
　　　　──経済の成長と発展── ……………………………………60

　1. はじめに …………………………………………………………60
　2. 人間の経済活動 …………………………………………………61
　3. 経済の成長と発展 ………………………………………………64
　4. 経済の成長・発展と少子高齢化 ………………………………69
　5. 日本経済の簡易人口経済計量モデル …………………………75
　6. おわりに …………………………………………………………79
　【付論：簡易人口経済計量モデル】……………………………………80
　　1. 簡易人口モデル ………………………………………………80
　　2. 簡易計量経済モデル …………………………………………83

第5章　戦争の論理と平和の倫理
　　　　──国民国家・資本主義との関連で── ……………………89

　1. はじめに …………………………………………………………89
　2. 国民国家と戦争──資本主義と宗教をもとに ………………89
　3. 現代における平和と安定の模索 ………………………………99

第6章　人類の歩み
　　　　──長寿と健康を求めて── …………………………………114

　1. はじめに …………………………………………………………114
　2. 人畜共通感染症 …………………………………………………116
　3. 医学の進歩 ………………………………………………………123

第7章　日本の高齢者の生活保障のあゆみ ……………………140

　1. はじめに …………………………………………………………140

  2. 近代から老人福祉法までの高齢者福祉・介護政策のあゆみ ……… 142

  3. 老人福祉法以降の高齢者福祉・介護政策のあゆみ ……………… 156

第8章 超高齢社会における孤立死 …………………………………… 173

  1. はじめに ……………………………………………………………… 173

  2. 「孤立死」という問題 ……………………………………………… 173

  3. 団地での孤立死 ……………………………………………………… 175

  4. 2000年代後半の動き ………………………………………………… 176

  5. 団地は孤立死が起こりやすい場所か ……………………………… 178

  6. 孤立死の前提としての社会的孤立 ………………………………… 180

  7. 孤立を測る …………………………………………………………… 180

  8. 孤立の要因と影響 …………………………………………………… 181

  9. 孤立の主観的な要因 ………………………………………………… 183

  10. 孤立死防止活動の例―横浜市公田町団地― …………………… 184

  11. 公田町団地での調査から ………………………………………… 185

  12. 「いこい」の利用と知り合いの数 ……………………………… 189

第9章 少子高齢化と地域開発 …………………………………………… 192

  1. はじめに ……………………………………………………………… 192

  2. 国土計画と地域開発の方針転換 …………………………………… 193

  3. 地方における生活圏と都市 ………………………………………… 198

  4. 中核市における地域活性化 ………………………………………… 203

  5. 小規模都市における地域活性化 …………………………………… 209

  6. 地方生活圏の持続的発展に向けて ………………………………… 214

第10章 環境破壊と成長の限界 …………………………………………… 217

  1. はじめに―アントロポセン（人新世）― ………………………… 217

  2. 地球温暖化とその影響（グローバルスケール） ………………… 218

  3. 越境汚染（メソスケール）と

　　　　開発途上国の環境問題（ローカルスケール） ……………………230
　4. メメント・モリ―成長の限界と持続可能性― ………………236

第11章　トランス・サイエンスのための科学・技術倫理 ………243
　1. はじめに ……………………………………………………………243
　2. 20世紀以降の科学・技術の特質 …………………………………244
　3. iPS細胞と技術倫理…………………………………………………249
　4. 京都大学iPS細胞研究所（CiRA：サイラ）の取り組み …………258
　5. まとめ ………………………………………………………………262

索引 ………………………………………………………………………265
著者紹介 …………………………………………………………………270

第1章

宇宙の誕生から地球の誕生まで

1. はじめに

われわれが知っている宇宙は約138億年前に誕生し，130億光年を越える拡がりがある。約138億年前にインフレーションとよばれる瞬時の爆発的膨張で誕生した宇宙は，引き続く38万年間のビッグバンでさらに急激に膨張した。このとき作られた水素原子は，138億年後に生きている我々の体を作る様々な分子の材料として使われている。宇宙はさらに膨張しつづけ，無数の銀河が誕生し，銀河の中で恒星が作られた。恒星の内部では核融合が進み，酸素や鉄のように重い原子が作られ，その後，超新星となり爆発し，この爆発によって鉄よりさらに重い元素が生成された。これらの過程で生成された原子を使って新たな星が作られ，われわれの太陽系のすべての物質も，これらの原子で作られている。ここでは，宇宙の誕生から地球が形成されるまでの約138億年を概観し，生命が誕生するに至るまでの地球の形成プロセスをみていくことにする。

2. 宇宙の大きさ

(1) 太陽系のひろがり

まず現在の太陽系をながめてみよう。われわれが住んでいる地球にもっとも近い天体は月である。地球と月のあいだの距離は，地球10周（地球を赤道に沿って一周するとほぼ4万km）よりわずかに短い約38万kmである。地球は太陽の周りを公転している。その公転半径（地球から太陽までの距

離）は約 1 万 5 千 km で，太陽を発した光が地球に到達するには 500 秒（光の速度は毎秒約 30 万 km）を要する。この距離を 1 天文単位（1AU）と呼んでいる。地球は半径 1AU のほぼ円軌道で太陽を周回している。

　地球のように太陽の周りを公転し，ほぼ球状で十分な質量があり，太陽のように自ら輝かない星を惑星とよぶ。太陽系には 8 つの惑星がある。図表 1-1（(a) と (b)）に示すように地球と太陽の間を水星と金星が，また地球より遠いところを火星，木星，土星，天王星，海王星が周回している。惑星のな

図表 1-1　太陽系と銀河の大きさ

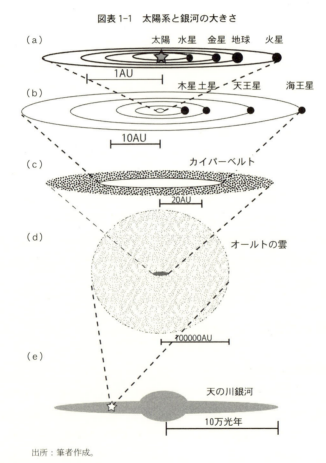

出所：筆者作成。

かで最も太陽から離れている海王星の公転半径は，30.1AU，すなわち地球と太陽の距離の約30倍である（図表1-2）。

　太陽系には惑星に次ぐ大きさで太陽の周りを周回している準惑星と呼ばれている天体がある。以前は惑星の1つとされていた冥王星を含め，現在5つの天体が準惑星とよばれている。そのうち4つの公転軌道は海王星のほぼ外側にあり，その1つであるエリスは太陽から最大で約98AUほど離れている。さらに太陽系小天体である小惑星と彗星が太陽の周りの軌道を回っている。多数の小惑星が火星と木星の間に分布し，これは小惑星帯とよばれている。また小惑星の一部や彗星は，太陽系を取り巻くカイパーベルト（図表1-1 (c)）とオールトの雲（図表1-1 (d)）とよばれる太陽系外縁天体を起源にしている。カイパーベルトは海王星の外側に円盤状に氷や岩石の塊が分布する領域で，太陽から30〜55AU離れている。そのさらに外側にあると考えられているオールトの雲は，太陽からの距離が5千から10万AUの球殻状に氷の塊などが分布する領域である。オールトの雲まで含めると，太陽系は約20万AUにわたる拡がりがある。

図表1-2　惑星の軌道，大きさ，形などのデータ

	地球型惑星				木星型惑星（巨大惑星）			
	水星	金星	地球	火星	木星	土星	天王星	海王星
軌道長半径（AU）	0.387	0.723	1.000	1.524	5.203	9.555	19.218	30.110
公転周期（365日）	0.2410	0.6156	1.001	1.882	11.87	29.39	84.16	165.0
赤道半径（km）	2440	6052	6378	3396	71492	60268	25559	24764
地球を1とした赤道半径	0.38	0.95	1.00	0.53	11.21	9.45	4.01	3.88
地球を1とした体積	0.056	0.857	1	0.151	1321	755	63	58
地球を1とした質量	0.055	0.815	1	0.107	318	95.2	14.5	17.1
密度（10^3kg/m^3）	5.43	5.24	5.52	3.93	1.33	0.69	1.27	1.64
表面平均温度（℃）	167	464	15	-65	-110	-140	-195	-200
大気圧（bars）	0	92	1	0.01	—	—	—	—
大気の主成分（体積比率で10%以上の成分）	—	二酸化炭素	窒素・酸素	二酸化炭素	水素・ヘリウム	水素	水素・ヘリウム	水素・ヘリウム

出所：理科年表およびNASAのWEBサイトをもとに作成。

(2) 恒星と天の川銀河

　太陽系は銀河系と呼ばれる恒星の集団の一構成員である。宇宙にはたくさんの銀河系が存在するので，われわれの属している銀河系を特に「天の川銀河」（英語では Milky Way）と呼んでいる。天の川銀河は恒星や星間物質の密度が円盤状に高く分布し，その直径は約 10 万光年と推定されている（図表 1-1 (e)）。中心部にはバルジと呼ばれる膨らんだ領域があり，その周囲に腕が渦巻き状に広がって円盤を形成している。太陽系は中心から約 2 万 6 千光年の距離にあり，円盤と呼ばれる領域に位置している。地球から見た天の川銀河の中心は，星空を見上げたとき，天の川が最も明るく見える射手座方向にある。天の川銀河のなかで最も太陽系に近い恒星は，ケンタウルス座にあるプロキシマ・ケンタウルス星で，その距離は 4.22 光年（26 万 7 千 AU）である。

　銀河の大きさや恒星までの距離は，光りが 1 年間に進む距離である「光年」を使って表す。1 光年は，約 6 万 3 千 AU，メートル法で表せば 9.46×10^{12} km（約 10 兆 km）という長大な距離である。「光年」の他に「パーセク (pc)」という単位を用いて天体の距離を表すことも多い。地球が太陽を公転する際に地球の位置の変化に伴って天球上の恒星の見かけの位置がわずかに変化する。この恒星の見かけの方向の変化から算出される角度（1 天文単位だけ移動したときの視差）を年周視差という。1pc は年周視差が 1 秒角（3600 分の 1 度）の恒星までの距離で，3.26 光年に相当する。プロキシマ・ケンタウルス星までの距離は 1.30pc，また天の川銀河の直径は約 3 万 pc と表すことができる。

(3) 宇宙に広がる銀河

　われわれの天の川銀河は，大マゼラン星雲と小マゼラン星雲と呼ばれる小さな銀河（伴銀河）を伴っている。さらに肉眼で見ることができるアンドロメダ星雲は太陽系からは約 230 万光年離れている銀河で，われわれの天の川銀河などとともに銀河群を構成している。アンドロメダ銀河は天の川銀河よりやや大きい。

宇宙には無数の銀河が存在している。銀河は宇宙空間に均質に分布しているわけではなく，群れとなって銀河群や銀団を構成している。さらに最近では，宇宙空間は泡状の大構造をしており，皮膜状に銀河や星間物質が密集している領域とその内側の空白地帯からなるということも明らかになってきている。望遠鏡の性能の向上とともにわれわれが認識できる銀河系までの距離は大きくなってきた。2016年4月現在，これまでに見つかっている銀河系のなかで最も離れている銀河系の光は，134億年前に発せられたものである。

3. 宇宙の膨張と宇宙のはじまりの認識

(1) 宇宙の広さと膨張宇宙の認識

　20世紀に入り，宇宙が膨張しているという考え方が提唱された。1920年代にソ連の宇宙物理学者フリードマンやベルギーの宇宙物理学者ルメートルが一般相対性理論から膨張宇宙論を提唱した。同じころアメリカ合衆国の天文学者ハッブルは，天の川銀河の外にある銀河系までの距離の測定に成功した。ハッブルは，セファイド型変光星という一定の周期で明るさが変化し，その周期と絶対光度（一定の距離（10pc）で見たときの星の明るさ）の間に1対1の関係が成り立つ脈動型変光星を利用した。地球から見た星の明るさ（見かけの光度）と絶対光度の違いは，その星までの距離によって決まる。セファイド型変光星の見かけの光度と絶対光度の違いから，星までの距離を測定することができる。ハッブルは，アンドロメダ銀河や他の銀河に存在するセファイド型変光星を観測することによって，遠方の銀河までの距離を明らかにした。

　さらにハッブルは，1929年に遠い銀河系ほど地球から大きな速度で遠ざかっていることを発見した。恒星からの光には，恒星を構成する元素に対応して特定の波長の強度が強い輝線や特定の波長の光が吸収される暗線が現れる。ハッブルは銀河系の星のスペクトルを調べたところ，遠方の銀河ほど，そのスペクトルが波長の長い方（赤い色の方向）にずれる赤方偏移と呼ばれ

る現象を見出し，赤方偏移が銀河までの距離に比例していること（ハッブルの法則）を明らかにした。赤方偏移は銀河が地球から遠ざかっているために生じるドップラー効果と解釈され，遠ざかる速度（後退速度）は，銀河までの距離に比例していることを示している。その比例定数はハッブル定数（H_0）と呼ばれる値で，(km/s)/Mpc（Mpc はメガ・パーセクと読み，百万パーセクのこと）という単位で表され，百万パーセクの距離が毎秒どれだけの速度で伸びていくかという空間の膨張率を示している。ハッブルはこの現象をわれわれが膨張する宇宙の中心にいるのではなく，宇宙全体が一様に膨張しているためと解釈した。観測から宇宙が膨張していること（膨張宇宙）が認識されたのである。宇宙の膨張を理解するために，図表 1-3 は球が膨張するときにその表面の 3 点が互いに遠ざかっていくことを模式的に示したものである。

　ハッブル（Hubble, 1929）は 1929 年に 500 (km/s)/Mpc というハッブル定数を得たが，1970 年代以降は 50〜100 (km/s)/Mpc の範囲となり，最近では約 70 (km/s)/Mpc（例えば 100 万 pc 離れた天体同士は毎秒約 70km の割合で離れている）という値が得られている。もし銀河が一定の割合で膨張していれば，ハッブル定数の逆数はすべての銀河が 1 点にあった時点から現在までの時間に相当するので，宇宙の年齢の指標となるものである。約 70 (km/s)/Mpc というハッブル定数から宇宙の年齢が 140 億年程度である

図表 1-3　宇宙の膨張の概念図

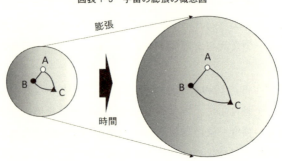

出所：筆者作成。

ことがわかる。近年は，直接ハッブル定数を測定するのではなく，後で説明する宇宙の「背景放射」から推定することにより，ハッブル定数や宇宙の生まれた年代が推定されている。2015年現在，宇宙の年齢は約138億年という値が報告されている。

(2) 膨張宇宙の開始：ビッグバン

1930年代後半には太陽系の元素の存在度が太陽大気の分光スペクトルや隕石の分析結果から推定され，水素とヘリウムが大部分を占めていることが分かった。現在の宇宙の元素は，重量比で水素が73％，ヘリウムが24％，残り3％が他の元素と推定されている。ロシア生まれのアメリカの物理学者ガモフとその共同研究者達は，元素が宇宙初期に合成されたとする考えを1946年〜1948年に提唱した。彼らは，宇宙が膨張する初期段階は，高温かつ高密度の状態（火の玉状態の宇宙）であり，それによって核融合反応が起き，大量の水素やヘリウムをはじめとする元素が生成されたと考えた。イギリスの天文学者ホイルは，ガモフらの考え方に反対し，彼らのモデルに「ビッグバン」という言葉を使ったため，ガモフらの理論はビッグバン理論と呼ばれるようになった。現在はビッグバンによって水素とヘリウムおよび一部の軽い元素が合成されたと考えられている。

ビッグバン理論は，宇宙初期の高温状態の名残であるマイクロ波の背景放射が現在の宇宙に存在することを予言した。そして1965年に宇宙マイクロ波背景放射が実際に通信衛星用の電波望遠鏡の研究のなかで観測されたことにより，宇宙進化の標準モデルとなった。

(3) 宇宙の開始

現代の素粒子物理学を基にした宇宙論によれば，ビッグバン以前の宇宙開始直後に「インフレーション」と呼ばれる瞬時の爆発的な膨張時期があり，この時期に生み出されたエネルギーがもとになって物質や光，熱が生成されたと考えられている。ビッグバンはインフレーション後の宇宙誕生から約38万年間の期間である。ビッグバン理論の確立に重要な役割を果たした宇

宙背景放射は，宇宙が始まってから約38万年後，ビッグバンが終了した直後の宇宙の温度3000Kを反映したものである。

4. 銀河宇宙の形成と恒星の一生

(1) 銀河宇宙の形成
ここで宇宙の開始から太陽系が形成されるまでの道のりを時間順に整理してみよう。

(a) 宇宙の創生

約138億年前，「無」の状態から「インフレーション」とよばれる急激な爆発的膨張によってエネルギーが瞬時に生成された。この時期に生み出されたエネルギーがもとになって物質や光，熱が生成されたと考えられている。その後，約38万年間のビックバンとよばれる急速な膨張時期に入り，高温かつ高密度の状態（火の玉状態の宇宙）において核融合反応が起き，大量の水素やヘリウムをはじめとする元素が生成された。その後も，宇宙は冷却しながら膨張を続けた。

(b) 銀河の誕生

宇宙が膨張する過程で温度が低下し，水素やヘリウムからなる原始銀河雲が収縮し，宇宙誕生から数億年後には銀河の形成が始まった。われわれの天の川銀河は約130億年前に誕生したと考えられている。

(c) 恒星の誕生と重い元素の生成

ビッグバンで生成される元素は，ほとんど水素とヘリウムである。これらによって作られた原始銀河雲の中で密度の濃い部分は周囲の粒子を引き寄せ，この引力によって第1世代の恒星の形成が始まる。その内部では水素やヘリウムが核融合することにより，ヘリウムから鉄に至る元素が形成された。さらに恒星の進化の過程の最終段階として超新星爆発が起こり，鉄より重い元素が生成された。この過程で生成された元素を利用して，さらに恒星が作られている。われわれの太陽系の形成過程も同様で，約46億年前に天の川銀河の円盤部で超新星が爆発し，その星間物質から太陽系が形成され

て，ほぼ同時に地球も生まれた。

(2) 恒星の一生

恒星までの距離が分かると見かけの明るさから絶対光度（絶対等級）すなわち星そのものの明るさ（星の光度）を知ることができる。また恒星を見ると赤い星，黄色い星，青白く輝く星など様々な色があることがわかる。星の色は星からどのような波長の光が強く放射されているか（放射された光の波長による強弱をスペクトルという）で決まり，恒星が示す特徴的な色のことをスペクトル型という。スペクトル型は星の表面温度と一定の関係があり，赤は低温（2500K（2200℃）程度：Kは絶対温度），青は高温（3万5000K（3万4700℃）程度）である。また星の光度は星の大きさと温度で決まる。

星の温度と星の光度の関係から，多くの恒星は赤く暗い星から青く明るい星に連なる一連の系列に含まれることが分かった。この星のグループを主系列星と呼ぶ。太陽も主系列星の一員である。またこのグループから外れた赤く明るい星（赤色巨星，赤色超巨星）および白く暗い星（白色矮星）のグループも存在している。このような特徴は，星が一生をどのように営むかということと深く関係している。

星の誕生は星間ガス雲の重力による収縮で原始星が作られることから始まる。収縮が進むと中心部が高温高圧になり，星を構成する主に水素などの元素の核融合が始まり，その際に放出されるエネルギーによって輝く。重い星は核融合の進行が速いので高温になって明るく輝くが，それだけ燃料になる水素の消費が速く寿命が短い。質量の小さい星ほど暗く低温であるが，寿命は長い。

星の内部では，まず星の中心部の水素からヘリウムが生成される核融合が起き，中心部の水素が消費され尽くされたとき，中心部分ではヘリウムの核融合反応に移行し，膨張が始まる。このとき星は主系列星から赤色巨星へ進化する。太陽程度の質量の星では，赤色巨星からさらに惑星状星雲，そして白色矮星へと進化して一生を終える。その間は約100億年と推定されている。太陽の質量の約8倍から約20倍の重い星は赤色巨星となったあと，最

終的に超新星爆発を起こし，ニュートリノ星となって一生を終える。このような星の寿命は1億〜1000万年程度と考えられている。さらに重い星は，もっと短い寿命でブラックホールとなって一生を終える。このように恒星の一生は，もとになった原始星の質量によって決まっている。

5. 太陽系の形成

(1) 太陽系の形成シナリオ

太陽系を作る太陽や惑星は，水素分子を主成分とするガスや固体微粒子の塵に富む星間分子雲の中で形成されたと考えられている。惑星が形成される標準的なシナリオは，以下のように考えられている。

① 星間分子雲に密度の濃淡があると引力の作用によって密度の濃い部分が周囲の物質を引き寄せて収縮し，星間分子雲のコアを形成する。収縮が進むに従って，中心部に原始太陽が形成された。引力によって収縮するとき星間分子雲のコアが回転していると，物質には遠心力が働くので，遠心力が大きい物質は中心まで行き着けずに円盤を形成する。原始太陽を取り巻くように広がるこの円盤を原始惑星系円盤と呼んでいる。

② 原始太陽から太陽が形成される期間は，数千万年程度と見積もられている。

③ 原始惑星系円盤の中心部には岩石や氷の塵の層が形成され，その周りを水素やヘリウムのガスが覆う。

④ 塵の層は自己重力のため，多数の塊に分裂する。さらにそれらは引力によって引き合い，衝突し，合体する。この衝突・合体によって直径が1〜10km程度の微惑星が形成された。微惑星はさらに合体を繰り返して，原始惑星を形成した。太陽に比較的近い領域では岩石が主体の微惑星が形成され，さらに集積合体が進んで地球型惑星が形成された。太陽から遠い領域では，微惑星の集積に引き続きガスが降着し，ガスで覆われた木星型惑星が形成された。

(2) 太陽系が形成された年代

太陽系の形成シナリオで見たように,太陽と太陽系に属する太陽以外の天体はほぼ同時期に形成されたと考えられている。その年代を知るために,隕石が使われた。地球に落下する隕石は,ケイ酸塩鉱物が主体の石質隕石,鉄とケイ酸塩鉱物が入り混じった石鉄隕石,鉄が主成分の鉄隕石に大きく分けることができる。石質隕石は,コンドリュールという直径 0.1mm から数 mm の球状の構造を有するコンドライトと呼ばれるものとコンドリュールを含まず結晶化が見られるものに分けることができる。コンドライトはその成分が水素やヘリウムなどの揮発性(ガス)成分を除く太陽系の元素の存在度と似ていることから,太陽系の形成初期の情報を有していて,その生成年代(隕石を形成する物質が固化した時期)は太陽系の形成年代を示すと考えられている。

コンドライトの生成年代は,アメリカ合衆国の地球化学者パターソンが放射性元素(核種)であるウランの同位体が鉛の同位体に壊変することを利用して年代を高精度で測定する方法(鉛の同位体の比 $^{207}Pb/^{206}Pb$ を利用するので鉛―鉛法とよばれる)を開発し,1956 年に隕石の年代を 45 億 5 千万年と算出して以降,研究が進んだ。現在まで多くの隕石の生成年代が様々な放射性核種の壊変を利用して決定され,その多くは 45 億 6000 万年頃に集中することから,この年代(現在から 45 億 6 千万年前)が太陽系の形成年代と考えられている。

(3) 太陽の活動と寿命

太陽の組成(原子の数)は 92.1% が水素,7.8% がヘリウムで,宇宙の元素存在度にほとんど一致している。太陽の中心核と呼ばれる中心部では水素からヘリウムが合成される核融合反応が進行していて,そのエネルギーによって太陽は輝いている。太陽の半径は 69 万 5500km で地球の約 109 倍,平均密度は約 1.4g/cm³ である。表面温度は約 5800K (5500℃),絶対光度は 4.82 等である。太陽が放射するエネルギーは,約 3.8×10^{26} W(ワット)という量で,太陽から 1 億 5 千万 km 離れた地球はその一部を受け取っている。

主系列星のなかで太陽と同程度の質量の恒星の寿命は約100億年と推定されている。太陽自身の寿命は約46億年なので，ほぼ恒星としての中間点にさしかかったところである。

6. 太陽系惑星の特徴

(1) 地球型惑星と木星型惑星

ここで地球型惑星と木星型惑星の特徴を見てみよう。図表1-2に惑星の大きさや公転軌道などに関する情報をまとめた。まず惑星の半径を見ると地球型惑星では，地球を1としたとき最も小さい水星が0.38で最大は地球である。一方，木星型惑星では最小の海王星から最大の木星まで，3.9～11.2の範囲にあり，地球型惑星の数倍以上の半径であることが分かる。木星型惑星の質量は，半径が大きいことを反映して，地球型惑星の十数倍から約300倍の範囲であるが，密度は地球型惑星がほぼ3.9～5.5g/cm^{3}の範囲であるのに対し，木星型惑星は0.68～1.64g/cm^{3}の範囲であり，地球型惑星の数分の1である。これは地球型惑星が岩石質のマントルと金属の核で構成されているのに対し，木星型惑星は岩石や金属，氷で構成された核を水素やヘリウムが主成分のマントルが取り巻いているためである。

(2) 地球型惑星

地球以外の地球型惑星の特徴を概観する。

(a) 水星

巨大な金属核（半径約2000km：全半径の85%）を持つ惑星。核の内部の少なくとも一部は溶融し，双極子磁場が発生する成因となっていると考えられている。水星の地殻とマントルは地球と同様のケイ酸塩鉱物で構成されている。クレーターの数が多いことから，惑星形成初期の地殻が残されている。表面の平均温度は167℃であるが，太陽に面した側は320～450℃の高温である。大気の圧力はほぼ0気圧（10^{-14}気圧以下）である。

(b) 金星

地球と質量，大きさともに似ている惑星。厚い大気に覆われ，その主成分は二酸化炭素である。高度 45－70km には，硫酸の厚い雲があるため地球から可視光で惑星表面を観測できない。1990 年代に惑星探査機のレーダーにより表面地形が観測され，大規模な山脈や火山地形が明らかになった。クレーターは金星全体で 1000 個くらいしかなく，表面は数億年より若いと考えられている。表面の平均温度は約 460℃と高温で，また大気圧は 92 気圧と非常に高い。

(c) 火星

直径は地球の半分，質量は約 10 分の 1 である。中心は金属核，その周りを岩石のマントル，一番外側を玄武岩組成の地殻が取り巻く。大気の主成分は二酸化炭素で，大気圧は小さく，地球の 1000 分の 6 である。両極や高い山に二酸化炭素と水の氷の雲が現れる。オリンパス山などの標高 25km を越える巨大な火山がある。洪水地形が見られ，現在も地表面に変動している様子が現れる。表面の平均温度は－63℃で，－89～－31℃の季節変化がある。

(3) 木星型惑星

木星型惑星の特徴を概観する。

(a) 木星

水素を主体とした惑星である。中心には岩石や鉄の内核と氷でできた外核があり，その周りを液体金属水素（電気を通す性質）が取り巻く。表面は水素とヘリウムを主体としたガスで覆われている。赤道に平行した風が緯度によって交互に吹くため，縞模様が見える。厚いガスの層に覆われているので，ガスの圧力が 1 気圧の場所を惑星の大きさとしているが，そこでの平均温度は－108℃である。

(b) 土星

木星に似た構造で，中心には岩石や鉄の内核と氷でできた外核がある。惑星全体の密度は太陽系で最も小さく，約 0.7g/cm^3 である。明瞭な環があ

り，その大きさは全体の幅が約2万km，厚さは10～100mである。表層のガスの圧力が1気圧の場所での温度は，－139℃である。

  (c) 天王星

　木星，土星に次ぐ大きさの惑星で，その大気の主成分は，水素とヘリウムである。氷の厚い層の内側に核があるらしい。表層のガスの圧力が1気圧の場所での平均温度は－197℃である。

  (d) 海王星

　太陽から最も遠い惑星である。大気の主成分は水素とヘリウムで，天王星と同様に氷の厚い層の内側に核があるらしい。表層のガスの圧力が1気圧の場所での平均温度は－201℃である。

7. 地球と月の形成

(1) 微惑星の衝突とマグマオーシャンの形成

　45億6700万年前に原始太陽系円盤の地球軌道上で微惑星の衝突が始まった。無数の微惑星は衝突・合体を繰り返しながら集積し成長していった。成長し大きくなるにつれて原始地球は重力によってより多くの微惑星を引き付けるようになっていった。

　45億5000万年前頃に原始地球の大きさが現在の約60%になると，微惑星の衝突のエネルギーによって高温となった原始地球は，表面から厚さ数百km程度が完全に融解してマグマオーシャン（マグマの海）が形成された。微惑星は，コンドライト隕石と同様に，主に鉄，マグネシウム，酸素，ケイ素からなる珪酸塩から構成されていたため，それらが集合して形成された地球も，主要な成分は鉄，マグネシウム，酸素，ケイ素であった。マグマオーシャンでは，原子量が大きく重い融けた鉄が重力によってオーシャン底へと沈降し，さらに中心部の固体を融解しながら中心部へと集まりやがて鉄の金属からなる液体状態の外核を持つ中心核が形成された。鉄が取り去られた中心核を囲む残りの部分（中心核を取り囲む部分という意味でマントルとよばれる）は，主にマグネシウム，酸素，ケイ素からなるマグマから構成される

ようになり，やがて冷却・固化することにより，珪酸塩鉱物によって構成されるマントルが形成された。こうして卵の黄身と白身の関係のような，現在の中心核とマントルからなる基本的な固体地球の層構造が生まれた。

(2) ジャイアント・インパクトと月の形成

地球軌道上では，微惑星の衝突によって原始地球以外にも大型の集積微惑星が形成された。

45億3300万年前頃，このうちの火星ほどの大きさの巨大な集積微惑星が原始地球に衝突するという，ジャイアント・インパクトとよばれる事件が起きた。斜めに衝突したジャイアント・インパクトによって，原始地球の中心核を除く一部が引きちぎられて分離し，原始地球の周囲に円盤状に広がった。円盤状に広がった物質のうち原始地球半径の約3倍以内にあったものは地球上に落下し，残ったものが集積・合体して現在の月となる巨大衛星が形成された。

月の潮汐力によって原始地球の自転速度は除々に弱まっていき，現在のように24時間で自転するまでになった。ジャイアント・インパクトによって，もともと原始地球大気にあった水蒸気の大部分が失われ，またいったん形成された地球の層構造がリセットされ，その後再びマグマオーシャンから水蒸気が供給され，層構造も形成されなおしたとする説もある。

8. 水惑星地球と生命の誕生

(1) 水惑星地球の誕生

原始地球が火星の大きさよりも大きくなると，重力によって原始大気が宇宙空間へ逸散しなくなるようになった。月の形成以降，原始地球の表面が冷却し固化するようになると原始大気中の水蒸気が液体となり雨となって大量に地表に降り注ぎ，原始海洋が形成された。水惑星地球の誕生である。水はもともと微惑星に含まれていたものが，衝突集積しマグマオーシャンが形成される過程でマグマから水蒸気として分離し，原始大気を構成するように

なったと考えられる。原始海洋は，約38億年前には，現在とほぼ同じ状態で存在していたと考えられている。

(2) ハビタルゾーン（生命生存可能領域）

地球は太陽から1億5000万km離れた場所に位置する。この位置よりも太陽に近すぎると太陽エネルギーが強くなって水は液体では存在できず逸散してしまうし，また遠すぎても，太陽エネルギーが小さくなって水は氷となってしまう。生命は水が液体状態でないと生存できないと考えられているので，この水が液体として存在できる領域を，ハビタルゾーン（生命生存可能領域）とよぶ。地球軌道は，太陽系惑星軌道上のハビタルゾーンに位置している。

地球には液体状態の金属鉄からなる中心核が形成された。この中心核が運動することにより，地球には強力な磁場が生まれた。この磁場が生み出す地球を取り巻く磁気圏は，生命に危険な太陽風などのプラズマ状の荷電粒子が地表に到達することを防ぐ強力なバリアーとなった。原始大気には二酸化炭素など温室効果ガスが含まれており，太陽光が現在よりも弱かった地球初期にも，地表環境を温室効果によって温暖を保っていた。また，原始海洋は対流することにより，地表環境の気温を一様に整える役割を果たしていた。こうして，原始地球は，太陽系の中で唯一生命が誕生し進化する条件を備えた惑星となった。

(3) 生命の誕生

35億年前頃になると，深海底の熱水噴出口から，マグマに加熱された還元的で硫化水素やメタンなどの有機物に富む高温の熱水が噴出するようになった。生命が生まれるために必要な条件は，水，エネルギー，有機物の存在である。熱水に含まれる単純な有機物から，さらに核酸やアミノ酸などの複雑な有機物がつくられ，そこから原始的な生命が誕生した。原始大気中には酸素分子が存在していなかったため，原始生命は酸素を使わない嫌気性生物だった。こうして，水惑星地球上で生命の進化が始まった。

参考文献

1. 重要な発見を記した論文

   Gamov (1946), Expanding Universe and the origin of elements, Phys. Rev., 70, pp.572-573.

   Hubbl, E. (1929), A relation between distance d radial velocity among extra-Galactic nebulae, Proceedings of the National Academy of Sciences of the United States of America, Volume 15, Issue 3, pp.168-173.

   Patterson, C. (1956), Age of meteorites and the earth, Geochimica et Cosmochimica Acta, Vol.10, pp.230-237.

2. 最近の宇宙論や太陽系についての詳しい説明

   佐藤勝彦・二間瀬敏史編 (2012), 現代の天文学2『宇宙論I―宇宙の始まり』日本評論社（第2版), 256頁。

   二間瀬敏史・池内了・千葉柾司編 (2007), 現代の天文学3『宇宙論II―宇宙の進化』日本評論社, 280頁。

   渡部潤一・井田茂・佐々木晶編 (2008), 現代の天文学9『太陽系と惑星』日本評論社, 298頁。

3. 分かり易い一般向け解説

   田近英一監修 (2012),『地球・生命の大進化 46億年の物語』223頁, 新星出版。

   水谷仁主編 (2009), Newtonムック『地球史46億年の大事件ファイル』ニュートンプレス, 155頁。

   水谷仁主編 (2010), Newtonムック『宇宙史137億年の大事件ファイル』株式会社ニュートンプレス, 159頁。

   水谷仁主編 (2012), Newton別冊『徹底図解太陽のすべて』株式会社ニュートンプレス, 159頁。

   水谷仁編 (2015), Newton別冊『大宇宙』株式会社ニュートンプレス, 151頁。

   水谷仁編 (2015), Newton別冊『地球と生命 46億年のパノマラ』ニュートンプレス, 169頁。

第2章

生命体の誕生と生物進化

1. はじめに

　宇宙がビックバンにより誕生したのは，今から約138億年前だと考えられている。その後，地球が太陽系と共に誕生したのが約46億年前であり，生命のゆりかごである海の誕生が約43億年前だといわれている。そして，初期の生命体の誕生は約38億年前のことである。この章では，この地球誕生から高等な生物の進化の道筋を辿る生物史的な内容をあえて避けることにした。しかし，生物進化の歴史的流れには沿うこととし，主として地球誕生以降どのようにして今日の我々が目にする生物が誕生してきたかを，進化の特にメカニズム的な部分に焦点を当て，それらに関連するさまざまな事項を多様な科学的視点で辿ってみる事を試みた。従って，一部の記述が生物の進化とは直接関係のないような内容に感じられる場合があるかもしれないが，それは生命体の誕生や進化の不思議をより深く，また身近に感じてもらうためのエッセンスだと理解していただければ幸いである。それでは，この地球上に暮らしている生物がいかにかけがえのない存在かをゆっくりとみて行く事にしよう。

2. 生物と生命について

　生命体の誕生や進化の不思議についての話を進める前に，まず，生物とは何か，生命とは何か，といった極めて基本的な内容から話を始めよう。
　生物とは「生命現象を営むもの」また，生命とは「生物の本質的属性とし

て抽象されるもの」と生物学辞典には記載されている。生物は，我々が触れることの出来る自然的存在であるが，生命は生物の持つ属性の概念であるので，もちろん触れることは出来ない。同様に，生物と生命体は同義語として扱われている場合も多く，それは間違いとは言い切れないが，生命体とは生命を有する物質系のことを指し概念的要素が強い。飛んでいるスズメを見たときに「鳥が飛んでいる」とは言うが，「生命体が飛んでいる」とは滅多に言わないであろう。生物といった場合は，既知の生き物を指すことは自然と身についていることではないだろうか。では，生物の属性である生命，すなわち生物の特質とは，具体的にどのようなものであろうか。次にこの生命について考えてみる。

　生物と無生物を区別するときに，単一の属性によって区別出来ないことは，おそらく誰もが自然に感じていることであろう。実際に生物の属性は複数あり，そのいずれかが欠けても生物とは呼べない。ここでは，その生物の特質を6つに分けて概説してみよう。

　まず，1つ目として，生物には高度な整合性があることがあげられる。これは，生物は1つまたは複数の細胞から成り立っていることを示しており，それにより細胞の原理に基づいて統合されている事を意味している。多細胞生物において細胞は，簡単に表現すると小さなレゴブロックのようなものであり，それ故に階層性が存在する。例えば，細胞が集まって最初に形成されるものは組織と呼ばれる。その組織が集まると器官になる。複雑な生物の場合は各器官が特定の役割を果たすための器官系と呼ばれる器官のチームをつくり，その器官系が集まったものが個体として機能するいわゆる生物になる。同種の生物が集まると個体群になり，更に特定の生態系に生息する他種多様な個体群の全てを生物群集と呼び，それら生態系が集まって地球上の生物圏が形成されている。ここまでは細胞より上位の階層性を示したが，細胞より下位の階層としては，細胞小器官，分子がある。細胞小器官は，細胞内で一定の機能を持つ有機的単位となった構造体でありミトコンドリアや葉緑体がその代表的なものである。その細胞小器官は，分子で構成されている。

　2つ目として，生物は自身の体を維持するためには，エネルギーを取り入

れそれの消費が必要であることがあげられる．ヒトは餓死しないために，適度に食事をすることが必要であるが，これも生物の属性の1つである．

　この宇宙に存在する物質系は，時間と共にエントロピーが増大する運命を持っている．エントロピーの増大とは，簡単にいうと秩序だった状態が無秩序の状態になることである．仏教の教えに「形あるものはいずれ壊れる」といった意味の言葉があるが，エントロピーの増大とはまさにこのことであり，宇宙はこのエントロピー増大の法則に従っている．上述した通り，生物は広い意味ではこの宇宙に存在する物質系なので，時間と共に崩壊していく運命にある．しかし，生物が生物として存在するためには，このエントロピーの増大を防がなければならない．その方法が，エネルギーを取り入れてそれを消費することであり，逆にいえば，秩序だった状態を維持するためにはエネルギーが必要なのである．例えば，動物は食事により取り込んだ養分を使って細胞内でアデノシン三リン酸（ATP）という高エネルギーリン酸結合を持つ化合物を生合成する．この生合成で養分からのエネルギーを結果的にATPに蓄えたことになる．そして，ATPのリン酸結合の加水分解による切断でエネルギーは消費される．つまり，細胞内のさまざまな反応においてエネルギーが必要な際は，このATPからのエネルギーが使われ，その結果，生物は自身の体を維持することができる．

　この場合の維持として重要な点は，変わらないことの維持ではなく，常に変わっていくことにより生物は自身を維持しているということである．生物の体を構成する細胞は，細胞分裂を行って新しい細胞と置き換わってしまう．一部の神経細胞のように置き換わらない細胞もあるが，数年前の体と現在の体は，細胞の観点からするとほぼ違ったものになっているが，一見変わっていないように見える．これは，まさに川の流れと同様である．川の流れにしばらく目をやっていると，同じような流れのパターンが続きほとんど変化が無いように見える．しかし，その流れの中の水は常に変わっている．この川の流れにも似た，常に変わっていくことによる生物体の維持のことは，生物学の分野では動的平衡と呼んでいる．

　3つ目として，生物は強力な恒常的性質を持つことがあげられる．環境の

変化に対して化学的，物理的不変性の維持を指しており，強力な恒常性が生物にはあることを意味している。4つ目は，生物は環境刺激に対して多くの一時的反応を示すことがあげられる。光，熱，音，自己以外の生物などからの刺激に対して応答し行動することを意味している。5つ目は，生物は自らを再生産することがあげられる。各生物の持つ独自の性質は新しい世代の細胞や個体に保存されることを意味しており，生物ならば子孫を残すことを指している。

最後の6つ目として，生物は進化を通じて適応することがあげられる。特にこの進化という言葉は，最近ではさまざま分野で使われるようになり，本来の生物学的な定義とずれて来てしまっている感が否めない。例えば，メディア等で時々聞くのであるが，まだ未熟な主人公が非常に努力してあることを極めたときに，「進化した私は……」や「昔のきみと比べて今のきみは格段に進化している……」などと話す場面が見受けられるが，生物学的視点に立つとこれほど間違った言い方はない。進化とは，一般には集団内の変化や集団・種以上の主に遺伝的な性質の累積的変化のことである。その個体自身が何らかの変化をとげることは，変身，変態あるいは進歩と呼んだりすることはあっても進化とは呼べないのである。また，人間はこれ以上進化するのですか，また，進化するとしたら何になるのですか，といった質問が時々あるが，上述した6つの属性の1つでも欠けたらそれは生物とは呼べないものなので，ヒトは生物である以上もちろん進化する。また，進化してどのような姿形になろうともそれはヒトである。ちょうどヒトとヒト以外の霊長類がその共通祖先から分岐したように，遠い未来にヒトから分岐してヒトとは別種になる生物が出現する可能性はゼロとはいえないが，その分岐した種はヒトではないのである。進化とは，後述するが，生息環境との相互作用によって結果的に起こるものである。ヒトは，ある程度環境をコントロール出来るので，地球上に広く分布している。おそらくヒトの手には追えない程の地球の環境が激変した時に，生き残ったヒト達がその地球環境に進化して適応していくと思われるので，その結果どんな姿形になっているのかは，誰にも分からない。しかし，イギリスの進化生物学者のリチャード・ドーキンス

の「累積的淘汰説（1986年）」に立脚するならば，進化上の淘汰とは生物が獲得した形質の上にかかって来るのであって，無作為に起こる訳ではないと主張している。従って，ヒトがタコやイカのように軟体性になったり，背中から鳥のような羽が生えて天使のようになったりはしないと思われる。

　一方で，上述した6つの属性のわずかが欠けていることにより，生物学の教科書では生物として扱われていないものがある。それは，ウイルスである。なぜならば，1838年にドイツの生物学者のマティアス・シュライデンが植物細胞の形態学的研究で，同じくドイツの動物学者のテオドール・シュワンが動物細胞の形態学的研究で，それぞれ得られた結果から提唱した「細胞説」，すなわち「あらゆる生物は，細胞より成り立っている」とする上述した属性の1つ目に相当する現在確立されている学説があり，その細胞説に立脚するとウイルスの構成単位は細胞ではないので無生物と理解されるからである。しかし，ウイルスは細胞で構成されてはいないが，遺伝子をもち細胞に宿って増殖するので，「遺伝子組換え生物等の規制に関する法律」の中では，ウイルスは生物として扱われている。また，ウイルスは種を超えた遺伝子の水平伝播を促す性質があるので，それが進化の原動力になっているという「ウイルス進化説」を唱える研究者もいる。

3. 生命の起源と化学進化

　生物がどのような特質をもっているのかは分かっていただけたであろうか。では，生物はどのように出現したのであろうか。ここでは，生命の起源についての話を進めていこうと思う。

　最初に生命の起源に関する説を唱えた者は，古代ギリシャの哲学者で紀元前384年に生誕したアリストテレスであるといわれている。アリストテレスは，「生物は親から生まれるものもあるが，物質から一挙に生ずるものもある」と考え，ミツバチやホタルは草の露から，ウナギやエビなどは海底の泥から生まれると自著の中で記述した。一般にこれは「自然発生説」と呼ばれ，19世紀までこの考えが支持されていた。しかし，1858年にドイツ人の

医師で生物学者でもあったルドルフ・ウィルヒョウが顕微鏡を用いた細胞の研究から,「すべての細胞は細胞から生じる」という細胞分裂が細胞増殖の普遍的方法であることを示した。その後, 1861 年にフランスの生化学者であったルイ・パスツールによる S 字フラスコ (白鳥の首フラスコ) を用いた実験により, 微生物の自然発生説が完全に否定された。これらのことから, 生物は生物から生まれるという, 今では当たり前のことが受け入れられるようになった。

しかし, ここで 1 つ大きな疑問が生じるのではないだろうか。地球は約 46 億年前に誕生したと考えられており, 初期生命体の出現は約 38 億年前であるといわれている。この地球誕生から約 8 億年の間には地球上に生物は存在していなかったはずで, 最初に現れた生命体は, おそらく無生物から生じたのではないだろうか。この無生物 (物質) から生命体が生じたとする仮説を 1922 年に発表したのが, ソ連の生化学者であったアレクサンドル・オパーリンである。オパーリンは,「地球上における生命の起源」という著書の中で「化学進化説」を提唱した。この化学進化説は, 地球誕生から最初の生命体が出現するまでの過程を考察したもので, 大きく四つの段階に分けて考えることが出来るので, その各段階を追って概説してみる。

まず, 初めの段階として, 誕生して間もない原始の地球上の原始大気中に活性な始原物質が発生する段階があげられる。その次の段階として, 始原物質からアミノ酸, 核酸塩基, 糖, 脂肪酸などの低分子化合物が生成する段階があげられる。ここまでの段階の実験的検証結果を 1953 年に発表したのが, アメリカのシカゴ大学のスタンリー・ミラーとその指導者であったハロルド・ユーリーであった。彼らは, 当時原始大気の主成分と考えられていた水, メタン, アンモニア, 水素を無菌状態のフラスコに密閉し還元的状態にして沸騰させ, 雷を模した放電を 1 週間続けた。その結果, アラニン, アスパラギン酸, グリシンなどのタンパク質を構成するアミノ酸が生成された。これらの実験結果は, 生命体の発生に必要な有機分子は原始地球の環境で準備出来たことを強く示唆する成果となり, 化学進化の実験的検証の先駆的研究になった。その後, 地球惑星科学の進歩と共に原始地球の状態が明らかに

されつつあり，原始地球の大気は還元的ではなく二酸化炭素や窒素酸化物などを主成分とする酸化的だったと考えられるようになってきた。そこで原始大気の組成などを変えて現在でも研究が続けられているが，変更した原始大気の条件下でも比較的簡単にアミノ酸や核酸塩基などが生成することが確かめられている。

このアミノ酸の起源については，宇宙から運ばれてきたのではないかと唱える研究者もいる。この考えは，南オーストラリアで1969年に採取された40～50億年前の隕石の中に地球での混入ではない80種類のアミノ酸が含まれていた事が基になっている。しかし，最近の研究では，隕石によって運ばれたアミノ酸は原始の地球に加えられたかもしれないが，その量は極めて小さかった事が示唆されており，生命の宇宙起源説を支持する研究者は少ない。

化学進化の3段階目として，低分子化合物が重合することにより，タンパク質，核酸，多糖，脂質などの高分子化合物が生成される段階があげられる。この段階の実験的なアプローチとして現在行われている研究は，アミノ酸の重合反応，すなわちタンパク質の生成である。アミノ酸を加熱すると重合して簡単にポリペプチド（アミノ酸が幾つか重合したもの）になるのだが，同時に高温はその重合物を分解してしまうことにもなるので，この重合プロセスが原始の地球の何処で起こったのかは難問であった。多くの研究者は，この重合反応条件を化学的に検討しているのであるが，その条件が判明するとその条件に合致した原始地球の場所が推定出来，更には初期の生命体が誕生した場所が推定出来ることになる。

ところで，最古の生物の化石は約35億年前の原核生物の化石で，オーストラリアのノースポールから出土したものである。この化石は，太陽光が届く浅海に生息していた光合成生物のシアノバクテリアだと考えられていたが，化石が出土した地層を調べたところ35億年前は海底火山のような場所だったのではないかと推測された。現在では，この化石は，深海の海底に存在する熱水鉱床の熱水噴出孔辺りで出来た化学合成独立栄養生物（化学合成細菌）の化石ではないかと考えられている。この熱水噴出孔は，非常に高温

の海水が硫化水素，メタン，鉄，水素，マンガンなどの化合物と共に噴出しており，さながら黒い煙が勢いよく煙突から吹き出している様に見えるので，通称ブラックスモーカーと呼ばれている。現実に，この熱水噴出孔周辺には，硫化水素を使ってエネルギーを作り出す細菌が生息している。

　そこでこの熱水噴出孔がアミノ酸の重合場所として適しているのではないかと考えられるようになってきた。熱水噴出孔からの熱水の温度は，深海の高圧下であるために350℃にも達する非常に高温だが，熱水噴出孔からほんの少し離れた深海の水温は，3℃以下（現代の深海の水温の場合）と非常に低いので，高温と低温が複雑に混ざり合う状態が作り出されている。そのような状態の場所にアミノ酸が入り込んで行った場合，まず，アミノ酸が高温によって重合していくが，高温で重合体が壊れる前に低温域にその重合体がさらされることにより重合体が分解せずに済む。このような状態を何度か繰り返していると，長いアミノ酸の重合体が出来て立体的な構造をとり何らかの機能をもつタンパク質になる可能性が極めて高いと思われる。実際に，この熱水噴出孔付近の環境を模した反応装置でアミノ酸の重合反応が起こることは，複数の研究者によって既に報告されている。

　このように低分子化合物から高分子化合物が熱水噴出孔付近で出来た可能性が高く，最古の化石も当時深海の熱水噴出孔付近に生息していた細菌であったことなどから，現在では初期生命体の形成場所がこの熱水噴出孔付近ではないかと多くの研究者が考えている。更に，さまざま生物の遺伝子を解析し生物の進化の道筋を解明する分子系統学的な研究が行われているが，その結果からも初期の生命体は好熱菌であった可能性が高いことが支持されている。好熱菌とは，摂氏55℃以上の環境で生育する細菌であるが，中には100℃以上の熱水中で生育するものもある。ちなみに，この分子系統学的解析によると，ヒトの細胞（真核細胞）は，大腸菌などのいわゆる普通の細菌（真正細菌）よりも，この熱水環境を好む好熱菌（古細菌）の方に近い関係にあることが分かっている。

　化学進化の最後の段階は，高分子化合物の相互作用による組織化が進み，複製機能や触媒機能などをもつ，原始細胞や原始生命体へと発展する段階で

ある．現在解明されつつあるのは，アミノ酸からタンパク質の形成であるが，タンパク質が出来ただけでは，まだ生命体の形成にはほど遠い．生命体とは何かということは難しいのであるが，上述したとおり生物が持っている属性を兼ね備えたものである．そこで，初期の生命体は少なくとも自己複製機能は無くてはならないものであっただろう．それは，初めは分子のレベルの触媒機能と複製機能を獲得し，次いでその機能を持った分子複合体が膜のようなもので囲われ1つの閉鎖系になり，その固有の閉鎖系，すなわち原始細胞的な生命体が自己と同じものを複製出来るに至ったであろう．

分子のレベルでは，一度出来上がった分子と同じ分子を作り上げる機能が複製機能であり，一方で異なる種類の分子を作り上げる分子もまた同時に必要で，それが触媒機能をもつ分子である．こういった分子が出来上がった当初は開放系にあり，この開放系の場所がどのような場所であったかはさまざまな仮説があるが，それが次第に囲われて閉鎖系になった事によりそれらの機能を発揮するには効率が良くなり，更にそれらの分子機能が進化していったのではないだろうか．そのような機能をもつ分子などを囲い包んだのが，初期の細胞膜である．この原始細胞の細胞膜に着目したモデルとして提唱されているのが，オパーリンがコロイドから成る液胞の研究に着目し参考としたコアセルベートやアミノ酸の混合物と高濃度の金属イオンを反応させて形成させるマリグラヌールと呼ばれる小さな小胞などである．これらは，いずれも自己形成集合体で高分子化合物を囲い込み閉鎖系とすることが出来る構造体で，複製能や融合能も持っていることが知られている．

分子の機能が進化した閉鎖系はまさに原始細胞であるが，それが1つの生命体と呼べるようになるのには，その生命体が自己と同じものを，すなわち出来上がった原始細胞自体を複製しだすようになることが必要である．ここで，自己と同じ生命体の複製をする時の自己とは，何をもって自己というのであろうか．複製の前の生命体と複製後の生命体が同じものか，違うものかを何の基準で判断するかというと，それは最終的にはその生命体の持つ遺伝情報が同じか違うかということが判断基準となる．この遺伝情報を担う分子が核酸と呼ばれる高分子化合物であり，糖，リン酸，塩基が1つのユニット

になったヌクレオチドと呼ばれる化合物がいくつもつながった構造をしている。この遺伝情報を担う核酸が，DNAとして知られているデオキシリボ核酸である。ちなみに，リボ核酸がRNAのことである。現在の生物では，このDNAはタンパク質によって複製されるが，タンパク質はDNAの遺伝情報によってRNAを介して作られている。そこで，初期の生命体では，タンパク質が先だったのか，DNAが先だったのかと問われると，まるでニワトリが先なのか，卵が先なのか，といった質問に似ており，答えに困ってしまうのである。

　タンパク質が先に出来て，現在の細胞に備わっているある程度の機構を作り上げたといった説がタンパク質ワールド仮説であり，そうではなくてDNAが先だったといった説がDNAワールド仮説である。DNAワールド仮説では，DNAが遺伝情報を担っている分子であるとのことが基礎となっているが，DNA自体に触媒活性が無いので遺伝情報の伝達が出来ないし複製も出来ない事が欠点となっている。最近，DNAを複製出来るDNA分子についての報告があったが，その触媒活性が著しく低いので，DNAワールドの支持者は少ないのが現状である。タンパク質ワールド仮説では，アミノ酸から無生物的にタンパク質が形成されることが証明されていることを基礎としている。また，タンパク質は，酵素などの例で知られるように高度な触媒機能を持っているので，タンパク質からRNAに情報が伝えられ，その情報が更にDNAに伝達されて原始細胞が出来上がったと考えられている。タンパク質が高度で多様な触媒機能を持つ事によりDNAワールド仮説より支持者は多い。しかし，タンパク質自身にタンパク質を複製する機能が無いことが欠点となっている。そして，これら2つの仮説以外の仮説として，初期生命体の機能を担っていた分子としてはRNAが最初であったとするRNAワールド仮説がある。RNAはDNA同様に遺伝情報を保存する機能があり，更にRNAには触媒機能もあることから自身を複製出来るし情報の伝達も可能となるので，現在このRNAワールド仮説の支持者が最も多い。しかし，RNAが無生物的にどのように出来るのかは現在でもほとんど不明なので，それが欠点となっている。

4. 地球環境の変化と生物進化

初期の生命体が地球上にどのようにして誕生したかの直接の証明は現在でも完全には成されていないが,初期生命体誕生の道筋やそのメカニズムや問題点などは,理解していただけたであろうか。ここでは,初期の生命体が出来上がった後に,その生命体が進化した道筋を地球環境の変化と共に見ていこうと思う。

深海の熱水噴出孔付近で発生した初期生命体は,地球上に降り注ぐ宇宙線の影響で長い間浅海に進出できなかった。この時に地球に最も影響を与えていた宇宙線は太陽からの太陽風である。この時の初期生命体とは,核膜を持たない原核生物であった。宇宙線とは宇宙に漂う高エネルギーの放射線のことであり,太陽風はその中でも高エネルギーを持ったプラズマである。DNA, RNA, タンパク質などの生体高分子がこれにさらされると容易く崩壊してしまう。しかし,この宇宙線は,水分子を進行する際にエネルギーが弱まって行くために,深海には到達しないので,熱水噴出孔付近に生息していた初期生命体は宇宙線による破壊を免れたであろう。実は,深海の熱水噴出孔での生命体の発生以外の説も幾つか提唱されているが,この生命体にとって有害な宇宙線の影響から考えても深海の熱水鉱床付近での生命体の誕生は実につじつまが合うのである。

今から28億年〜27億年前頃になると,地球表面が適度に冷え固まったが地球内部の核に一定の対流運動が起こり始める。その対流運動現象の結果,地球自体が磁石のようになり,地球の周りに磁場が形成され,その地球磁場のバリアーによって太陽風を始めとする宇宙線がほとんど地上まで届かなくなったと考えられている。この地球磁場は,北極と南極をそれぞれN極とS極とする磁極から磁力線が形成されているが,その磁気圏は太陽風の影響で太陽に面した側が地球の半径の10倍程の約6万kmあり,逆に太陽に面していない側は太陽風に吹かれて地球半径の100〜200倍程伸びているという。この地球磁場のおかげで,生命体は今まで宇宙線の影響を受けていた浅

海に進出可能となった。しかし，地球磁場は生物にとって有害な太陽からの紫外線は遮断することは出来ないので，オゾン層が形成されるまでは，海面から約 10 m 以内の領域へはほとんどの生物が進出不可能だったと思われる。その様な条件下ではあるが，浅海に生息圏を広げて行った原核生物のある種のものは，逆に太陽からの光エネルギーを利用して海水中にある二酸化炭素を使って有機物質を作るようになった。そして更に，その光エネルギーを使った原核生物に，光エネルギーを受け取った際に放出される電子を補うために水から電子を引き抜くタイプの原核生物が出現した。これは普段目にする光合成を行う生物と同様であり，光合成の際の還元物質として水を使う生物と呼ばれている。還元物質として水を使う生物が出現する以前の光合成生物の還元物質としては，硫化水素，硫黄，鉄などを利用していたと考えられており，実際に現在でも存在している硫黄細菌，鉄細菌などはこのタイプに属している。

　光合成の際に水を還元物資として使うと必然的に分子状酸素が生じる。従って，このタイプの生物，すなわちシアノバクテリアの老廃物は，酸素なのである。このシアノバクテリアの出現が約 27 億年前になり，その後シアノバクテリアが地球上を支配した時間は非常に長く約 10 億年の間ひたすら海中に酸素を放出し続けた。海水中に溶け込んだ酸素は，まず海水中に多く含まれていた鉄イオンを酸化鉄に変え海底に沈積させていたが，今から 19 億年前頃になるとおそらく海水中の鉄イオンが酸素で酸化され尽くされ，海水中から大気中へと酸素が放出され始めた。このことは，大規模な鉄鉱床が約 19 億年前より後の地層にはほとんど無い事と，地上に存在する赤色砂岩と呼ばれる酸化鉄により赤色になった岩が 19 億年以前の地層からは見つかっていないことなど，地質学的な研究からも裏付けられている。また，我々が普段使用している鉄製品は，この時代にシアノバクテリアが沈積させた鉄鉱床から採掘されたものである。一見，生物とは無関係な鉄製品が，実は太古の昔の生物の生命活動の産物なのは驚きである。

　このシアノバクテリアによる地球環境の酸素による汚染は，おそらく地球史上最大の環境汚染であったといっても過言では無い。今日の多くの生物に

とって酸素は，必須なものであるので非常にありがたい物質だと考えがちであるが，実は酸素は生物にとって毒物質なのである。正確には，酸素から生じる非常に反応性に富んだ活性酸素が生体成分を破壊してしまうので，シアノバクテリアが酸素を放出し海水中を酸素で汚染させ始めた頃には，かなりの生物が絶滅したと考えられている。

しかし，そんな酸素で汚染された環境の中でも生物はしたたかなもので，酸素毒性を中和する能力を獲得した生物や酸素を積極的に利用して酸素呼吸をする生物が出現した。この時に酸素呼吸を獲得した原核生物の一種，また光合成細菌の一種が宿主となる嫌気性の細菌に取り込まれ，それが宿主細菌中で共生することにより，今日の真核生物の細胞内に存在する細胞小器官のミトコンドリアや葉緑体になったという説がある。これは，アメリカの生物学者のリン・マーギュリスが「共生説」として1967年に提唱し，今日ではほぼ定説となっている。一般に，真核生物の遺伝子の本体であるDNAは核膜によって区画された核の中に存在し，その遺伝情報によって細胞内の活動が制御されている。しかし，その核のDNAとは別にミトコンドリアと葉緑体は独自のDNAを持っている。これは，共生する以前の1個体の生物として生命活動を営んでいたときの名残ではないかと考えられており，事実ミトコンドリアと葉緑体以外の細胞小器官にはDNAは存在していない。ちなみに，それらが共生した宿主細胞の起源であるが，遺伝子解析の結果から現生の古細菌では，嫌気性の硫黄依存性高度好熱菌に非常に近いと考えられている。ミトコンドリアは，細胞内でエネルギー分子のATPを効率よく合成し，それにより真核生物はそれまでの酸素を必要としない嫌気呼吸を行う生物に比べてエネルギー効率が飛躍的に高まった。この真核生物の誕生は，化石の記録から推定すると約21億年前と考えられている。

一方，海水中を満たした酸素は，更に大気中に広がった。そして高濃度の酸素は対流圏から外へ漏れ成層圏にオゾン層を形成した。その結果，生物にとって有害な紫外線（Ultraviolet＝UV）を遮り，生物の陸上進出を可能とした。この生物の陸上進出は，約4億4000万年前の事である。このオゾン層とは，現在ではオゾンが地上から約20Km〜50kmの範囲に非常に希薄に

分布している領域を指し、この領域は成層圏と一致している。もし、このオゾン層を地上（1気圧、0℃）に持って来られたとしたら、厚さがわずか3mm程度にしかならないので、非常にもろいものであり大切にしなければならないなどといわれているが、これは厚い壁が物理的に頑丈なイメージを受ける事に因るのだろうと思われる。しかし、紫外線はこのオゾン層の厚みによって撥ね返されている訳ではなく、酸素分子と紫外線との反応の結果オゾンが生じ、そのオゾンが再度紫外線と反応することで生物に有害な紫外線は消滅する。従って、初期のオゾン層は地上付近に存在しており、大気中の酸素濃度の増加と共にオゾン層の領域が上昇して行き、成層圏にオゾン層が形成されたのが約4億5000万年前頃のオルドヴィス紀だと考えられている。

それでは、そのオゾン層での反応を見てみよう。まず、成層圏での酸素分子（O_2）に最も短波長の紫外線（242nm以下）が吸収されると解離して酸素原子（O+O）になる、その酸素原子がまだ解離していない酸素分子と結合するとオゾン（$O+O_2=O_3$）になる。生じたオゾンは中程度の波長の紫外線（320nm以下）を吸収して再び酸素原子と酸素分子に解離する。この反応は回路状になっておりこれが繰り返される過程で、生物に最も有害な短波長の紫外線UV-C（280nm未満）が完全に吸収され、UV-B（280-315nm）のほとんども吸収される。しかし、UV-A（315-400nm）は吸収されずに地上に届くが有害性はUV-Bよりも非常に低い。それでも過度に紫外線を浴びるのは好ましくないが、興味深い事にヒトがカルシウムを吸収する際に必須なビタミンDは適度に紫外線を浴びなければ合成されないのである。

ちなみに、このオゾン層を破壊してしまう化合物として知られているのがフロンといわれる塩素を含んだ化合物であり、つい最近まで冷蔵庫等の冷媒として世界中で使用されていた。フロンは化学的に安定であり分解を受けずに約20年かけてオゾン層まで上昇して行く、そこで紫外線により分解を受けるのだが、分解すると塩素原子（正確には塩素ラジカル）になり、それがオゾンに作用すると結果的にオゾンが連鎖的に分解されてしまう。低く見積もっても、この塩素原子1つで数万個のオゾンを分解してしまうといわれており、オゾン層が10%減ると地上に届く紫外線が20%増え、例えば皮膚ガ

ンの発症は20%以上増加するといわれている。この様にオゾン層は，およそ4億年前の生物の陸上進出を可能としたのみならず，現在でも地球上の生物の生態系を保つために非常に重要な役割を果たしている。

5. 多細胞生物の出現と化石の記録

地球磁場の形成や酸素濃度の増加とオゾン層の形成における生物進化の道筋について，理解いただけたであろうか。ここでは，多細胞生物の出現とそれを裏付ける化石に焦点を当てて見て行こうと思う。

多細胞生物が地球上に出現したのは，約6億年前であると考えられている。なぜならば，多細胞生物の化石として最も古いものがオーストラリアのエディアカラ丘陵の約5億7000万年前〜5億4000万年前の地層から出土しているからである。これらの化石は，発見場所にちなんで「エディアカラ化石生物群」と名付けられている。化石の特徴としては，軟体性の動物に似ており，その大きさは数cm〜1mとさまざまであるが，骨格，殻，歯などの硬い組織はない。また，移動するための足に相当する構造もないことから，海水中を浮遊していたり，海底にくっついていたりと，自ら移動する能力のない生物群だったと考えられている。例えば比較的浅い海の底に固着して海流に身を任せてゆらゆら揺れて生きていたと思われる生物の化石なども見つかっている。これらの生物群は，硬組織が無い事から化石にはなりにくく，それほど沢山の化石が出土しているわけではない。しかし，先カンブリア代のベンド紀（＝エディアカラ紀）に，それまでは1つの細胞で生きていた単細胞生物から細胞同士が連結し協調し，しかもそれぞれの細胞が独自の役割も持ち，一個体として機能する多細胞生物へ進化をとげたさまざまな生物種が生息していたことは紛れもない事実である。ただし，エディアカラ生物群のほとんどは約5億4000万年前のベンド紀末期に絶滅している。この時，全ての多細胞生物が絶滅してしまい，エディアカラ生物群の生物達は現存するいかなる生物とも無縁であるとする研究者と，一部の生物種は生き残りそれらが次のカンブリア紀での生物の進化の基になったとする研究者とに分かれて

いる。最近では後者の方を支持する研究者の方が多いように見受けられる。

　今からおよそ5億3000万年前のカンブリア紀になると生物の多様性が一気に増加した。これが，いわゆる「カンブリア紀の大爆発」と呼ばれている現象である。これは，カナダのバージェス頁岩から出土した化石群の生物相から明らかとなった。頁岩とは，泥土が海底に積み重なって固まったもので板状に薄くはがれやすい泥岩のことである。バージェス頁岩はカンブリア紀中期の約5億1500万年前に堆積した地層である。1909年にアメリカのスミソニアン研究所のチャールズ・ウォルコットが，そこから100種類以上，数万点に及ぶ非常に保存状態の良い奇妙な形態をした動物の化石を発見した。ウォルコットは，それらの化石を現在の動物に当てはめて分類していたのだが，彼の死後はしばらく手つかずの状態になっていた。しかし，1960年代後半からケンブリッジ大学の研究チームがそれらの化石の再調査を行ったところ，現存するいかなる動物類にも属さない分類不能な動物が20種類以上も発見されたことから，注目を集めるようになった。これらの奇妙な動物群は，軟体性のエディアカラ生物群とは異なり，硬い外殻を持った動物が多数見られ，更に眼を持った動物も多数出現していた。それらの動物のほとんどは体長が数mm～10cm程度であるのだが，その中でひときわ目を引くのは体長50cm～2m程もあるアノマロカリスというギリシャ語で「奇妙なエビ」と名付けられた動物であった。このアノマノカリスは，カンブリア紀最大の肉食性動物であり強大な捕食者であった。この捕食者の出現が，動物間の生存競争を高めた結果，生物の多様性が増した要因の1つだと考えられている。

　ところで，現在地球上の生物は，原核生物と真核生物に大別される。五界説に従うと，真核生物は「原生生物界」，「植物界」，「菌界」，「動物界」のいずれかの「界」に分類される。この「界」の下に「門」その下に「綱」，「目」，「科」，「属」，「種」と続き分類される。例えば，ヒトは，「動物界」「脊索動物門」「哺乳綱」「ヒト科」「ヒト (*Homo*) 属」「ヒト (*Homo sapiens*)」として分類されている。なぜ，ここで現在の分類体系を紹介したかというと，バージェス頁岩から発見される分類不能な動物は，「動物界」に属する

ことは確かだが，その下の「門」の段階でどれにも当てはまらないものもあるからである。これは，この時代の動物は現存するいかなる動物とも似ていない事を示しており，カンブリア紀には奇妙な動物がいかに多く生息していたかを物語っている。アメリカの古生物学者のスティーブン・グールドは，カンブリア紀の動物を分類するには現在よりもはるかに多くの「門」を想定しなければならないと主張している。

　このカンブリア紀の生物多様性の爆発的増加が示唆しているのは，現存する生物の多様性は少しずつ分岐して生じたものではなく，カンブリア紀に一気に生物の基本的なボディプランが成され，その基礎が出来上がってしまったということである。そして，その後かなりの生物が絶滅し，生き残った限られた生物種の幾つかが複雑多彩に進化し今日に至っているのである。現在地球上の「種」の数は少なく見積もっても1000万種おり，地球の歴史上現在が最も多いのである。しかし，「門」や「綱」のレベルでは，その数は上述したように減少はするが増えていないらしい。これは，「種」の多様性は増加したが，「門」や「綱」の多様性の減少を意味している。このことからも生き残った限られた生物種が複雑多彩に進化したことを裏付けていると思われる。

　生物の大絶滅は，カンブリア紀以降5回起こっている。カンブリア紀に続くオルドヴィス紀末期の今から約4億4000万年前には，動物の「科」の50％と多くの三葉虫が絶滅した。その後，シルル紀，デボン紀と続きデボン紀末期の今から3億5000万年前には，動物の「科」の30％と多くの魚類や三葉虫が絶滅している。更に，石炭紀，ペルム紀と続きペルム紀末期の2億5000万年前には，動物の「科」の60％と多くの海産種，昆虫類，両生類および三葉虫の全てが絶滅している。その後古生代から中生代の三畳紀に入りその三畳紀末期の今から約2億年前に動物の「科」の35％と多くのは虫類が絶滅している。そして，ジュラ紀，白亜紀と続き，白亜紀末期の今から約6500万年前に動物の「科」の50％と多くの海産種やアンモナイトの全て，および現生の鳥類につながる種を除く全ての恐竜が絶滅している。これらの生物の大量絶滅の原因には，小惑星や彗星の衝突，大陸移動や大陸形成にお

ける超巨大規模の火山活動などさまざまな要因が指摘されている。これらの大量絶滅により絶滅してしまった生物には気の毒であるが，変わりゆく環境に適応し進化することが出来なかったといえる。つまり，適応度が低くなってしまったのである。適応度が高いということは，その環境に馴染み活発に活動しているというだけではなく，その環境でより多く子孫を残すことができる生物を適応度が高いと呼ぶのである。そして，環境の変化により高い適応度が保てなくなった生物種が大量に絶滅してしまった後には，絶滅してしまった生物種がそれまで生息していた生態的地位が必然的に空白になる。その時に生き残った生物種にとっては，その空いた生態的地位に生息圏を広げる事が可能となるために急速な進化が起こり次の世代の生物相を作る原動力になる。つまり，この繰り返しで現在の地球上の生物相が形成されていると思われる。事実，白亜紀の恐竜の絶滅により，それまでは小型で夜行性であった哺乳類が，急速に多様化や大型化が進んだ結果，今日の哺乳動物の繁栄につながっているのである。

6. 現代の進化論について

　ここまでは化学進化における分子の進化や地球環境の変化と生物の進化などについて概説してきたので，生物の進化に関してある程度の知識が得られたのではないだろうか。ここでは，時間の経過と共に共通の祖先から多様な生物種が生じるという変化の過程を論じた，進化論について考えてみようと思う。
　フランスの博物学者のジャン-バティスト・ラマルクは，1809 年に発表した「動物哲学」という著書の中で，「生物の種は長い年月の間に変化する」つまり「生物は進化する」と初めて唱えた人物である。そればかりではなく，「生物は単純なものから複雑なものへと進化する」といった「前進的発達説」，「生物は主体性をもって進化する」といった「主体的進化説」，「よく使われる器官は発達して大きくなり，その逆は退化して小さくなる」といった「用・不用説」，「生物が生存中に発達させた器官の変化はその子孫に伝わ

る」といった「獲得形質の遺伝説」などをも提唱した。しかし，「前進的発達説」は，進化と進歩の混同であるとのことで否定され，「主体的進化説」は多くの異論が唱えられている。また，「用・不用説」は，進化上の生物の変化については説明が付くのではないかと考えられているが，「獲得形質の遺伝説」は，ドイツの動物学者のアウグスト・ヴァイスマンのネズミの尻尾切りの実験によって否定される事となる。ヴァイスマンは，1500匹のマウスの尻尾を切り交配させて，その子供の尻尾がどうなるかを20世代に渡って実験を行った。その結果，尻尾が切られ短くなったマウスの親から生まれてくる子マウスの尻尾は，全く短くなっていないことを実証し，親が獲得した形質は子には伝わらない事を示した。そして，体細胞に起こった変化は子に伝えられないが，卵子や精子といった生殖細胞に起こった変異は子に伝えられるとする「生殖質連続説」を1883年に提唱した。

　一方，イギリスの自然科学者のチャールズ・ダーウィンは，1831年〜1836年の5年間，イギリス海軍の測量船のビーグル号に乗船し世界各地を調査する機会に恵まれる。その寄港地の1つのガラパゴス諸島で，フィンチという鳥のくちばしの形態変化の中に「種は変化する」というヒントを得る。イギリスでは，昔からイヌ，ハト，家畜などを人が選択的に育種して品種改良を行って新品種を作り出していた。これは今では人為選択と呼ばれているが，人間の手の加わらない自然界でも，種が変化する原理は同じではないかと考えていた。そんな進化に関する実験と研究を続けていた1838年にイギリスの経済学者トマス・マルサスが著した「人口論」を読み，進化論に関する理論的な組み立てが出来上がる。そして，1859年に「種の起源」という有名な著書の中で「自然選択説」を提唱する事となる。

　自然選択説とは，自然淘汰説や適者生存説などとも呼ばれている種の変化のメカニズムを論じたものである。その内容は，「同種の動物達の中には少しずつ変異があり，その中で環境条件に適応し生存に有利な個体が自然選択の結果残る。そして，ある時に今までの種より，より生息環境に適応した新しい種ができる。」というものである。ダーウィンは，ラマルクと同様に獲得形質が子孫に伝わると考えていたようであり，当時はまだ「遺伝」や「遺

伝子」といった語は使われていなかった。

　1900年にオランダの植物学者のユーゴ・ド・フリースは，オオマツヨイグサという植物の栽培実験から，1865年にメンデルにより発表されその後埋もれていた「メンデルの遺伝の法則」を再発見することとなる。更に，ド・フリースは，オオマツヨイグサが遺伝性のある変異が突然に出現する事を発見し，生物進化はこの様な突然変異によって起こるとする「突然変異説」を1901年に提唱する。

　ここで現代の主流の進化論であるが，ここまで述べてきた研究者達の説を合わせたものが基礎となり現代に受け継がれている。すなわち，ダーウィンの自然選択説，ヴァイスマンの生殖質連続説，ド・フリースの突然変異説，メンデルの遺伝子説が結びついたもので，「進化の総合説」や「ネオ・ダーウィニズム」と呼ばれているものが現代主流の考え方の基礎となっている。この，ネオ・ダーウィニズムでは，進化は次の(1)～(3)のような過程を経て起こると考えられている。(1)本来生物集団内の遺伝子構成は安定しているが，遺伝子や染色体に突然変異が起こり新しい遺伝子を持った個体が生じる。(2)この時，その突然変異遺伝子を持った個体が環境に対して適応度が高い場合，自然選択によりその遺伝子を持った個体が増加して集団内の遺伝子構成が変化する。(3)この集団に隔離作用がはたらき，小さな集団が基の集団から切り離されると，長い年月の間に新しい種が固定されていく。以上がネオ・ダーウィニズムの考え方の基礎である。しかし，進化論はこの考え以外にも多数存在しており，論点は主として次の①～③があげられる。①生物は進化に対して能動的なのか，受動的なのか。② 生物の設計図である遺伝子がどのように変化するのか。③ 進化は方向性のある必然的なものか，偶然的なものか，などが論点になっている。ネオ・ダーウィニズムに立脚すると，進化は遺伝子の突然変異と自然選択でのみ起こり，それには方向性などなく偶然的要素が極めて強いという事になる。先に紹介したドーキンスの「累積的淘汰説」は，ヒトの様な高等生物がこのような偶然的要素の強い進化を通じて数億年で出現可能なのか等の時間的問題，また進化の方向性の問題などを説明したもので，結果的にネオ・ダーウィニズムを補強する形に

なっている。

　分子生物学的解析が進歩してくると，今まで否定されていた「獲得形質の遺伝」が起こり得る事が，エピジェネティクスの研究から明らかとなりつつある。エピは接頭語で「外」，ジェネティクスは「遺伝子の」という意味である。すなわち，エピジェネティクスとは遺伝子以外で生命現象を操っているものを研究する事である。エピジェネティクス的変異が遺伝すると思われる例，つまり獲得形質が遺伝する例として，ラットのストレス耐性の遺伝が挙げられる。それは，次のようなものである。生後間もないラットが母親の世話を十分に受けると，ホルモンや神経伝達物質などにより脳が高いストレス耐性になり，それにより育ったメスは母親になった時に子供をよく世話をし，その結果，またその子供もストレス耐性が高くなり，やがて親になった時に子供の世話をよくする事が実験により確かめられている。その逆で，全く世話をしない母親に育てられた子供のラットが親になった時には，全く子供の世話をしなくなる。これら両者の場合では，遺伝子の変化は全く起こっていない事になるので，エピジェネティクス的変異なのである。では，母親によく世話を受けた子供と全く世話を受けなかった子供での違いは何かというと，それは簡単に言ってしまえば，遺伝子の使われ方である。すなわち，遺伝子の発現パターンが両者で異なった結果，脳の構造に違いが生じその後の行動パターンに変化が生じたのである。これは，非常に興味ある事例であるが，最近ではこの様なエピジェネティクス的変異の遺伝の例が，いくつも見つかっている。

　更に，最近では，全ゲノム重複という細胞の核の中の全ての遺伝子が突如として2倍になる現象が，カンブリア紀に現れた脊椎動物の祖先種といわれている体長5cm程のピカイアのような脊索動物で一度，更にその後もう一度の計2回（魚類の祖先では計3回）起こり，それ以降の脊椎動物の進化において複雑な形質が獲得できた原動力になったのではないかと考えられている。ネオ・ダーウィニズムでは，種内の小さな進化のみしか説明できないとの意見もあるが，遺伝子の突然変異を拡大解釈し，全ゲノム重複を全ての遺伝子の突然変異とみるとネオ・ダーウィニズムの範疇ではないだろうか。

7. おわりに

　人間は特別な存在で，他の生物とは別格であり，それゆえ進化はヒトを出現させることが目的だった，という話を昔どこかで聞いた覚えがある。今までに地球上に出現した生物の 95% 近くは絶滅しているといわれている。もし，進化に何らかの目的があるのなら，絶滅する生物は極端に少ないはずである。ネオ・ダーウィニズムに従えば，現在の地球上の生物は，適応度の高い生物が累積的淘汰の結果，たまたま生き残っているに過ぎない。従って，ヒトもそのたまたま生き延びている生物の一員である事を決して忘れてはならないだろう。一方で，これほど多様な生命を育める現在の地球は，やはりかけがえのない存在である事は確かである。

参考文献
荒俣宏編 (1994)，『このすばらしき生き物たち』角川書店．
池田清彦 (2001)，『新しい生物学の教科書』新潮社．
池田清彦 (2010)，『38 億年　生物進化の旅』新潮社．
池田清彦 (2011)，『進化論を書き換える』新潮社．
厳佐庸・倉谷滋・斎藤成也・塚谷裕一編 (2013)，『生物学辞典　第 5 版』岩波書店．
大塚友美 (2007)，『経済・生命・倫理』文眞堂．
中沢弘基 (2014)，『生命誕生　地球史から読み解く新しい生命像』講談社．
野田春彦・日高敏隆・丸山工作 (1999)，『新しい生物学　第 3 版』講談社．
福岡伸一 (2011)，『動的平衡 2』木楽舎．
サイモン・C・モリス (2004)，『カンブリア紀の怪物達』講談社．
スティーブン・J・グールド (1993)，『ワンダフルライフ』早川書房．
フランク・H・ヘプナー (1991)，『ゆかいな生物学』マグロウヒル出版社．
リチャード・ドーキンス (2004)，『盲目の時計職人』早川書房．

第 3 章

人類の起源と進化と文化の発展

1. はじめに

　この章では，我々人類がどのような過程を経て現在の人類に至ったかについて述べるとしよう。また，人類の原初的経済活動がどのようなものであったかについても触れてみよう。

　人類は，霊長類（サルの仲間）の一員であり，700万～400万年前に中央～東アフリカで類人猿とヒトとの共通祖先からヒトが分れ，独自な道を歩み始めたことにより，その進化が始まり，多様な変異をみせながら現在までの進化を辿ってきた。まず，その過程，すなわち，人類の起源と人類進化の過程をみるとしよう。

2. ヒトの起源の判定基準

　ヒトの起源を述べる前に，ヒトの特徴とくに進化においてヒトの判定基準となる特徴について知っておこう。

　ヒトの特徴としては直立二足歩行，顎・歯の退化，脳の発達があげられる。このなかでヒトの起源を論議する場合のヒトの判定基準として用いられているのが，直立二足歩行と顎・歯の退化の2つである。脳の発達はヒトになってから顕著になったもので，初期の人類の脳の大きさは大型類人猿とほぼ同じであるのでヒトの判定基準とはなっていないのである。

　なぜ，直立二足歩行するようになったのであろうか？　現在のところ，サバンナ（草原）への進出により直立するようになったとの考えが主流であ

る。中新世末（1000万年前以降）には乾燥化が進み，森林の後退とそれに伴うサバンナの拡張が起こっていたのである。ただし，初期人類の生息環境は森林や川辺林と考えられており，直立の獲得は森林に住んでいたときに行われていた可能性が高い。直立獲得はどの様に行われたのであろうか。現在のところ通常は安全な森や林に住み，サバンナには食物獲得のため進出し，そのための道具運搬や獲物や食物の運搬のために直立したという説が有力である。獲物・食物は動物肉（狩または死肉あさり）や根茎類と考えられている。肉だけでなく，骨を砕いてえた骨髄をも食糧としていたらしい。これらをサバンナで獲得し森林に持ち帰って食べたと思われる。また，獲得した食物を特定の女性に与えることにより，チンパンジー，ボノボなどの多雌多雄な集団から夫婦単位の家族が生じたとの説がある。これが本当ならば，経済の原初的な形態である贈与交換は人類家族の基となっているといえよう。

歯の退化とくに犬歯の縮小もなぜ起こったかについても議論がある。道具の使用により歯を利器として用いなくなったという説，家族の発生により男性間での女性をめぐる闘争がなくなったという説などがある。

直立二足歩行を示す形態として，骨盤の形（幅広で丈低），大後頭孔の位置（中央部），股や膝の関節の形がある。顎・歯の退化を示すものとして，犬歯の退化，顎の縮小，アーチ状化，猿隙（サルや類人猿の大きな犬歯を入れる隙間）の縮小・消失などがあげられる。これらの判定基準を頭に入れてヒトの起源と進化を見ていこう。

人類の起源は，前述したように700万〜400万年前に，アフリカの東アフリカ〜中央アフリカの地域で，アフリカの類人猿とヒトとの共通祖先からヒトが分れ，独自な道を歩み始めたことにより始まる。

それから現在まで人類は進化してきたのであるが，その進化は大別すると，猿人，原人，旧人，新人の段階がある。

3. 人類の起源と進化

(1) 人類の起源

　約6500万年前に生物の大変化があった。E-T境界と呼ばれる地層には，イリジウムという隕石や地下マグマ由来と思われる物質が多くみられる。大隕石の衝突あるいは火山の大噴火により大きな環境変化が起こったと考えられる。この期に恐竜などの大型爬虫類が絶滅し，鳥類や哺乳類（有胎盤類）が発展した。特に有胎盤類は様々な環境に適応した。我々の属する霊長類は樹上に進出，適応した有胎盤類の一員である。約3000万年前には，ヒト上科（ヒトと類人猿が属する群）と考えられる霊長類化石が出現している。2000万年から1000万年前にかけて，多くのヒト上科が出現した。その後，1000万年前から始まった乾燥化により，森林が縮小した。この森林の縮小化の進行に伴って，地上に進出したのがヒトと考えられている。ただし，その進出は危険が伴うものであるため，初期の段階では，半樹上・半地上の生活を行っていたらしい。

　類人猿との共通祖先から枝分かれした初期の人類は，700万〜400万年前の中央アフリカ，東アフリカから発見されている。これらは初期猿人類と呼ばれている。

　初期猿人は，サヘル猿人，オロリン猿人，ラミダス猿人（アルディなど）などがある。彼らは，直立をしていたと考えられているが，その手足の形態から樹上にも適応していたとみられている。

　初期猿人の発見例は少なく，その多くは断片的な資料しかない。現在のところ唯一全身の骨格が発見されたのは，440万年前のラミダス猿人（アルディ）である。アルディの骨盤の形態からは，直立二足歩行をしていたことが，明確に認められる一方，手や足の形からは，樹上生活もかなり行っていたことが示唆される。また，ラミダス猿人の男性（アルディは女性と考えられている）の犬歯は類人猿の犬歯に比べて小さく，性差が小さいことが判っている。直立し，犬歯の縮小がみられることから，類人猿とことなる独自の

3. 人類の起源と進化　43

図表 3-1　人類の進化の概略図

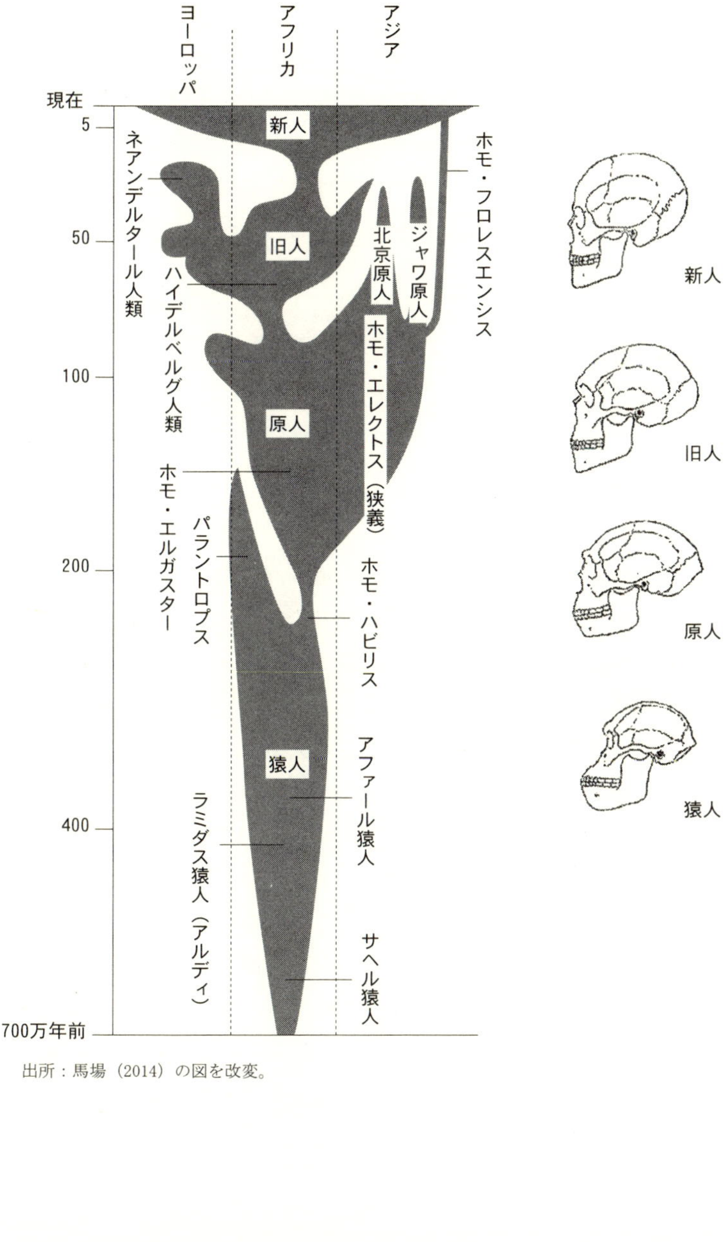

時代	ヨーロッパ	アフリカ	アジア
現在		新人	ホモ・フロレスエンシス
5	ネアンデルタール人類		
50	ハイデルベルグ人類	旧人	北京原人／ジャワ原人
100	ホモ・エルガスター	原人	ホモ・エレクトス（狭義）
200		パラントロプス	ホモ・ハビリス
400	ラミダス猿人（アルディ）	猿人	アファール猿人／サヘル猿人
700万年前			

新人

旧人

原人

猿人

出所：馬場（2014）の図を改変。

進化を辿るようになっていったことが判る。サヘル猿人，オローリン猿人らは，資料が十分でなく，いまのところ，初期猿人の人類としての位置はまだ不確かな状態であるといえよう。

確実な人類と考えられるのが，400万年以降の猿人である。猿人類は100万年前まで生存し，その中から，その次の段階である原人段階に進化する。原人はその後，旧人段階を経て，新人段階へと進化する。ただし，猿人から原人，旧人，新人への進化は，一つの直線ではなく，多くの種の出現とし，一部は絶滅，一部が継続進化した結果である。これら人類の進化を概観するとしよう。

(2) 人類の進化
1) 猿人段階

400万年から100万年前に存在した人類は，ほぼヒト（人類）と確認できる猿人類で，確実に直立2足歩行をし，樹上生活から解放されたとおもわれる人類である。

アウストラロピテクス属のアファール猿人，アフリカーヌス猿人，ガルヒ猿人，パラントロプス（頑丈型）猿人などである。これら猿人を加え，初期ホモ属と呼ばれる，ホモ・ハビリス，ホモ・ルドルフェンシスがある。初期ホモ属を猿人類とするか，原人類とするかについては議論がある。また，後述のガルヒ猿人も初期ホモ属に編入する考えもある。

アファール猿人は，400～300万年前の猿人である。身長は男性1.5m，女性は1.1m，脳容積は4～500mlでチンパンジー同程度か少し大きい。脊髄が通る穴である大後頭孔は中央にある（直立の証拠），頭骨はチンパンジー的であるが，骨盤はヒト的で直立を示唆している。犬歯はチンパンジーより小さい。猿隙（上顎の側切歯と犬歯との間の間隙—大きな下顎の犬歯を入れる隙間）が，少し見られる。腕は長く脚は短い（腕と脚はほぼ同じ長さ）。直立歩行は恒常的に行っていたと思われるが，手足は樹上にも適応していた。代表的な化石として，エチオピアから発見された「ルーシー」がある。

また，タンザニアのラエトリというところから，アファール猿人のものと

思われる 360 万年前の直立二足歩行の足跡が発見されている。

　アファール猿人から進化したと考えられる猿人は 3 種類ある。アフリカーヌス猿人，パラントロプス（頑丈型）猿人，ガルヒ猿人である。そのうち前 2 つは絶滅種である。

　アフリカーヌス猿人は，1924 年に南アフリカで発見された。猿人としては最初の発見例である。この発見は，世界的な科学雑誌ネイチャーの 20 世紀の 10 大発見の 1 つ（しかも最初）に挙げられている。人類進化の研究の頂点の 1 つといえるであろう。従来の脳優先の進化の考えを覆す発見となった。アフリカーヌス猿人は，300〜240 万年前の南アフリカの猿人である。体つきはアファール猿人に似ているが，臼歯はやや大きく，犬歯は小さい。猿隙はない。頭部はアファール猿人ほどチンパンジー的ではない。脳容積は 4〜500ml である。アフリカーヌス猿人の進化上の位置は，未確定で，南アフリカの絶滅種，頑丈型猿人の祖先型，ホモ属の祖先型など様々な意見が出ている。

　ガルヒ猿人は，エチオピアのミドル・アワシュの 250 万年前の地層から出土した頭骨化石で，小さな脳，大きな臼歯，突き出た顎が特徴である。脳容積は 450ml でアファール猿人と変わらない。しかし，同じ地層から出た四肢骨（頭骨と同一個体ではない）は，脚の方が腕よりも長く，その比率は現代人とアファール猿人との中間を示し，ホモ属の根元と考えられる猿人化石である。すぐ近くで発見された動物化石には，肉を切り取った際につけられたと思われる切り傷があり，石（器？）を使った可能性が指摘されている。

　パラントロプス（頑丈型）猿人は，250 万年前に出現し 120 万年前に絶滅した猿人である。頭骨の頭頂部に強い矢状稜があり，額はなく，大きくて分厚い下顎と大きな臼歯が特徴な猿人である。体格は他の猿人と変わらないが，脳容積は 530ml で狭い額の割に大きい。硬い種子や茎などの繊維質の多い食物を摂取していたと考えられている。エチオピクス猿人（東アフリカ），ロブストス猿人（南アフリカ），ボイセイ猿人（東アフリカ）に分けられる。これらの起源や進化上の系統はまだ未確定であるが，エチオピクス猿人がアファール猿人とボイセイ猿人との中間で，また，ロブストス猿人の祖

先型と考えるのが一般的である。

　初期ホモ属としては，ホモ・ハビリスがある。ホモ・ハビリスは240万～160万年前の人類である。脳が大きい（530～780ml）ことが特徴である。ハビリスは「器用な」との意味で，石器製作者であることを示唆した命名である。ホモ・ハビリスは小型の狭義のホモ・ハビリスと大型なホモ・ルドルフェンシスに分けられる。狭義のホモ・ハビリスは，① アウストラロピテクス属の一員とする考えと，② ホモ属であることから原人とする考え，③ 猿人から原人への移行期の人類とする考え，が対立している。ホモ・ルドルフェンシスの位置も明確ではない。狭義のホモ・ハビリスと異なる点が多いので，別の人類と考える意見が強まっている。

　猿人類の文化の証拠はあまりみられない。最古の石器―すなわち最も古い文化の確実な証拠は250万年前のものである。この石器の製作者はホモ・ハビリスと考えられている。ガルヒ猿人の時代でもあるので，ガルヒ猿人が石器製作者である可能性もある（ガルヒ猿人は石を用いたが石器を製作したかは不明である）。初期の石器はチョッパーと呼ばれる片面を打ち欠いた簡単な石器であったが，次第に簡単なハンド・アックス（握斧）を含む石器群となった。最近（2015），330万年前と推定される石器が発見された。これが真実ならば，その担い手は誰かという問題が生じてくる。

　これまで述べてきた初期人類を猿人類（猿人＋初期ホモ属）という。猿人類は600～700万年前に出現し100万年前までの間に，複数の属ない種を生じた。絶滅した猿人もある。猿人類は直立歩行を行っていたが，初期ホモ属を除くと頭は小さく脳容積は350～550mlである。家族を構成していたといわれる。火を使用した可能性がある。石器は，猿人類ではガルヒ猿人は可能性があるが，それ以外の猿人は持っていなかったと考えられている。初期ホモ属は脳が大きく石器を製作していた。石器は肉食や骨髄を食べるために使用したと思われ，初期ホモ属は肉食により脳を大きくして原人に進化したと考えられている。石器を製作していたことから，初期ホモ属を原人に含める考えがある。ここでは，主に脳容積の大きさ（猿人より大きいが，原人としては小さいこと）から初期ホモ属を原人への移行段階と考え，原人をホモ・

エレクタス（ホモ・エルガスター）以降とする。

人類はその後，原人→旧人→新人という道程で進化した。この進化の道程をもう少し詳しくみてみよう。

2）原人（ホモ・エレクトス）段階

複数の猿人の1つの種が初期ホモ属（ホモ・ハビリス）を経て次の原人（ホモ・エレクトス）に進化する。ホモ・ハビリスは240万〜180万年前に生存していた人類であるが，すぐに原人に進化する。この初期のアフリカの原人はホモ・エルガスターとも呼ばれる。重要化石は，KNM−ER3733, KNM−WT15000（12歳で168cm—成人ならば180cm以上と推定—「ツルカナ・ボーイ」と呼ばれる）などである。WT15000はほぼ全身骨格が出土したが，その骨盤の形や長い下肢はすでに直立二足歩行が完成したことを示している。

東アフリカでは，200万年前にパラントロプス・ボイセイ，ホモ・ハビリス，ホモ・エルガスター（ホモ・エレクトス）の3種の人類が共存していたと考えられる。

ホモ・エルガスターはすぐにアフリカから中東アジアをへて，東アジア，ヨーロッパへと進出した。中央アジアのジョージア国のドマニシから約175万年前の原人が発見されている。おそらく200万年前後にアフリカを出たと思われる。ドマニシの原人の一部には，小さな体（身長1.4m）と小さな脳（550〜600ml）をもっているものもある。ホモ・ハビリスと同程度である。原人になる前，すなわち初期ホモ属の段階でアフリカを出た可能性がある。この両者の併存は，初期ホモ属を原人に組み入れる考えの1つの根拠となっている。原人の東アジアへの進出はかなり早い時期であった。このアジアの原人のみをホモ・エレクトスと呼んで，他と区別する学者もいる。ここではホモ・エレクトスは原人全体を指し，アジアの原人をホモ・エレクトス（狭義）と表わす。インドネシアのジャワでは150万年以上前の原人がいた可能性が高い。中国でも100万年前の藍田原人が見つかっている。ヨーロッパには少し遅れて進出した。イタリアやスペインで80万年前の原人の化石が発

見されている。このように原人は旧世界全体に広がっていった。

原人の時代は，200万年前から30万（局所的には3〜1.8万）年前まで続いたが，初期の段階で脳の増大は見られているが，形質的な変化はそれほど大きくない。原人の形質的特徴は，1）猿人の1.5〜2倍の800〜1200mlの脳容積をもつ，2）眼窩上隆起が発達し，しばしば左右の隆起がつながっている，3）後退した額を持ち，後頭隆起は強く張り出している，4）顎は頑丈であることなどである。脳容積がハビリス猿人以外の猿人類に比べ倍以上に増加している。これには獣肉類の摂取が影響したと考えられている。顎が頑丈なのは，咀嚼器として有効であったと考えられるが利器としての使用があった可能性がある。

アフリカのホモ・エルガスター（KNM−ER3733，KNM−WT15000（ツルカナ・ボーイ），ホモ・エレクトス（狭義）の北京原人（シナントロプス），ジャワ原人（ピテカントロプス）などが重要化石である。

石器は万能型の石器である核石器（ハンド・アックスなど）が用いられた。確実な火の使用，槍などの木製品の使用などが挙げられるが，精神的活動はほとんど認められていない。

2003年，センセーショナルな発見がインドネシアのフローレス島であった。ホモ・フロレシエンシスと呼ばれる人類は，身長1m，脳容積400mlの小人（女性）である。その頭骨・顔面の特徴はまさに原人であったが，なんと時代は1万8千年前であった。最近では，1万2千年前の可能性があるという。日本の縄文時代初期に相当する年代である。ただし，文化面ではより進んだ石器を使用していた。おそらく初期の原人がフローレス島に渡り（人類が海を渡った最古の例である），100万年以上をかけて，進化した結果であろう。この場合の進化は，島嶼化現象という小型化への進化であったと考えられている。

3）旧人段階

次の段階は旧人段階である。旧人は原人と新人との中間的段階であることから，形質的にも旧人と新人の特徴を併せ持っている。ただし，脳容積は原

人類の 800－1200ml から 1100－1750ml と大きくなる。これは現代人の脳容積の範囲に入る。

旧人はハイデルベルグ人類とネアンデルタール人類の 2 つに分けられる。

原人は 50～20 万年前に各地域で旧人であるハイデルベルグ人類に進化する。

ハイデルベルグ人類としては，アフリカではカヴェ人（ローデシア人），ボド人，ヨーロッパではペトラローナ（伊）やアラゴ洞人（仏），アジアではソロー人（インドネシア，ジャワ島），ダーリ（大荔）人（中国）などが著名である。歯は原人に比べ小さく，突顎の程度も弱い。脳容積は 1200－1400ml である。

ネアンデルタール人類は，初期のヨーロッパおよび中東のハイデルベルグ人類から進化した一群で，20 万年～3.5 万年にヨーロッパや西アジアに限局して存在していた人類である。

脳頭蓋は低平であるが大きく，脳容積は 1400－1750ml（平均 1550ml）と新人よりやや大きい。発達した眼窩上隆起，長頭，顔面中部が突出しているなどの特徴をもつ。

文化も様々な様相を示す。石器は剥片石器主体で，以前より小さくなり，また，種類もふえ分業化の兆しが見える。骨角器も多少みられる。埋葬（ただし，新人の方が時代的には古い），熊祭り（この存在は反論もある），助け合いなどの精神的活動の兆しがみえる。

ネアンデルタール人類は西アジアでは新人と共存するが，ヨーロッパでは 3 万 5 千～2 万 8 千年前に新人と入れ替わる。

4）新人段階

新人（ホモ・サピエンス）は約 20 万年前にアフリカで出現する。アフリカで出現した新人は，10 万年前にアフリカを出て西アジアに，約 5 万年前にはアジア，オーストラリアに到達し，約 4 万年前にはヨーロッパに進出した。新人は各地のハイデルベルグ人類やネアンデルタール人類と置き換わった。その後も世界各地に拡散，居住地を拡大し，北米，南米には，約 1 万 8

千〜1万4千年の間に進出した。

　新人の形質は現代人と変わらない。頭高は大きく，額が高く，眼窩上隆起は消失し，下顎にはオトガイが突出した。脳容積はネアンデルタール人類よりもすこし少ない（平均1450ml）が，前頭葉（創造，感情，意志，運動の統合の機能を司る部位）や側頭葉（記憶，聴覚，言語を司る部位）が発達している。分節音を持つ言語を話す能力があり，埋葬，宗教，芸術作品など，文化的な発展がみられている。

　埋葬は，現在知られている限り，最も古い埋葬はイスラエルのカフゼーで約10万年前のものである（ネアンデルタール人類でも埋葬はみられているが，確実にカフゼーより古いものはない）。埋葬は時代が経つにつれ多くなり，特に3万年以降は，埋葬形態も屈葬，伸葬，頭骨葬など多様となり，副葬品，顔料，置き石，石版なども用いるようになる。

　石器は，石刃技法という経済性に富む技法が生み出された。円錐石核をつくり，これからブレイド（石刃）を剥ぎ取り，これを加工して種々の石器をつくる技法である。この技法により小型でかつ種類が豊富な石器が作られ，分業化が完成した。骨角器も多様になった。指揮棒とよばれる動物などの彫刻がみられる道具，返しがある銛などがある。装飾品も貝や動物の骨製のペンダントや象牙製のビーズなど豊富で多様である。芸術作品として洞窟壁画や動物やヴィーナス像などの丸彫や浮彫，様々な動物の線刻などの彫刻品，さらに楽器がある。洞窟壁画は宗教（呪術）的要素が強いと考えられている。氷河時代のルーブルと呼ばれるラスコー（仏），巧みな濃淡で描かれた野牛像があるアルタミラ（スペイン），呪術師と思われる壁画が有名なレ・トロワ・フレール（仏）などが有名である。動物像は，「ライオンマン（半獣半人像）」，「いななく野馬」の像などがある。ヴィーナス像は，豊饒と生命の誕生を象徴あるいは願望を示したものと考えられ，ドルニ・ヴェストニチェ（チェコ，丸彫），ローセル（仏，浮彫），レスピューグ（仏，丸彫），ヴィレンドルフ（オーストリア，丸彫）などが有名である。楽器は骨製の笛でフランス，ドイツで発見されている。住居は，規模が大きくなり複雑になった。動物の毛皮で作られたテントや，木材の代わりにマンモスの骨で作

られた住居もみられた。ウクライナのメジリチ遺跡では，95体（下顎骨の数）ものマンモスが使われた住居が発見された。

4. 農耕と文明のはじまり

　約1万年前，西アジアでブレイドウッドによって「肥沃なる三日月地帯」と名付けられた地域を中心として，農耕と牧畜が開始された。食料生産革命である。安定した食物供給により人口の増加をもたらした。集中居住が始まり，都市が生じ，それに伴い，様々な階級や職業が生じた。また，社会は次第に大きくなり複雑化した。

　メソポタミアのシュメールで最古の文明が生まれた。文明の指標としては，① 都市化，② 首都または神殿，③ 文字の存在の3つが挙げられる。

　BC5500～3500年のウバイド文化では，都市，神殿，灌漑施設が見られ，人口は2～4000人であった。まだ文字は見られていない。

　次のウルク文化（BC4～3000年）では，都市，神殿，灌漑施設に加え，文字が生まれた。人口は1～2万人と拡大し，都市の規模も1平方キロほどになった。

　ウルク文化で生まれた文字は，ウルク古拙文字と呼ばれる絵文字である。その起源は会計の道具で計算にもちいられていたトークン（粘土状の円錐形，円盤形，三角形などの形状物）である。トークンが粘土板に変化し，そこに絵文字が刻まれるようになった。このような粘土板の中には，穀物や家畜にかけられた税金の領収書とみなされるものが見つかっている。このことから財産管理，事務の処理などに絵文字が使われたと考えられている。この絵文字から楔形文字がBC3500年頃生まれ，BC2500年には文字体系として完成した。

　エジプトでもBC3100年頃にヒエログリフ（聖刻文字）が生じ，BC600年頃にはデモティック（民衆文字，草書体で日常に用いた）が追加された。なお，著名な「ロゼッタ・ストーン」はヒエログリフ，デモティック，ギリシャ文字の3文字で書かれたものである。

次いでクレタ島でクレタ（ミノア）文字が生じた。BC1800年ごろの象形文字（絵文字），線文字Aである。線文字B（BC1600）はクノッソスから見つかった文字でミケナイ文字ともいわれ，ギリシァ文字の原型と考えられている。その他，パレスチナでアルファベット（BC1700），中国殷時代に甲骨文字（BC1300），インダスでインダス文字（未解読，BC1300頃）が生まれた。

これらの文字の発生により，人類は新しい局面を迎える。歴史時代の幕開けである。

歴史時代に入り，急速に人類はその勢力をのばした。約BC3000～1500年前に，メソポタミア（シュメール）に続いて，中国，エジプト，インド（インダス）でも文明が起こった。すこし遅れて（BC300年頃）新大陸でも文明が生じた。人類の文化はさらに多様性を増した。

ここでは人口を指標としてその発展を見てみよう。人口は1万年前には500～1000万人に過ぎなかったが，紀元時には2億5千万人まで増加した。約400年前になると産業革命がおこり，死亡率の低下を伴って，人口は爆発的に増加した。1650年には5億人であったが，200年後の1850年では14億人，1950年には25億人，2015年には73億に達した（図表3-2）。ここ1万年の人口増加はまさに異常といえるほどである。また，人類は現在，地球上のあらゆる地域に居住している。1つの動物種でこれほど多数で多地域に生息するものはほかにいない。人類は地球の頂点にたっているといえよう。

その人類の存在が他の生物の脅威となっていることが指摘されている。森林伐採による熱帯林の減少により，多くの生物種が絶滅させられたという。また，大気汚染，海洋汚染，地球温暖化などの環境問題は，その殆どが人類によって引き起こされている。人類自体の存亡が危惧されている。今後，いかに環境を保全するかが人類に課された問題である。

しかし，暗い面ばかりではない，科学技術の発展により，我々人類の知的財産は膨大なものになった。とくに，知的財産の生産が急速に進んだ20世紀を経た現在，我々は知の森の中にいる。ここに書いてきたことは，ほぼ，ここ100年間の知的遺産である。もし，100年前であったなら，私たちは宇

図表 3-2　人口の発展

猿人段階	（100 万年前）	10（〜50）万人
原人段階	（50 万年前）	50（〜100）万人
新人段階	（2.5 万年前）	200〜400 万人
	（1 万年前）	500 万人（最大 1,000 万人）
	農耕開始とともに急激に増加	
	4000 年前	8,500 万人
	2000 年前（紀元 0 年）	2 億 5 千万人（3 億）
	1650 年（350 年前）	5 億人
	産業革命以降　さらに急激に増加	
	1850 年	14 億人（200 年で 2 倍半）
	1950 年	25 億人
	2000 年	64 億人
	2011 年	70 億人
	2015 年	73 億人
	（2050 年）	90 億人
	（21 世紀末）	100 億人超

出所：筆者作成。

宙や地球の誕生や生物の進化，人類の起源について殆ど何も知らなかったのである。他の学問分野でももう少しタイムスパンは長いかもしれないが同様のことがいえるであろう。私たちにとって今を生きることは，知を生み，知を得る幸せを享受することなのである。また，その知の遺産を次世代に継承することが我々に課せられた義務であろう。

以上，人類の起源と進化およびその間の文化の発展を見てきたわけであるが，今度は視点を変えて人類の原初的経済活動をみてみよう。

5．人類の基本的・原初的経済活動

現在の経済活動は市場経済を中心としているが，人類の原初的な経済活動とはどの様なものであったのであろうか。

経済人類学者経済史学者ポランニーは，人類の経済活動を 1 ）互酬性 2 ）再分配　3 ）市場交換の 3 つに分類し，互酬性が原初的なものとした。

互酬性は，「自分が受けた贈り物，サービス行為，または損害に対してな

んらかの形でお返しをする」行為である。すなわち，贈与交換が経済活動の根源であるという。

社会学者のマルセル・モースは贈り物を受け取りお返しをすることは社会関係を維持するための「道徳的義務行為」であるとした。また，贈与交換にみられる法則は人類社会の根源的な社会的統合の原理であることを明らかにした。

また，サーリンズは，互酬性はあらゆる経済活動にも見られるとしてこれを3つのタイプに分類した。1) 一般的互酬性　2) 均衡的互酬性　3) 否定的互酬性である。

一般的互酬性はお返しを期待しない贈与で，親子間や親族や親しい友人間，および主従間で行われる。親子，主従など地位に明確な差がある者の間での贈与で，「惜しみなさ，気前の良さ」に特徴がある。

均衡的互酬性は友人，隣人，遠い親族との間で行われる贈与交換である。ほぼ，同等の価値のものがある一定の期間内にお返しすることが前提となる。そこには贈与と返礼という互酬性の原則が存在する。

否定的互酬性は，他人との間で行われ，利益を得るために行う交換である。値切り，ごまかし，究極には窃盗まで入るという。一般的には市場原理で行われる。

伝統的社会の贈与交換の例として，ニューギニアのトロブリアン諸島のクラ交易，北米西海岸のアメリカ・インディアンにみられたポトラッチなどがある。クラでは，象徴的な首飾り（時計回り）と腕輪（逆時計回り）が巡回する。この儀礼的な贈与交換によって，異なる集団間の友人関係が構築され，持続される。この贈与交換に伴って，経済的な交換や贈与が発生する。このクラの贈与交換は，異なる集団間の紐帯の役割を担っているとともに，集団の維持にとっても重要な行為でもある。ポトラッチでは，ある集団の首長は，通過儀礼の際などに他の集団の首長らを招き，宴を開き大量の食物と莫大な財を贈る。贈り主の社会的威信と地位を高める役割をもつ。招待された者は，後にそれ以上の宴を行わないといけない。それができないと威信をおとすことになる。このように贈与交換には競覇的側面がある。

現在の経済は市場原理で行われる経済行為であるが，その根源は贈与交換に求められるのである．そして贈与という行為は前にも述べたように人類や家族の起源にも関連してくる．贈与交換は異なる集団間の社会的関係を形成・強化する機能を持つことから社会的活動ともいえる側面を持っている．

　贈与交換は，また，原初的な経済活動であるので現代社会ではあまり見られないと思いがちだが，実は，市場交換の中に包括されながらも存在しているのである．中元，歳暮のやり取り，クリスマス，バレンタインデーの贈り物は贈与交換である．ODA や NGO などの援助も贈与交換といえるであろう．贈与交換は，近代社会においても脈々と生き続けているのである．

　最後に，文明発祥後の経済の象徴としての貨幣とその起源についても若干触れておこう．

　贈与交換，とくに市場交換の際に貨幣が用いられるようになる．初期の貨幣は，石，貝殻，骨等の自然物であった．これらは与えた損害の代償として使われていたものも多い．次第に布や大麦，米などの物品貨幣に代わり，次いで持ち運びが容易な金属貨幣が用いられるようになる．金属貨幣は，初めは地金を計って用いた（BC30 世紀頃，秤量貨幣と呼ぶ）．シュメールの楔形文字を用いた記録の中に，銀の重さでの支払明細がある．また，エジプトの壁画に金属を計る様子が描かれている．次いで鋳造貨幣が現れる．最古の鋳造貨幣は，小アジア（現トルコ）のリュディア王国のエレクトロン貨である（BC670 年頃）．鋳造貨幣は一定の形状，素材，重量をもっており，これにより広い地域での交易や社会関係が可能となり，促進された．また，貨幣には蓄蔵の機能ももつが，鋳造貨幣の出現により，富の蓄蔵がより容易となり，富裕層や権力の出現を導いたなど，格差社会を促進させた面も見逃せない．

トピック ① ミトコンドリア・イブ——分子生物学・人類学からの接近

　1997 年 1 月，英国の世界的科学誌「ネイチャー」誌上に発表された現代人の起源に関する論文は，古人類学者の新人起源に関する対立，「多地域進化説」vs「出アフリカ（単一起源）説」に決着を与えた．論文の発表者であるアメリカのカルファルニア大学のアラン・ウィルソン，レベッカ・キャ

ン等は，世界各地の住民147名（ヨーロッパ・北アフリカ人・西アジア人46名，サハラ以南のアフリカ人20名，アジア人34名，ニューギニア人26名，オーストラリア先住民21名）のミトコンドリアDNA（133タイプ）を分析して，「現代人の全てが20万年前のアフリカにいた1人の女性の子孫である」と報告した。このデータは，言語学的データともほぼ一致することが，他の研究者（人類遺伝学者ルイジ・ルカ・カヴァリースフォルツァ等）から示された。また，最近，Y染色体，核染色体のDNA研究からも，同様な結果が得られている。

　古人類学の分野でも，新しい発見が「出アフリカ説」を支持した。エチオピアのミドル・アワシュ（有名なアルディピテクス・カダッパやアウストラロピテクス・ガルヒ等の化石出土地）のヘルトから見つかった化石（ヘルト頭骨：ホモ・サピエンス・イダルツと命名）は16万年前であった。さらに，エチオピア南部のオモ川流域のキビッシュから出土した化石（キビッシュ脳頭蓋：オモ1号—新人タイプ，2号—旧人タイプ）の年代の再検討の結果，約20万年前であることがわかった。これらは，分子生物学の結果とよく符合している。オモ川流域では新・旧の人類が共存していたと考えられている。

トピック ② 脳の増大はどのように起きたか？

　初期猿人の脳の大きさは大型類人猿の脳の大きさとさほど変わらない。700万年から400万年前の300万年間でそれほど大きな変化をしていない。最小で300ml，最大で500mlほどである。猿人と初期ホモ属では，脳の大きさに違いがみられる。猿人では，400〜500mlであるが，初期ホモ属は，500〜780ml（平均600ml）と大きい。

　脳の大きさ（脳容積）は原人になると顕著に大きくなっている。猿人と比較すると平均で，2倍以上となっている。猿人では最大でも500mlであるが，原人では，ドマニシの一部やフローレス島の原人を除けば，600〜1200mlに達している。おそらく石器の使用による肉食，骨髄食，脳食など高エネルギー，高タンパク質の食物摂取により，脳の増大が促進したと考えられている。それが石器の洗練化を導き，より高度の石器製作となっ

たと考えられる。

　直立二足歩行が確立し，また，犬歯の縮小や顎の退化に伴う咀嚼筋の弱小化が進んだことで，頭骨（特に脳頭蓋）に対する圧迫が減少したため，脳（頭蓋）の増大につながったとも考えられている。原人の石器の種類や獣骨の傷跡から，死肉アサリと狩りを行なっていたことがうかがえる。化石と搬出した骨には肉を骨から取り去る際についたと思われる傷がみられ，また，割れてばらばらになった骨はおそらく骨髄を食べていたことを示唆している。栄養価の高い肉や骨髄の摂取により，多くのエネルギーを獲得し，高度な活動とともに，脳の増大という結果を生んだと思われる。さらに，活発な活動は，ヒトの無毛化を生んだ要因ともいわれる。体温の上昇を防ぐためエクリン汗腺を発達させ，それに伴い無毛化が進んだと考えられる。脳の増大と無毛化は密接な関係にあるようだ。

　現代までの人類の中で，最も脳が大きいのは，旧人のネアンデルタール人類である。平均1550mlと現代人（平均値）より大きい。化石人類中最大の脳は鈴木尚東大教授を隊長とする日本隊が1961年にイスラエルで発見したアムッド人で，その脳容積は1740mlであった。ただし，ネアンデルタール人類の頭骨は，後頭部が大きく，前頭部（意志，創造，思考，運動性言語）は現代人に比べ小さい。初期の新人もかなり大きく，カフゼー人は1550ml，クロマニョン人は1500mlと現代人よりやや大きい。現代人になると1000〜2000mlと変異は大きく，平均は1450mlほどである。

トピック③ 人類進化に関する最近の情報（2001〜2016）（「まさかの最新研究結果」）

　(1) デニソワ人の発見

　2010年にロシアのアルタイ地方（中国，モンゴルとの国境に近い地域）のデニソワ洞窟から発見された約4万年前の人骨のmtDNAをしらべた結果，ホモ・サピエンスの祖先（詳しくは，ネアンデルタール人類とホモ・サピエンスの共通祖先［この両者の分岐は46万6千年前］）と約100万年前に分かれた人類ということが判った。4万年前には，ホモ・サピエンス，ネア

ンデルタール人類，デニソワ人類，ホモ・フロレンシェンシスの4種の人類が存在していたことになる。

(2) ネアンデルタール人類の発見・再評価

また，2007年にロシアのアルタイ山脈のオクラドニコフ洞窟（デニソワ洞窟より約100km西）から出土した人骨は，mtDNAの分析の結果，ネアンデルタール人類であることが判明した。これにより，ネアンデルタール人類の分布域がそれまで考えられていたより，はるか東方にまで広がっていることが判った。また，2010年には，この核DNAが解読され，その結果，現代メラネシア人と4～6％のゲノムを共有していることが判った。また，クロワチアのヴィンディヤ洞窟から出土したネアンデルタール人類の化石の核DNAが解読され，アジアとヨーロッパのホモ・サピエンスと1～4％交雑していることが判った。また，中東でも5～6万年前に両者の共存が判明した。2015年ネアンデルタール人類の道具製作が検討され，初期新人とネアンデルタール人類の石器製作技術はほぼ同じレベルであることが示された。

(3) 南アフリカでの新しい猿人類の発見

南アフリカでは，アフリカーヌス猿人とパラントロプス（頑丈型）猿人が発見されていたが，21世紀に入り，新たな猿人と謎の化石人類，それも全身骨格のものが，矢継ぎ早に発見された。

1つは2011年に，南アのヨハネスブルグ近くのマラパの洞窟から発見された，200万年前のセディバ猿人である。脳容積は420mlで，直立二足歩行と木のぼり（樹上生活）の両方に適した形態を備えていた（腕が長い）。

もう1つは，マラパから16kmほどのライジングスター洞窟から2013年に発見されたホモ・ナレディである。初期人類と現代的な特徴が入り混じった謎の化石である。頭骨は，形は現代的であるが，その容積は520mlと現代人の半分以下である。肩，腰，胴体には，初期人類的特徴，下半身にはより現代的な特徴（長い脚，土ふまずがある足など）がみられる。手のひら，親指は道具の使用を示唆するものだが，曲がった指は木登りに適している。年代は不詳である。これらの発見は，初期人類の進化が，従来考えていたも

のより複雑な道筋であることを示唆している。

参考文献
内田亮子 (2008),『生命をつなぐ進化のふしぎ』筑摩書房（ちくま新書）。
内村直之 (2005),『われら以外の人類』朝日新聞社。
NHK 取材班 (1995),『生命 40 億年はるかな旅　5』日本放送出版協会。
NHK スペシャル取材班 (2012),『ヒューマン』角川書店。
河合信和 (2009),『人類進化 99 の謎』文藝春秋（文春新書）。
河合信和 (2010),『ヒトの進化　七〇〇万年史』筑摩書房（ちくま新書）。
篠田謙一編, (2013),『化石とゲノムで探る人類の起源と拡散』(別冊日経サイエンス), 日経サイエンス社。
高山博編 (1997),『人類の起源』集英社。
富田守編著 (2012),『学んでみると自然人類学はおもしろい』ペレ出版。
日経サイエンス編集部 (2014), 「人類進化—今も続くドラマ」『日経サイエンス 2014 年 12 月号』日経サイエンス社。
馬場悠男 (2000),『ホモ・サピエンスはどこから来たか』河出書房新社 (KAWADE 夢新書)。
馬場悠男編 (2005),『人間性の進化』(別冊日経サイエンス), 日経サイエンス社。
松沢哲郎・長谷川寿一編 (2000),『心の進化』岩波書店。
葭田光三 (2003),『自然と文化の人類学』八千代出版。
ウッド, B. (2014),『人類の進化』(馬場悠男訳) 丸善出版（サイエンスパレット）。
オッペンハイマー, S. (2007),『人類の足跡 10 万年全史』(仲村明子訳) 草思社。
スタンフォード, C. (2004),『直立歩行』(長野敬＋林大訳) 青土社。
ストリンガー, C., アンドリュース, P. (2008),『人類進化大全』(馬場悠男・道方しのぶ訳) 悠書館。
タッターソル, I. (1998),『化石から知るヒトの進化』(河合信和訳) 三田出版会。
バーク, J., オーンスタイン, R. (1997),『400 万年人類の旅』(瀬戸千也子訳) 三田出版会。
フォーリー, R. (1997),『ホミニッド』(金井琢務訳) 大月書店。
モーウッド, M., P. V. オオステルチィ (2008),『ホモ・フロレシエンシス（上／下）』(馬場悠男監訳, 仲村明子訳) 日本放送出版協会（NHK ブックス）。
ルーウィン, R. (2002),『ここまでわかった人類の起源と進化』(保志宏訳) てらぺいあ。
ロバーツ, M. J. (2002),『図説世界の歴史 1 「歴史の始まり」と古代文明』(青柳正規監修, 東眞理子訳) 創元社。

第4章

豊かさを求めて
――経済の成長と発展――

1. はじめに

　人間には二面性，2つの側面がある。第1の側面は，生物（動物）としての人間であり，その主目的は種の存続と繁栄である（第2章を参照）。第2の側面は，万物の霊長としての人間である（第3章を参照）。動物の一種として地球上に現れた人間は，やがて文明を生み出し，経済を発展させて，地球上に君臨するにいたった。この成果は，豊か（飢えることのない）で健康（長命）な生活を求めてきた人類の努力の賜物である。

　確かに，今日においてさえ，豊かさを享受できていない人々が，国際的にも国内的にも数多く存在する。しかし，人口の増加を地球規模の観点から歴史的に見るのならば，人類は生物としては最も成功した種である（地球の成り立ちに関しては，第1章を参照）。後述するように，その成功は経済の成長と発展によってもたらされたものである，と言って差し支えなかろう。

　とはいえ，そうした成果にだけ目を奪われているわけにはゆかない。なぜなら，少子高齢化などに代表される経済の成長と発展の副作用が，先進国を中心に激しさを増しているだけでなく，先進国以外の国々も経済が成長し発展するにともなって同じ問題に直面する公算が高い，と考えられるからである。このような観点から考えるのなら，人間が営々と築いてきた豊かな生活は，まさに転機にさしかかっていることになる。

　本章においては，豊かで健康な生活を目指してきた人類の歴史を概観したうえで，その豊かな生活が危機に直面していることを，少子高齢化を例に人口経済学の観点から概観する。

2. 人間の経済活動

　人類の総数，すなわち世界の人口は 2015 年に 73 億人に達した，とされている[1]。しかし，人類がはじめから地球上で繁栄していたわけではない。次の図表 4-1 が示しているように，世界の人口は，紀元前 7000 年にはおよそ 500 万人から 1000 万人でしかなかったが，西暦元年には 2 億人から 4 億人程度へ，そして産業革命（科学技術の影響については，第 11 章を参照）のはじまる 18 世紀半ばごろには 11 億から 14 億人と緩慢に増加し，その後は急速に増加して 73 億人に達した。すなわち，人口が急増したのは産業革命がはじまった 18 世紀半ば以降のことで，歴史的にはごく最近なのである。とはいえ，この増加傾向からするなら，種の存続と繁栄という生物としての目的を実現する上で，人類は大きな成功をおさめたことになる。

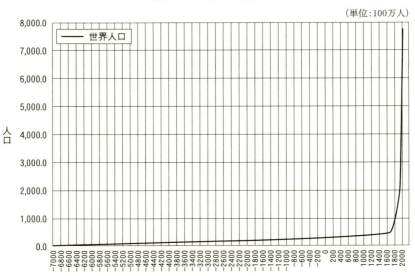

図表 4-1　世界人口の推移

資料：国立社会保障・人口問題研究所『人口統計資料集（平成 16 年度版）』(http//www.ipss.go.jp)。

この図表 4-1 からは，さらに次の 2 点を読み取ることができる。

第 1 点は，経済の成長と発展である。生物（動物）の一種である人間は，食糧をはじめとする様々な物（財）を消費しなければ生きてゆけない。そうした人間の集合体である人口がこれまで増加してきたという歴史的事実は，とりもなおさず様々な財の消費が増大してきたことを示している。そして，この消費の増大は，財の生産（経済活動）の量的拡大，すなわち経済の成長があったからこそ可能になったのである[2]。また，経済が成長する過程では，当然，経済の構造や質も変化する。この経済の活動の量的拡大に経済の構造や質の変化を含めた概念が，いわゆる経済の発展である。

第 2 点は，人間の営みである。周知のように，経済学の祖は，アダム・スミス（1723－1790 年）である。経済活動に関する様々な考え方・思想はそれ以前からあったが，彼がそれらを理論的に精緻化し体系化して『国富論』を刊行したのは 1776 年である（図表 4-1 の，人口の急増開始時点にほぼ一致する）。これを経済学の出発点とすると，図表 4-1 から分かるように，その出発点にいたるまでの時代にあっても，人口は緩慢ながら増加している。すなわち，経済学が誕生する以前の時代においても，経済は成長し発展してきたのである。その主たる要因としては，勤勉（勤労）と倹約（貯蓄）が富をもたらす，という古来より人間が尊んできた通念・経験則を挙げることができよう（この点に関しては後述する）。

さて，経済が成長し発展してきたとはいえ（図表 4-1 を参照），人類のすべてが豊か（飢えることのない）で健康（長命）な生活を享受できていたわけではない[3]。たとえば，人類が狩猟と採取によってようやく生命と生計を維持していた狩猟採取時代，経済の生産性は非常に低かった。人々は協力し合わなければ生存できないため，獲物や採取物を平等に配分せざるを得ず，搾取・被搾取（支配・被支配）の関係も成立しなかった。このような社会が，今日"原始共産制"と呼ばれているものである。

やがて農耕の開始によって生産性が高まって，生存に必要な水準を上回る財の生産が可能になり，余剰生産物の私有化や分業がはじまると，豊かさの恩恵に浴すことのできる少数の人間と，その恩恵に浴すことのできない多数

の人々とに分かれはじめた。たとえば，古代奴隷制社会では，奴隷が生産した成果物は奴隷主のものとなった。これに続く封建的な土地所有制度・身分制度に基礎をおいた封建制社会では，農民の労働が生み出した生産物の相当部分は土地の所有者である領主のものとなっていた。

　この封建制社会を打倒して今日の一般的な国家形態である国民国家を成立させ（国民国家の詳細に関しては，第5章を参照），近代資本主義社会への道を開いたものが，17−18世紀の欧州で生じた市民革命であり[4]，この市民革命に影響を与えたものが自由権の思想である（自由権（経済活動の自由も含まれる）は18世紀に確立したことから，18世紀的人権と呼ばれる）。こうした経緯を経て成立した資本主義社会も，豊かな資本家と貧しい労働者という対立を内包していた。

　この資本主義経済は市場を中心に営まれる市場経済でもあり，市場における自由な経済活動によって生産は増大したが，19世紀後半頃になると，独占の進展・不況（恐慌）の発生・失業の増大・社会経済格差の拡大，といった市場経済の弊害が顕在化してきた。

　この弊害への対応には，2つの道があった[5]。その第1は，上記の経済状況のなかから生まれた"健康で文化的な最低限度の生活"を保障する生存権の思想（生存権は20世紀に確立したことから，20世紀的人権と称されている）に依拠した政策手段（たとえば，「有効需要の原理」に基づいた裁量的財政政策による不況・失業対策，社会保障・福祉政策による貧困対策（社会保障・福祉の詳細に関しては，第7章を参照されたい），独占禁止法による独占への対応など）によって市場経済の短所を是正し，自由で民主的な市民社会を維持しようとする修正資本主義の考え方である。

　第2は，矛盾点の多い資本主義を打倒して平等な社会を築こうとする社会主義のそれである。この対応は，ロシア革命（1917年）によるソビエト連邦（ソ連）の誕生によって現実のものとなった。その後，社会主義は世界に広まり，多数の社会主義国が誕生し，第二次世界大戦後の一時期は資本主義国と対峙するまでになった。しかし，多額の軍事支出が非効率な計画経済の負担になったことが災いするなどして，1980年代末から1990年代の初頭に

かけて，その大半が崩壊してしまった。

　以上からすると，生産物（富）の配分の仕方は国や時代によって若干の違いはあるものの，"上（支配層）に厚く下（被支層）に薄く" が一般であった。人類の大半は貧しさと飢え，それらに起因する疾病と死の危険に曝されて生きてきた。だからこそ，ヒポクラテス（前 460－377 年頃，"医学の父"，"医聖" と称される）以前の昔から，医療が人々の関心事となっていたのである（医学・医療に関しては，第 6 章を参照）。

　こうした状況下にあった人間が，長い歴史を通して，豊か（飢えることのない）で健康（長命）な生活を求めてきたのは至極当然のことでもある。この希求の代表例としては，トマス・モアが 1516 年に刊行した著書『ユートピア』が挙げられる[6]。彼は，豊かで平等な社会が実現したらという着想のもとに，想像上の理想的国家「ユートピア」（どこにもない "国"）を描き，そうした状況からかけ離れた現実の社会を批判した。

　ところで，極端なまでに平等な社会に実現しようとするとき，そこに出現するものは自由が圧殺された管理社会に他ならない。格差社会を批判した『ユートピア』は，皮肉なことに，そうした点をも暗示している。平等な社会の建設という理想はともかく，このような性向を有する社会主義国は，既述のように 1980 年代末から 1990 年代の初頭にかけて次々と崩壊した。トマス・モアの『ユートピア』は，自由の抑圧された非民主的な管理社会，すなわち社会主義国の末路を示唆していた，ともいえよう。

　他方，今日の先進国などの経済の成長と発展は，社会保障制度の拡充を可能にする一方において，資源の消費量を増大させて，環境破壊などの一因となっている。その具体例が地球温暖化をはじめとする問題である（この点の詳細に関しては，第 10 章を参照）。

3. 経済の成長と発展

　さて，先に，経済学が誕生する以前においても経済の成長と発展が生じていた，と述べたが，ここではこの点について概観することにしよう。

(1) 経済成長の要因

18世紀にいたるまで緩慢ながらも経済の成長と発展が生じた（その証左が，図表4-1が示す人口の増加である）要因は，様々な文献から分かるように，① より良い生活への人々の希求と，② その実現に向けた人々の営みから醸成された通念・経験則（すなわち，勤勉（勤労）と倹約（貯蓄）が富をもたらす）に求められよう[7]。

これを具体的かつ簡潔にいうなら，次のようになる（図表4-2を参照）。

人は労働をして，様々な財を生産する。しかし，徒手空拳で生産活動を行うわけではなく，様々な道具などを用いて生産を行う。そして，生産物を，自らが生存するために，またより良い生活をするために消費する。ここで重要な点は，この生産物を消費し尽くさなかったことである。勤勉に働き，倹約に励み，蓄えを生産の増大のため（たとえば，道具類を増やし改善するなど）に用いたのである。各人のこうした地味な，しかし着実な行動が生産の増大，すなわち経済の成長・発展（富）をもたらした，といえる。

産業革命以前の経済の成長と発展が緩慢であった要因としては，産業構造の違いを挙げることができる。産業革命以前の経済の基幹産業は，自然に直

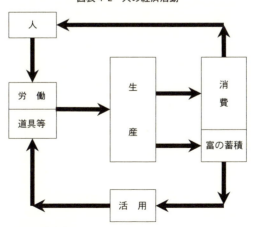

図表4-2　人の経済活動

出所：筆者作成。

接働きかけ，また自然の影響を直接受ける農業を中心とするものであった。しかも，今日のように科学技術が発展していなかったため，化学肥料や殺虫剤の生産などはできず，農産物を増産する主要な方法は開墾によって農地を増やすことであった。それゆえ，産業革命以降の工業中心の経済のように，急速な成長・発展はできなかったのである。

(2) 現実成長率 G

さて，この通念・経験則（勤勉と倹約が富をもたらす）に従って全国民が行動したとき，国民経済に成長と発展が生ずることを，ハロッド＝ドーマー・モデル[8]を援用して説明しておこう[9]。

いま，ある年における国内総生産（GDP）を Y，その翌年の国内総生産を Y' とすると，経済の成長率 G は下記の式（第1式）から算定できる。

$$G = \frac{Y' - Y}{Y} = \frac{\Delta Y}{Y} \tag{1}$$

この経済成長率が表している経済の規模の拡大，すなわち経済成長は次の図表4-3が示している一連の過程から生ずる。一国の人口のうちの生産年齢人口（時代や国によって異なるが，今日では，一般に15〜64歳人口）のなかから生産活動に携わる人々（労働力人口 L）が現れる。国内総生産 Y は，資本ストック K（道具や生産設備等）を用いた彼らによる勤労の成果である。この成果物の相当部分は，消費 C として国民（人口）が生活のために消費する。しかし，国内総生産 Y のすべてが消費されるわけではなく，一部は貯蓄 S として蓄えられる。次にこの貯蓄 S は投資 I として運用され，次期の生産を増やすために活用される。この一連の過程の内容は，比較すれば分かるように，先の図表4-2で述べたものとまったく同じである。

次に，この一連の過程が経済成長をもたらすことを，より具体的に説明する。資本ストック K と国内総生産 Y の関係は，次式（第2式）によって示される。ただし，式中の v は資本係数（生産物1単位を生産するのに必要な資本ストックの量を示す係数）である。

3. 経済の成長と発展　67

図表 4-3　経済成長の要因

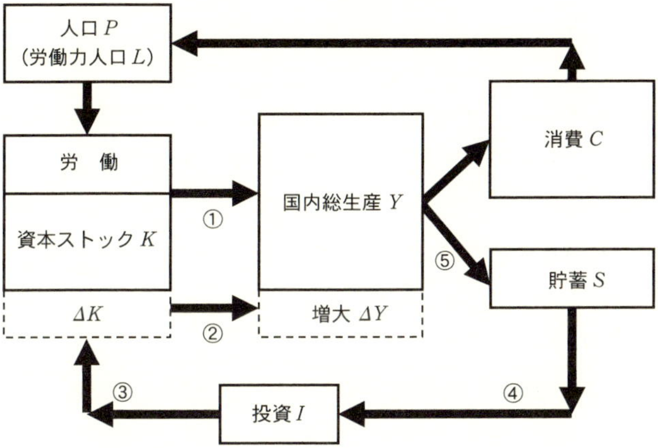

出所：筆者作成。

$$v = \frac{K}{Y} \tag{2}$$

　この式を展開すると，ある額の資本ストック K を用いて生産を行うと，その $1/v$ 倍の国内総生産 Y がもたらされる（図中の①），とする第3式が得られる。

$$Y = \frac{1}{v}K \tag{3}$$

　この式中の v の値が変化しないとするとき，生産を増加させる（$\varDelta Y$）には資本ストックの増加（$\varDelta K$）が必要であることになる（図中の②，および下記の第4式を参照）。

$$\varDelta Y = \frac{1}{v}\varDelta K \tag{4}$$

　この資本ストックの増加 $\varDelta K$ は，投資 I によってもたらされる（図中の③）。そして，投資 I は，貯蓄 S からもたらされる（図中の④）。

$$\varDelta K = I = S \tag{5}$$

　また，この貯蓄 S は生産額 Y からもたらされる（図中の⑤）。貯蓄 S が

国内生産額 Y に占める割合，すなわち貯蓄率 s は，下記の式から求まる．

$$s = \frac{S}{Y}$$

この式を変形すると，貯蓄額 S は国内総生産 Y に貯蓄率 s を乗ずることによって求まる，とする次の第6式を導き出すことができる．

$$S = s \cdot Y \tag{6}$$

そこで，この第6式を第4式に代入すると，第7式が求まる．

$$\frac{\Delta Y}{Y}(=G) = \frac{s}{v} \tag{7}$$

第7式中の $\Delta Y/Y$ は，経済成長率 G である（第1式を参照）．以上の説明から分かるように，国民の勤労（勤勉）と倹約（貯蓄），そして貯蓄の適切な運用が経済の成長をもたらすのである．

(3) 自然成長率 Gn

経済成長に影響を及ぼす上記以外の要因に，技術進歩と人口増加がある．このことを，同じくハロッド＝ドーマー・モデルの自然成長率 Gn を用いることによって考察する．

いま，ある年の国内総生産と人口を，それぞれ Y，P とする[10]．すると，国内総生産と人口との関係は，次式によって表される．

$$Y = \left(\frac{Y}{P}\right)P \tag{8}$$

この式中の1人当たり国内総生産 Y/P の値は，効率の良い生産設備などを多数保有する国では高く，そうでない国では低くなる．このことから，この1人当たり国内総生産の値はその国の生産水準，生産技術の水準を表している，といえる．

さて，生産水準が技術進歩率 λ（年率）によって高まり，生産設備を動かす人間（人口）が増加率 n（年率）によって増加するとき，翌年の国内総生産は次式から得られる．

$$(1+\lambda)(1+n)Y = (1+\lambda)\left(\frac{Y}{P}\right)(1+n)P \qquad (9)$$

すなわち，この式の左辺は，翌年の国内総生産の値 Y' を示している。

$$Y' = (1+\lambda)(1+n)Y \qquad (10)$$

そこで，第1式にしたがって経済成長率 G を求めると，

$$G = \frac{(1+\lambda)(1+n)Y - Y}{Y}$$

となる。これをさらに展開すると，次式のようになる。

$$G = \lambda + n + \lambda n$$

しかし，式中の λn の値は微小であることから捨象すると，技術進歩率 λ と人口増加率 n から成る経済成長率，すなわち自然成長率 Gn が求まる。

$$\frac{\varDelta Y}{Y}(= Gn) = \lambda + n \qquad (11)$$

自然成長率 Gn は，現実の経済成長の上限，ないしは天井を示している。なぜなら，機械設備等の生産性を規定しているのは技術進歩であり，また，その機械設備を操作して稼働させるのは人間（労働者）だからである。

4. 経済の成長・発展と少子高齢化

次に，これら2つの成長率（現実成長率 G と自然成長率 Gn）を用いて，人口の少子高齢化現象が経済の成長と発展に及ぼす影響を考察しよう。

(1) 経済の成長・発展

いま，縦軸に国内総生産 Y を測り，横軸に年 t を測る。次に，国内総生産 Y が自然成長率 Gn にしたがって成長したときの値 Y_{Gn_t} と，国内総生産 Y が現実成長率 G にしたがって成長したときの値 Y_{Gn_t} をプロットすると，図表4-4が示しているように，2つの成長経路を描くことができる。ここでは，前者を自然成長経路，後者を現実成長経路と呼ぶことにする[11]。このとき，自然成長経路は図中の破線値 Y_{Gn} ① のように着実な成長であるのに

図表 4-4　自然成長率と現実成長率

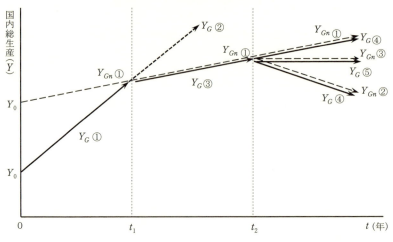

出所：筆者作成。

対して，現実成長経路は図中の実線 Y_G①のように急成長である，とする。この場合，現実成長経路を示す実線 Y_G①は，t_1の時点において，自然成長経路を示す破線 Y_{Gn}①に追いつくことになる。

　ここで留意すべきは，その次の状況である。現実の経済は，図中の点線 Y_G②が示しているような成長，すなわち自然成長経路の破線 Y_{Gn}①を超える成長を実現できない。なぜなら，技術進歩率と人口増加率[12]の和である自然成長率 Gn は，既述のように，現実の経済成長の上限ないしは天井を意味しているからである。それゆえ，現実の経済の成長経路を示す実線 Y_G①が自然成長経路を示す破線 Y_{Gn}①に追いついた t_1 時点以降は，図中の実線 Y_G③が示すように，自然成長経路を示す破線 Y_{Gn}①に沿って成長することになる。

　さて，経済のこのような成長の進展に歩調をあわせて，当然のことながら，経済の構造や質もまた変化する。すなわち，経済の発展が進展することになるのである。

(2) 経済発展と人口転換

図表 4-3 の破線 Y_{Gn} ① と実線 Y_G ③ が示すように，自然成長経路に沿って現実の経済が成長している場合，問題は生じない。しかし，こうした状況は続かない。なぜなら，経済の発展によって人口転換が進展するからである。これを説明しているのが，人口転換理論である。

人口転換理論とは，西欧諸国の歴史的経験から導出された経験法則である[13]。その内容は，経済の発展にともなって，一国の出生率と死亡率は高水準（多産多死）から低水準（少産少死）へと推移する，というものである[14]。この推移を人口転換といい，通常，その過程は図表 4-5 のように 4 つの段階に区分される。まず，第Ⅰ段階は，経済発展の遅れゆえに出生率も死亡率も高水準にある低発展期である。次の第Ⅱ期段階は経済発展の始動期で，第Ⅰ段階を通じて形成された多産を歓迎する通念が社会の隅々にまで浸透しているために，出生率は依然として高水準にあるものの，経済発展にともなう生活水準の向上等によって，死亡率は急速に低下する。第Ⅲ段階は経済発展が軌道に乗った発展期であり，高水準にある出生率と低下する死亡率による人口増加がもたらす人口圧力の高まりを受けて家族計画等が行われるため，出生率が死亡率を追いかけるかのように急速な低下を開始する。第Ⅳ段階は，経済の発展が高水準に達した成熟期であって，出生率と死亡率とも低水準に達して安定する。

以上が人口転換理論の概要であるが，出生率と死亡率とがこのように変化すると，人口の自然増加率（＝出生率－死亡率）は，第Ⅰ段階では低水準にあるが，第Ⅱ段階になると上昇に転じ，第Ⅲ段階に入ると低下しはじめ，最後の第Ⅳ段階では低水準で安定することになる。一国の総人口規模は，一般に，ロジスティックの法則（最初は緩慢に，次いで急速に増加した後，増加速度をしだいに減じ，最終的に一定規模に落ち着く）に従って推移するのは，自然増加率が経済の発展に伴ってこのように変化するからである。

出生率と死亡率のこうした推移は，人口の年齢構成（具体的には，人口ピラミッドの形状）に影響を及ぼすことになる。人口転換の第Ⅰ段階（低発展期）においては，多くの子供が生まれる（出生率は高い）反面，その多くが

72 第4章 豊かさを求めて

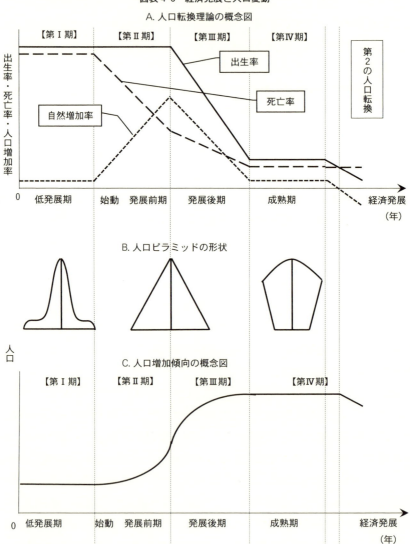

図表 4-5　経済発展と人口変動

出所：筆者作成。

若年のうちに死んでしまう（若年層の死亡率が高い）ために，人口ピラミッドは逆 T 字型をしている。しかし，第II段階（発展の始動期・前期）になると，生活水準の向上や医療の発展等により若年層や青壮年層の死亡率が低下するために，人口ピラミッドは綺麗な三角形の形状に近づいてゆく。そして，第III段階（発展期・後期）に入ると，出生率が死亡率を追いかけるかのように急速に低下することから，人口ピラミッドの上部が膨らむ一方，下部が縮小するために，第IV段階（成熟期）の人口ピラミッドは壺形の形状を呈するようになる（これが人口の少子高齢化現象である）。

以上が，人口転換と人口状況の推移の概要である。この意味からするなら，少子高齢化現象とは，経済の発展という輝かしい成果の影の部分，といえよう（人口の少子高齢化がもたらす問題の具体例に関しては，第8章の孤立死の問題と第9章の地域開発を参照されたい）。

ここで留意すべきは，上記の人口転換理論では，人口転換の第IV期になると出生率と死亡率は低水準で安定する（また，両率の差である人口の自然増加率も低水準で安定するので，人口規模もある一定水準で安定する），としている点である。

これに対して，近年，「第2の人口転換」と呼ばれる新たな現象が，先進諸国に出現しはじめた。人口転換理論においては，第IV期における出生率と死亡率は低水準で安定する，とされていた。ところが，この段階に達した先進諸国において，出生率が死亡率を下回ったために，自然増加率がマイナスに転じる事例が出てきた。これが，第2の人口転換と呼ばれる現象である。このことが要因となって，人口は減少することになるのである。

こうした人口現象は，経済に影響を及ぼすことになる。経済発展にともなう第2の人口転換の進展によって，人口増加率はマイナスに転ずる。この人口増加率 n のマイナスの値が技術進歩率 λ のプラスの値を相殺するならば，経済の自然成長率はゼロになる。

$$Gn(=\lambda+n)=0$$

また，人口増加率のマイナスの値が技術進歩率のプラスの影響を上回る力を発揮すれば，経済の自然成長率はマイナスへと転ずることになる。

$Gn(=\lambda+n)<0$

　自然成長率 Gn がゼロの場合，自然成長経路は横ばい状態（図表 4-4 中の Y_{Gn} ③）になる。そして，既述のように，現実成長率 G は自然成長率 Gn を超えられないので，現実経済の成長経路は Y_{Gn} ③ に沿って推移せざるを得ない（図表 4-4 中の Y_G ⑤）。これが，成長も発展もない閉塞状態で，経済学者たちが恐れてきた定常状態である。また，自然成長率 Gn がマイナスになった場合，自然成長経路は減退傾向に入り（図表 4-4 中の Y_{Gn} ②），現実の経済もそれに沿って推移することになるためマイナス成長となる（図表 4-4 中の Y_G ④）。すなわち，現実の経済は衰退してゆくことにならざるを得ないのである。

(3) 課題の所在

　ここまで議論を進めてくると，課題の本質が明らかになってくる。すなわち，豊か（飢えることのない）で健康（長命）な生活を実現するために，人類は営々と努力をし，経済を成長・発展させてきた。その結果として，先進諸国においては，社会保障・福祉の整備拡充が可能になり，国民の「健康で文化的な最低限度の生活」がまがりなりにも保障されるようになってきた（多くの開発途上国などはその限りではない）。

　ところが，この輝かしい成果の陰の部分が，経済発展の恩恵を受けた先進国において膨張しはじめている。すなわち，経済発展の進展が人口転換（多産多死から少産少死への推移）を推し進めたことにより，人口の少子高齢化が進展した結果，人口減少とそれにともなう人口の労働供給力の減退が顕在化しはじめ，これが経済のさらなる成長と発展の障害になりかねない，という深刻な状況が顕在化しはじめたのである。

　この意味において，日本を含む先進諸国の経済と国民の生活は，まさに転機にさしかかりつつある，といえる。また，人口転換理論によれば，今後，開発途上国の経済が発展の軌道に乗れば，こうした先進国と同じ問題に直面することなる，と考えられる。少子高齢化の進展にともなう経済活力の低迷は世界的な課題である，とえよう。

以下の部分においては，日本の簡易人口経済計量モデルを用いたシミュレーション分析によって，こうした現象が生ずる過程を実証的に考察する。

5. 日本経済の簡易人口経済計量モデル

(1) 簡易人口経済計量モデル

これまで述べてきたような，人口と経済との間の錯綜した関係を考察する上で効果を発揮するのは，人口経済計量モデルを用いたシミュレーション分析である。この人口経済計量モデルとは，コーホート・コンポーネント法による人口モデルと，経済成長理論に依拠した計量経済モデルを連動させたモデルのことである。しかし，通常の人口経済計量モデルは，人口モデルにおいては男女年齢別人口・生命表・年齢別出生率に関する各歳別の統計データを用いなければならず，また，これと連動させる計量経済モデルも，各年の時系列データを用いなければならない。その結果，通常の人口経済計量モデルの構築には，膨大な統計データの処理に多くの労力と時間を費やさなければならない。その構築は，一研究者にとっては極めてハードルの高い作業と化すことになる。

この難点の回避策には，簡易人口経済計量モデルの構築がある[15]。ここにいう簡易人口経済計量モデルとは，① 人口モデル（コーホート・コンポーネント法）の簡便版（5歳階級別のデータを用いて5年間隔で人口を推計する）[16]である簡易人口モデルと，② 計量経済モデルの簡便版（5年間隔で経済状況の推計をする）である簡易計量経済モデル[17]とを連動させた簡便なモデルのことで，手軽に構築できる。

しかし，次の図表4-6が示しているように，基本的枠組は通常の人口経済計量モデルと同じであり，適切に用いれば，通常の人口経済計量モデルに遜色のない分析結果が得られる。それゆえに，① 研究者が自ら構築した理論仮説を検討する，あるいは ② 人口と経済との相互関係を学生に講ずる，といった際に大きな効果を発揮する，といえる。

そこで，本書では，まず，① 日本の簡易人口経済計量モデル構築し（こ

図表 4-6　簡易人口経済計量モデルの概要

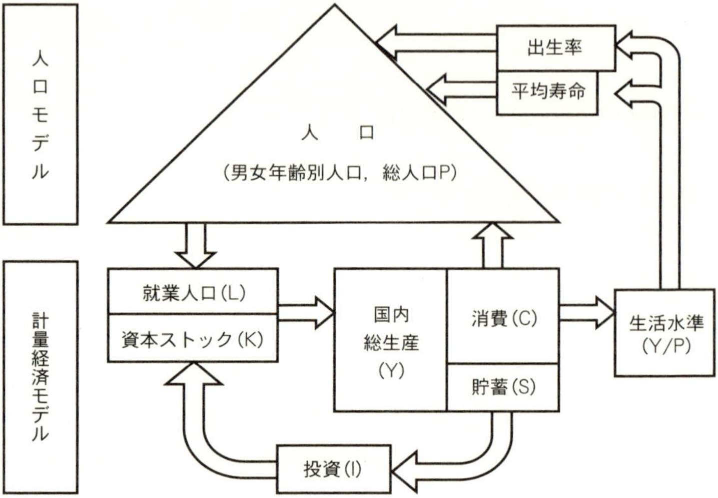

人口モデル：
人口（男女年齢別人口，総人口P）
出生率
平均寿命

計量経済モデル：
就業人口(L)
資本ストック(K)
国内総生産(Y)
消費(C)
貯蓄(S)
生活水準(Y/P)
投資(I)

出所：筆者作成。

こで作成した簡易人口経済計量モデルの詳細に関しては，本章末の【付論】を参照されたい），②これ（①）を用いたシミュレーション分析を行うことによって，③少子高齢化の進展にともなって経済の活力が低迷する，という仮説の妥当性を検討した。

(2) シミュレーション結果の検討

今回の分析においては，簡易計量経済モデルの心臓部である生産関数に，①ハロッド＝ドーマー生産関数を用いた簡易人口経済計量モデル（以下では，HD型モデルと称する）と，②コブ＝ダグラス生産関数を用いた簡易人口経済計量モデル（以下では，CD型モデルと称する）の2つのモデルを構築した。簡易人口経済計量モデルを2つ構築した主たる理由は，両モデルの推計結果を比較してその信頼性を確認すると同時に，両モデルの特性を生かすことによって少子高齢化への対策を検討するためである。

次の図表4-7が示しているのは，GDPの現実値およびHD型モデルとCD型モデルの推計値である。1980年から2005年までの期間における，

GDP の現実値および HD 型モデルと CD 型モデルの推計値の推移を見ると，現実の GDP の値とこれら 2 つの簡易人口経済計量モデルの推計値の誤差は極めて小さいことが分かる。このことから，これら 2 つの簡易人口経済計量モデルは，GDP の現実の推移を巧く再現している，といえる。

そこで，これら 2 つのモデルを用いて，2005 年から 2060 年までの日本経済の推移に関するシミュレーション分析を行うと（図表 4-7 を参照），

① HD 型モデルと CD 型モデルのいずれにおいても，2005 年以降緩慢に成長し，それぞれ 2035 年，2030 年に約 600 兆円に達する，

② しかし，GDP が約 600 兆円に達した 2030 年代以降，日本の GDP は漸減してゆく，

の 2 点が分かる。つまり，HD 型モデルおよび CD 型モデルのいずれのシミュレーション結果も，先の理論的考察が示しているような衰退傾向（図表 4-4 中の Y_{Gn} ② と Y_G ④ によって示される）に，2030 年代以降の日本経済が突入する，としている。

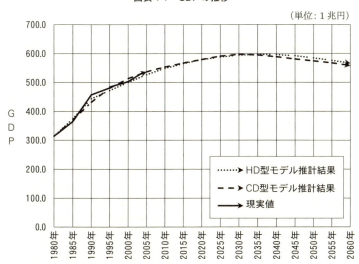

図表 4-7　GDP の推移

出所：筆者作成。

次に、これら簡易人口経済計量モデルの信頼性を、人口の側面から見る。次の図表4-8は、日本の総人口の現実値およびHD型モデルとCD型モデルの推計値の推移を示している。

まず、1980年から2005年までの期間における、総人口の現実値およびHD型モデルとCD型モデルの総人口の推計値の推移を見ると、ほぼ1本の線にしか見えないほど現実値と推計値の誤差が小さいことが分かる。このことから、これら2つの簡易人口経済計量モデルは、総人口の推移を巧く再現しており、信頼性が高いことが分かる。

そこで、これらのモデルを用いて2060年までの総人口のシミュレーションを行うと、いずれのモデルも日本の人口は2005年の約12億8000万人をピークに、その後は漸減し、2060年には約8280万人になることを示しており、それらの推移は一本の線にしか見えない。すなわち、少子高齢化の影響により、日本の人口は大幅に減少することになる。

次の図表4-9が示しているのは、HD型モデルから得られた2060年にお

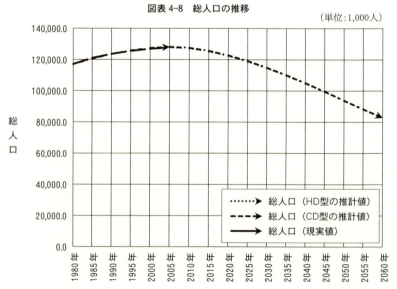

図表4-8　総人口の推移

出所：筆者作成。

図表 4-9　日本の総人口（2060 年）
（単位：人）

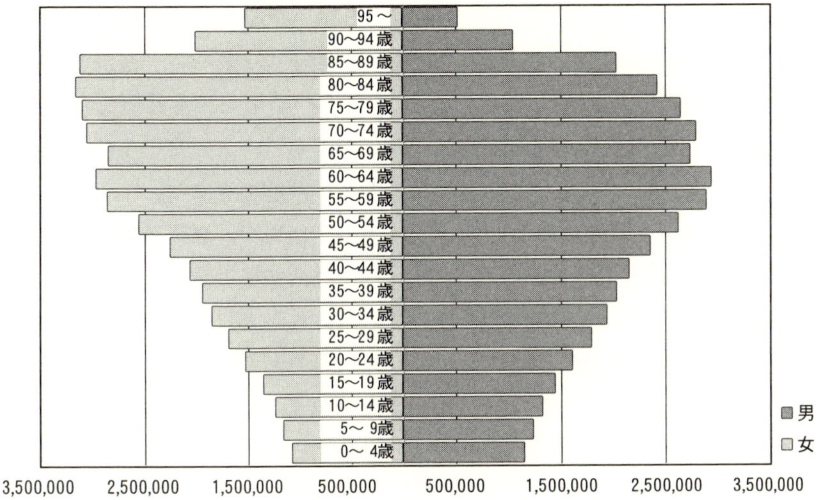

ける日本の人口ピラミッド（男女年齢別構成）である（CD 型モデルからも同じ結果が得られる）。ここから分かるように，少子高齢化の進展の影響によって，2060 年の我が国の人口ピラミッドは年少人口層が極端に窄まる一方，老年人口層が極端に膨らんだ壺型になってしまう。

　以上のシミュレーション結果からするなら，これまでの理論的考察が示している通り，近い将来における日本（を含む先進国）の経済は少子高齢化の影響によって衰退傾向に入っていく公算が高い，と考えてよいであろう。また，人口転換理論に基づくなら，開発途上国も経済が発展の軌道に乗ると，先進国と同じ道を歩むことになる，と考えられる。少子高齢化の進展は，各国経済の先行きを不透明にする深刻な現象なのである。

6．おわりに

　本章の議論からは，① 人類の長い歴史を通じて，人間は豊か（飢えるこ

80　第4章　豊かさを求めて

とのない）で健康（健康）な，より良い生活を希求してきたこと，② これ（①）を実現するため，人類は営々と努力を積み重ね，経済を成長・発展させてきたこと，③ 個々人の勤勉（勤労）と倹約（貯蓄）が，経済の成長・発展（富の増大）に貢献してきたこと，④ その結果，先進諸国を中心にではあるが，社会保障・福祉の整備拡充などが図られ，より良い生活が国民に保障されるようになってきたこと，などの点が理解できよう。

　しかしながら，この輝かしい経済的成果の副作用が，経済発展の恩恵を受けた先進諸国で顕在化してきた。すなわち，経済発展の進展が人口転換（多産多死から少産少死への推移）を推し進め，これが人口の少子高齢化を進展させた結果，人口減少とそれにともなう人口の労働供給力の減退が顕在化しはじめ，これが経済のさらなる成長と発展の障害になりかねない，という深刻な状況が出現しはじめたのである。この意味において，日本を含む先進諸国の経済と国民の生活は，まさに転機にさしかかりつつある，といえるであろう（さらにいえば，開発途上国も，今後，経済が成長と発展の軌道に乗れば，先進国と同様に，この種の問題に直面することになる，と考えられる）。

　本章においては，日本が抱えるこの課題を，簡易人口経済計量モデルを用いたシミュレーション分析によって実証的に検証してきた。なお，本書の目的上，この課題の克服策に関しては論じていない。しかし，シミュレーション分析の結果からは，この克服策に関しても興味深い知見が得られている。この点に関しては，機会を改めて発表したい[18)]。

【付論：簡易人口経済計量モデル】

　今回の分析に用いた簡易人口経済計量モデルの概要は，次の通りである。

1. 簡易人口モデル

　簡易人口モデルに用いるコーホート・コンポーネント法は，5歳階級別の人口データを用いて5年ごとに人口推計を行うもので，次の12本の式から成る。ここから分かるように，簡易人口モデルは，各歳別の人口データを用

いる通常のコーホート・コンポーネント法の簡便版である[19]。その理論的仕組は，各歳別の人口データを用いる通常のコーホート・コンポーネント法と基本的に同じで，推計結果は通常の手法に比べて遜色のないものである。すなわち，推計に用いるデータ量や労力などを大幅に削減しながらも，精度の高い良好な推計結果が得られることからするなら，コーホート・コンポーネント法の簡便版は，簡易人口経済計量モデルのような小型モデルには適している，といえる。

〈簡易人口モデルの記号の意味〉
P：人口，s：生残率，TB：総出生数，$ASFR$：年齢別出生率，TFR：合計特殊出生率，L：生命表静止人口，e：平均寿命。添え字の意味は，x：年齢，m：男性，f：女性，B：出生児が0～4歳まで生存すること，t：年，i：推計の出発年，z：推計の目標年。

この仕組を概説するなら，およそ次の通りである。まず，5年前（$t-5$年）に$x-5$歳であった男女年齢人口に，各年齢層の男女人口がこの5年間を生き延びる生残率を乗ずることによって，本年（t年）のx歳の男女年齢別人口が求まる。

$$P^f_{x,t} = P^f_{x-5,t-5} \cdot s^f_{x-5,t-5} \qquad \text{(D-1)}$$

$$P^m_{x,t} = P^m_{x-5,t-5} \cdot s^m_{x-5,t-5} \qquad \text{(D-2)}$$

次に，t年と$t-5$年の妊娠可能年齢女子人口の平均値に，年齢別出生率を乗じ，その総和を求め，5年間の総出生数を求める。

$$TB_{t-5} = \sum_{x=15}^{49} ASFR_{x,t-5} \cdot \left(\frac{P^f_{x,t-5} + P^f_{x,t}}{2} \right) \qquad \text{(D-3)}$$

なお，t年における年齢別出生率は，簡易計量経済モデルで算定されたt年の合計特殊出生率（後述）を，合計特殊出生率の初期値で除した値を，年齢別出生率の初期値に乗ずることによって求める。

$$ASFR_{x,t} = ASFR_{x,i} \cdot \left(\frac{TFR_t}{TFR_i}\right) \qquad \text{(D-4)}$$

こうして求めた出生数に，出生性比を乗じ，さらに出生児の男女別の生残率を乗ずることにより，本年（t 年）の 0 歳の男女別人口を求める．

$$P_{0,t}^f = \left(TB_{t-5} \cdot \frac{100}{205}\right) \cdot s_{B,t-5}^f \qquad \text{(D-5)}$$

$$P_{0,t}^m = \left(TB_{t-5} \cdot \frac{105}{205}\right) \cdot s_{B,t-5}^m \qquad \text{(D-6)}$$

男女年齢別の生残率は，生命表静止人口から求める．

$$s_{x,t-5}^f = \frac{L_{x+5,t-5}^f}{L_{x,t-5}^f} \qquad \text{(D-7)}$$

$$s_{x,t-5}^m = \frac{L_{x+5,t-5}^m}{L_{x,t-5}^m} \qquad \text{(D-8)}$$

また，出生児の生残率は，下記の 2 つの式から求める．

$$s_{B,t-5}^f = \frac{L_{0,t-5}^f}{500{,}000} \qquad \text{(D-9)}$$

$$s_{B,t-5}^m = \frac{L_{0,t-5}^m}{500{,}000} \qquad \text{(D-10)}$$

ただし，上記の生残率の計算（D-7 式〜D-10 式）に用いる各期の生命表静止人口は，生命表静止人口の初期値と目標値，および簡易計量経済モデル（詳細は後述）で決定される各期の平均寿命に基づいて，次の 2 つの式から算定される．

$$L_{x,t}^f = L_{x,i}^f + \frac{L_{x,z}^f - L_{x,i}^f}{e_z^f - e_i^f}(e_t^f - e_i^f) \qquad \text{(D-11)}$$

$$L_{x,t}^m = L_{x,i}^m + \frac{L_{x,z}^m - L_{x,i}^m}{e_z^m - e_i^m}(e_t^m - e_i^m) \qquad \text{(D-12)}$$

以上の手法に日本の人口データを当て嵌めると，日本の簡易人口モデルとなる．

2. 簡易計量経済モデル

　上記の簡易人口モデルと連動させる日本の簡易計量経済モデルは，① ハロッド＝ドーマー生産関数を用いたモデルと，② コブ＝ダグラス生産関数を用いたモデルの2つ（供給志向型逐次モデル）を構築した[20]。簡易人口モデルとハロッド＝ドーマー生産関数を用いた簡易計量経済モデルを連動させた簡易人口経済計量モデルをHD型モデル，簡易人口モデルとコブ＝ダグラス生産関数を用いた簡易計量経済モデルを連動させた簡易人口経済計量モデルをCD型モデルと称する。簡易人口経済計量モデルを2つ構築した理由は，両モデルの推計結果と比較して信頼性を確認すると同時に，両モデルの特性を生かすことによって少子高齢化への対策を検討するためである。

　なお，簡易計量経済モデルを構成する各関数の算定に際しては，基本的に，通常の重回帰分析を用いたが，算定結果の信頼性に応じて一般化最小二乗法を用いた。

〈簡易計量経済モデルの記号の意味〉
Y：GDP（国内総生産），I：投資，v：資本係数，Gn：自然成長率，λ：技術進歩率，n：人口増加率，C：消費，OP：老年人口，TP：総人口，G：政府支出，g：政府支出のYに占める割合，MX：貿易差額，K：資本ストック，dp：原価償却率，LF：労働人口，r：有業率。添え字の意味は，x：年齢，$+$：x歳以上，t：時間（年），e_0：出生時平均余命，TFR：合計特殊出生率。
括弧（　）内の数値：t値，R^2：決定係数，DW：ダービン・ワトソン比

---

(1) HD型モデル（ハロッド＝ドーマー生産関数を採用）

　まず，HD型の簡易人口経済モデルでは，モデルの心臓部でもある生産関数に，ハロッド＝ドーマー生産関数（E-1-1式）[21]を用いた。

$$Y_t = Y_{t-5} + \frac{I_{t-5}}{v_{t-5}} \qquad \text{(E-1-1)}$$

この現実経済の制約条件を，すなわち経済が自然成長率に従った場合の経

路は，下記の2つの式（E-1-2式，E-1-3式）から求めた．

$$Gn_{t-5} = \lambda_{t-5} + n_{t-5} \tag{E-1-2}$$

$$Y_{Gn_t} = Y_{t-5}(1+Gn_{t-5})^5 \tag{E-1-3}$$

次のE-1-4式は，現実経済が自然成長経路を超えて成長できないことを示している．

$$Y_t = \begin{cases} Y_{Gn_t} & for \quad Y_t > Y_{Gn_t} \\ Y_t & for \quad Y_t \leq Y_{Gn_t} \end{cases} \tag{E-1-4}$$

消費関数は，ライフサイクル仮説から導き出される人口に関する仮定（高齢化にともなって貯蓄率が低下する）を組み込んで，次のように定式化した（E-1-5式）．

$$C_t = 26.164 + 0.466 \cdot Y_t + 0.205 \left(\frac{OP_t}{TP_t} \cdot 100 \right)$$
$$(3.564)(19.539)\quad(4.699) \tag{E-1-5}$$

$$R^2 = 0.994 \qquad DW = 1.033$$

政府支出は，GDPに占める政府支出の割合を乗ずることによって求めた．

$$G_t = g_t \cdot Y_t \tag{E-1-6}$$

次の式は，投資額を求めるための恒等式である．

$$I_t = Y_t - C_t - G_t - MX_t \tag{E-1-7}$$

平均寿命の延びは，ロジスティックの法則に従って，経済発展（1人当たり生産額）の水準によって決まる（E-1-8式，E-1-9式）．

$$ln\left(\frac{84.190 - e_t^m}{e_t^m} \right) = -0.6540 - 0.0046 \left(\frac{Y_t}{TP_t} \right)$$
$$(-5.2133)(-13.6363) \tag{E-1-8}$$

$$R^2 = 0.869 \qquad DW = 0.274$$

$$ln\left(\frac{90.943 - e_t^f}{e_t^f}\right) = -0.2985 - 0.0057\left(\frac{Y_t}{TP_t}\right)$$
$$(-1.9606)(-13.844) \qquad \text{(E-1-9)}$$
$$R^2 = 0.873 \qquad DW = 0.264$$

合計特殊出生率（TFR）は，経済発展（1人当たり生産額）の進展によって低下するが，下限値を1.25に設定し，それ以下には低下しないと仮定した（E-1-10式）。

$$ln(TFR_t - 1.25) = 3.564 - 0.014\left(\frac{Y_t}{TP_t}\right)$$
$$(-4.680)(-7.028) \qquad \text{(E-1-10)}$$
$$R^2 = 0.638 \qquad DW = 0.741$$

(2) CD型モデル（コブ＝ダグラス生産関数を採用）

CD型モデルでは，簡易経済モデルの心臓部ともいうべき生産関数に，コブ＝ダグラス生産関数（E-2-1式）を用いた。

$$Y_t = 0.594 e^{0.009t} K_t^{0.216} L_t^{1-0.216} \qquad \text{(E-2-1)}$$

次の消費関数（E-2-2式）から投資額を求める恒等式（E-2-4式）までは，HD型モデルと同じであるため，説明は省略する。

$$C_t = 26.164 + 0.466 \cdot Y_t + 0.205\left(\frac{OP_t}{TP_t} \cdot 100\right)$$
$$(3.564)(19.539)\ (4.699) \qquad \text{(E-2-2)}$$
$$R^2 = 0.994 \qquad DW = 1.033$$
$$G_t = g_t \cdot Y_t \qquad \text{(E-2-3)}$$
$$I_t = Y_t - C_t - G_t - MX_t \qquad \text{(E-2-4)}$$

本モデルの中で注意を要するのは，固定資本ストックを推計するE-2-5式である。

第4章 豊かさを求めて

$$K_t = -3507.510 + 655.162 \cdot ln(K_{t-5} + I_{t-5})$$
$$(-24.189)\ (31.021) \qquad \text{(E-2-5)}$$
$$R^2 = 0.977 \qquad DW = 0.186$$

本来なら，固定資本ストックを求めるためには，下記の式を利用すべきである。

$$K_t = K_{t-1} \cdot (1 - dp) + I_{t-1}$$

しかしながら，簡易人口経済計量モデルの一翼を成す，5年間隔で経済状況を推計する簡易計量経済モデルでは，この5年間という時間のズレ（time-lag）があるがゆえに，上記の式を利用できない。そこで，固定資本ストックと投資の統計データを分析した結果，両者の間に見られる経験的関係から上記の E-2-5 式を採用した。

労働人口は，15歳以上人口に有業率を乗ずることによって求めた。

$$LF_t = \sum_{x=15}^{70+} r^f_{x,t} \cdot P^f_{x,t} + \sum_{x=15}^{70+} r^m_{x,t} \cdot P^m_{x,t} \qquad \text{(E-2-6)}$$

平均寿命（E-2-7 式，E-2-8 式）および合計特殊出生率（E-2-9 式）は，HD 型モデルと同じであるため，説明は省略する。

$$ln\left(\frac{84.190 - e^m_t}{e^m_t}\right) = -0.6540 - 0.0046\left(\frac{Y_t}{TP_t}\right)$$
$$(-5.2133)(-13.6363) \qquad \text{(E-2-7)}$$
$$R^2 = 0.869 \qquad DW = 0.274$$

$$ln\left(\frac{90.943 - e^f_t}{e^f_t}\right) = -0.2985 - 0.0057\left(\frac{Y_t}{TP_t}\right)$$
$$(-1.9606)(-13.844) \qquad \text{(E-2-8)}$$
$$R^2 = 0.873 \qquad DW = 0.264$$

$$ln(TFR_t - 1.25) = 3.564 - 0.014\left(\frac{Y_t}{TP_t}\right)$$
$$(-4.680)(-7.028)$$

(E-2-9)

$$R^2 = 0.638 \qquad DW = 0.741$$

注

1) 国立社会保障人口問題研究所『人口統計資料集（平成16年度版）』を参照されたい（http://www.ipss.go.jp/）。
2) 世界の1人当たり生産額の紀元1年から今日に至るまでの推移を見ると，図4-1とほぼ同じ形状になることが分かる。この点に関しては，下記のホーム・ページから得られるデータを参照されたい（http://www.ggdc.net/maddison/oriindex.htm）。
3) これ以降の歴史的展開に関しては，以下の文献などを参照されたい。
塩澤君夫・近藤哲生（1989）『経済史入門』有斐閣。
大塚友美（1996）『ボーダーレス化の政治経済学』創成社。
大塚友美編著（2007）『経済・生命・倫理（ヒトと人の間で）』（AN21研究シリーズ No.1）文眞堂。
4) 大塚友美（1996）前掲書。
5) 大塚友美編著（2007）前掲書。
6) トマス・モア（平井正穂訳，1957）『ユートピア』，岩波書店。
7) 勤勉（勤労）と倹約（貯蓄）を称揚する考え方は，古くから広く存在する。このことを示す代表的文献としては，次のようなものを挙げることができよう。
ヘーシオドス（松平千秋訳，1986）『仕事と日』岩波書店。
ヴェーバー（大塚久雄訳，1989）『プロテスタンティズムの倫理と資本主義の精神』岩波書店。
8) ハロッド＝ドーマー・モデルの概要に関しては，以下の文献を参照されたい。
秋山裕（1999）『経済発展論入門』東洋経済新報社。
香西泰・土志田征一（1981）『経済成長』日本経済新聞社。
村田光義（1991）「基本マクロ経済学」税務経理協会。
9) ハロッド＝ドーマー・モデルでは，現実成長率 G・自然成長率 Gn・保証成長率 Gw の3つの成長率を用いて経済成長に関する考察を行っている。しかし，本章においては，説明の便宜上，現実成長率 G と自然成長率 Gw の2つを用いて議論を進める。
10) 本章においては，説明の便宜上，労働力人口の代わりに人口を用いる。
11) 現実成長率 G と自然成長率 Gn の値を一定とするなら，国内総生産 Y が現実成長率に従って成長したときの各時期の値 Y_{G_t} と，これが自然成長率に従って成長したときの各時期の値 Y_{Gn_t} は次式から計算できる（ただし，添え字の0は初期値を，t は年を示すものとする）。
$$Y_{G_t} = Y_0(1+G)^t$$
$$Y_{Gn_t} = Y_0(1+Gn)^t$$
12) 上記の脚注（10）を参照されたい。
13) 経済発展と人口転換理論の関係に関しては，以下の文献を参照されたい。
大塚友美（2005）『実験で学ぶ経済学』創成社。
大塚友美（2011）『Excelで学ぶ人口経済学』創成社。

14) 経済発展が人口転換を推し進めるプロセスに関しては，ヘーゲンの経済発展モデルによって説明することができる。この点に関しては，以下の文献を参照されたい。
　　Hagen, E. E. (1959, June), "Population and Economic Growth," *The American Economic Review*.
15) ここにいう簡易人口経済計量モデルとは，5歳階級別の簡易人口モデルと5年間隔で経済状況を推計する簡易計量経済モデルとを連動させたモデルのことであり，ダニエル＝スーツが最初に開発した人口経済計量モデルである。
　　Daniel B. Suits (1978, April 13-15), "Measuring the Gains to Population Control ─ Result from Econometric Model ─," Paper Presented at the Annual Meeting of the Population Association of America, Georgia.
　　この簡易人口経済計量モデルは，大量のデータ―処理を必要としない小型モデルであるため，個人的に作成しやすいだけでなく，操作しやすく，また精度も良好である，といった利点を有している。簡易人口経済計量モデルの詳細は，以下の文献を参照されたい。
　　大塚友美 (2011)『Excel で学ぶ人口経済学』創成社。
16) 簡易人口モデルの詳細に関しては，以下の文献を参照されたい。
　　大塚友美 (2011)，前掲書。
17) 簡易計量経済モデルの詳細に関しては，以下の文献を参照されたい。
　　大塚友美 (2011)，前掲書。
18) 主要なシミュレーション結果の概要は，下記の論文として発表されることになっている。
　　大塚友美 (2017)「少子高齢化と人口政策─簡易人口経済計量モデルによるシミュレーション分析─」『日本大学文理学部人文科学研究所紀要』第 93 号。
19) 簡易人口モデルの詳細に関しては，以下の文献を参照されたい。
　　大塚友美 (2011)，前掲書。
20) 簡易経済モデルの詳細に関しては，以下の文献を参照されたい。
　　大塚友美 (2011)，前掲書。
21) ハロッド＝ドーマー生産関数は，ハロッド＝ドーマー理論から導出される。その詳細に関しては，以下の文献を参照されたい。
　　大塚友美 (2005)，前掲書。

第 5 章

戦争の論理と平和の倫理
―― 国民国家・資本主義との関連で ――

1. はじめに

　本章では，現在の国民国家における戦争（平和）や混迷（安定）の問題について，国民国家，戦争，資本主義をキータームにしながら論じる。もちろん，現在を論じる際には，そこに至るまでの歴史についてある程度知る必要があるから，最初に現代に至るまでの経緯を振り返る。次に，以上を前提としながら，現在における平和と安定について，いくつかの点を取り上げて論じる。

2. 国民国家と戦争 ―― 資本主義と宗教をもとに

(1) 国民国家と資本主義

　資本主義は近代ヨーロッパで生じ発展した経済社会体制であり，資本の自立的な運動によって特徴づけられる。蓄積された財や貨幣という意味での資本は古くから存在するが，資本主義というときは，商品経済の広範な発達を前提に，資本家が労働者の労働力を商品として買うなど資本を投下し，労賃部分を上回る利潤や剰余価値を生み出すことによって資本の自己増殖を目指す経済体制を指している。

　近代という時代は，政治的には絶対王政として開始された。国王が中世的秩序を打破し，支配権を握ることになった要因に資本主義との結びつきがあり，その意味では，資本主義が近代という時代を切り開いたという側面がある。さらに資本主義の発展は市民革命などを通した国民国家の成立によって

加速された。以下，もうすこし詳しく見てみよう。

　中世末期に，社会の生産力が向上し余剰生産物が生み出されるようになると，資本主義的商品経済が発達してくる。商品は，共同体間の交渉を活発にし，自給自足的な封建共同体間の封鎖的な枠を突き崩していった。これまで名目的な存在にすぎなかった国王は，ここに至って新しく興った商人（商業資本）の要求と結びついて封建諸侯の権力を抑え，統一的な中央集権国家を形成してゆくことになる（初期の絶対王政）。

　弱肉強食の国際関係において，絶対君主が，自国を他国から防衛し，また他国を侵略するためには，国内に産業を興し，国を富ませることが必要である。この時期，逆説的であるが国王の絶対権が強ければ強いほど，産業が発展した。国王が唯一絶対の資本家となって産業を発達させたのである。当初は，国王と産業に従事した勢力との間には，大きな力の差があったが，後者が徐々に財産（資本）を蓄え，その財産（資本）をもとに教育を受け教養を身に着け，自立的な判断ができるだけの勢力に成長した。また，その財産（資本）をもとに，自ら資本家になって産業を興し，財産（資本）を増やすようになると，国王に対して自らの財産の保全を試みるようになった。これが市民革命の根本に流れる考え方である。結果として，フランス革命などに典型的なように，絶対王政は打倒され，ブルジョアジー（市民階級）の支配権が確立された。イギリスのように王政を廃止しないとしても，「君臨すれども統治せず」で国王の権力は棚上げされた。それまでは，国王の国家であったが，ここにいたって，「1つの共通の集団である私たち」あるいは「私たちの国家」という意識が芽生えることになる。

　国民国家は市民革命を経たあとにその姿を現すことになるが，当初は，その実質的な支配者は，市民革命の中心的役割を担ったブルジョアジーであり，全人民ではない。それは制限選挙制を敷いたところにもはっきりあらわれる。ブルジョアジーは資本を握ることによって支配者たりえたのである。全人民から見れば，ブルジョアジーはごく一部の人びとに過ぎない。

　ブルジョアジーが絶対王政を打倒して権力を握り，資本主義の担い手になったとき，当然のことながら自分たちの経済活動に有利なように政治体制

を整えていくことになる。諸種の自由が人間の権利（人権）として実現されていく。自由権として認められている，居住の自由，職業選択の自由，移動の自由，所有権の自由などの保障が主張される。これらの自由は，資本主義的な経済活動にとって不可欠な自由である。もちろん，表現の自由もあれば，集会・結社の自由もあるが，それらはブルジョアジーにとって有利な場合に限って認められることになる。よく知られているように，初期の自由主義的資本主義は，国家権力を可能な限り制限しておくことが目指された。いわゆるレッセ・フェールの経済思想である。経済は市場での自由な競争に基本的に任せ，政府（国家）は基本的に経済活動に干渉しないのがよしとされた。国家の役割は，「必要悪」という消極的なものであった。

　だが，時代が下ると二重の意味で国家は積極性を要求されることになる。

　① 1つは，産業革命の影響である。イギリスにはじまる産業革命の影響が19世紀になってヨーロッパ大陸部へも拡大されていった。産業革命は，それまでの中小資本を統合し大資本の形成を可能にした。巨大な事業体は，そこで働く人々を都市部に分散していた浮浪者や下層民からリクルートしてきた。彼らは，例えば工場で共通の時間・空間をともにすることで，また資本家に対して共通の利害を持つことによって，ひとつの纏まりのある階級——プロレタリアート（労働者階級）を形成することになる。

　ひとつの階級的勢力となったプロレタリアートは，ブルジョアジーに対して，労働待遇の改善など，様々な要求を突きつける。もちろん，支配階級であるブルジョアジーは，最初は弾圧にかかるが，結果的にはプロレタリアートの要求を受け入れる。これは労働者の要求に沿った様々な社会福祉政策の実施などにあらわれた。こうした社会福祉政策の実施には，国家の積極的関与が必要不可欠であり，ここに至って，これまでの，国家の干渉を極力排除するという夜警国家説が維持しがたくなる。

　ここで注意しておくべきことは，プロレタリアは，労働力を商品として資本家に売り，生産に寄与するが，生産物の消費者としても現れることである。確たる職業にもつかず，財産も持たず，浮浪者のような生活をしていた人びとが，労賃を得て，消費者として出現することになった。彼らが資本主

義を発展させる新たな駆動力になった。19世紀を通して、資本主義自体は充実の一途をたどったのである。

　②国家の積極的関与は、しかし、プロレタリアの要求を満たすために必要であっただけではない。資本主義の側からしても必要なことであった。資本主義はそれ自体の性格において、外部を必要とし、際限なくその外部を拡張していく。19世紀も半ば以降になると、資本主義は国内に収まらず、海外に拡張される。海外に資本が出ていこうとするときに、当然のことながら、国家と手を結ぶ方が都合がいい。国際社会においては、国家が単位となっているからだ。自由主義もここに至って、「国家からの自由」ではなく「国家への自由」へと重点を移すことになる。資本は国家と結託して、海外の市場獲得へと乗り出すのである。

　国民国家と資本主義のこうした持ちつ持たれつの関係は、大まかにいって1970年代まで続くことになる。

(2) 国民国家の宗教性

　国民国家は、最初から実質を持つものではなく、絶対王政によって準備され、ブルジョアジーが覇権を握り、「私たちの国」という意識が芽生え、さらに一体となったネイションへと、人為的に形成されていったものである。ある程度の文化的親和性のある集団が統合されていく。このようにして、纏めあげるために様々な努力がおこなわれたことはよく知られている。ネイションは、そのようなものとして仕立て上げられたものであり、もとをただせば一種の神話にほかならない。また、なぜこのようなネイションという集まり方が必要であったのかといえば、ゲルナーが云うように、産業上の要請であった（ゲルナー 1983）。もっと云えば、資本主義の要請であったということができるであろう。

　西欧近代を考えれば、宗教改革によって、カトリックが支配した中世的秩序は崩壊した。この宗教改革、さらにその後の宗教戦争による混乱は、宗教（キリスト教）を私的な領域へと追いやることで、つまりどのような宗教を信仰しようがそれは個人の自由であるという信教の自由として保障されるこ

とによって，収束をみた。ブルジョアジーが支配権を握って，信教の自由が確立されたことは，宗教（キリスト教）が私的な領域に格下げされ，代わって憲法を頂点とする「法の支配」が確立されることを意味する。

　中世のキリスト教共同体から，絶対王政へ，さらに国民国家へと変化していく過程において，宗教は法へと昇華され，公的な領域から完全に払拭されていったようにみえるかもしれない。しかし，実は，「国民」宗教という新しい宗教を作り上げたと見ることもできる。そして，この宗教の教典は憲法を頂点とした法の体系である。

　国王の国家ではなく，国民の国家が成立したとき，ブルジョアジーは人間としての権利（人権）を掲げ，その権利がいかなる権力によっても侵すことができないものであることを宣言した。その宣言の下に憲法が作り上げられる。国民国家の憲法の要諦は，基本的人権の保障であり，そのために権力の制限がおこなわれるのである。権力分立といった政治機構はそのためのものだ。立憲主義が強調されるのは，権力を制御するためである。こうした側面は普遍的な側面として認めることができる。だが，一方で憲法は具体的な国家の憲法としてあらわれる。憲法はその国家の基本構造を示したものであり，その国家を固めるためのものである。国家は実力（軍隊や警察）を独占しており，警察によって国内を制圧し軍隊によって他国に対峙する

　国民国家は以上のような宗教性をもつ。宗教は基本的に排他的である。自らの真理と正義を掲げる。それを相対化する視点を欠き，自らの立てた正義を基準として，その宗教の外部にいる者たちを判断する。だから宗教絡みの争いは苛烈になる。くわえて，国民国家の土台には資本主義がある。資本主義の展開に国民国家の宗教性が絡むのである。

(3) 国民国家と戦争

　近代を特徴づける様々な形象がある。人権，個人の尊厳，自由主義，民主主義，立憲主義，法の支配，社会契約説——これらの形象は「人間」ないし「人類」といった次元で捉えられる。抽象的に考える限り，それが妥当するようにおもえる。しかし，具体的には，人間は一定の共同体の中で生活を営

んでいるのであり，こうした形象も，この共同体の中で問題とされる。人類という共同体に対する視点を含んでいることは重要であるが，第1にはこうした具体的な共同体で問題とされる。

　近代にあって，この具体的な共同体は国民国家としてあらわれる。国民国家の前段階としてとらえられる絶対王政において，官僚制が整備され，軍隊が組織された。この官僚制と軍隊は，国民国家にもそのまま温存され，継承される。否，軍隊に関しては，普通選挙制度が導入され大衆民主主義が徹底されていくにしたがい，国民皆兵が実現されていくから，仮に戦争となれば職業軍人だけではなく，国民が兵士となり，総力戦の様相を呈することになる。

　憲法には，支配者層の意思が反映される。そして，こうした支配者層の意思には，資本（資本主義）の意思が反映される。国家間の戦争は何のためにおこなわれるか。自分たちの国家（祖国）を敵対する他国から守るため──尤もらしい理由が語られる。だが，支配者層が自らの利益を守るために，一般の国民を巻き込んでいくという側面だって考えられる。素朴なところで云えば，個人的には何の面識もない，憎しみの感情もない「敵」と殺し合うのが国家間の戦争である。兵士が足りなければ，一般国民からどんどん動員される。祖国を守るというスローガンのもとに，国民は熱に浮かされたように戦地に赴く。だが，その祖国とは何だ？　何を守るのだ？　戦争を美化する者たちは，決まって戦地にはいない。

　こういった戦争はナショナリズムによって脚色されるが，しかしナショナリズムで戦争が起こるのだろうか。戦争をするかしないかの判断をおこなうのは誰か。もちろん，最終的な決定は政治家や軍人がおこなうのだ。だが，戦争を行うには一定の利益への目算がなければならない。国益にかなうということがなければならない。だが，国益とは何か。誰が国益を判断するのだろう。ひとりの国民としても，ひとりの人間としても，国益などといわれてもピンとこないのが現実ではないか。実際には，その国の利益とは，その国の支配者層の利益ではないのか。国家においては，支配者層というものが厳然と存在する。これは，憲法で国民主権が謳われたとしてもそうである。言

葉だけで，美しいことは何とでもいえる。形式と実質はまったく違う。国民国家において，この支配者層は資本主義の担い手である。国民国家自体が資本主義と密接な関連のもとに発展してきた。資本主義が，法人資本主義になっても同じだ。否，その場合の方がもっと国民国家の戦争に加担する割合が大きい。支配的企業の経営者は，自らの企業の利益を守ろうと行動する。そのためには，国家をも利用する。ツケは，ナショナリズムに煽られて戦争におもむく国民が払うのだが。いわゆる「赤紙」一枚で，戦争に兵士として採られる。確かに，大衆民主主義のもと，国民大衆がこぞって戦争へと赴いたという報告がなされる。今も変わらないが，国民なるものの神話性を顧みることなく実体化し，「国民」という宗教理念のために戦うのである。

　20世紀の2つの世界戦争の主役は，19世紀の70年頃までに国民国家の体裁をいち早く整えた国々であった。具体的には，イギリス・フランス・アメリカ・ドイツ・イタリア・日本である。これらの国家は世界に先駆けて資本主義のもとにした近代産業国家をつくり上げた。日本は遅れて加わることになったが，急速な近代化政策，産業政策によって近代国家，近代資本主義の体裁を整えていった。これらの国が，主役となって両大戦が引き起こされた。

　戦争が起こるには様々な要因がある。その最大の要因は経済的なものである。国家の基幹を形成する産業資本の意向を踏まえて，国家が戦争へと赴く。資本は国家と結びついて外部へとその活路を開くために植民地の争奪戦をおこなっていった。その一方では，「国民」教でも，「祖国」教でも，軍国主義でもいいが，国家に洗脳され，自らの正義に熱狂した国民が兵士として戦争に積極的に赴くという構図が成立する。具体的にはさまざまであろうが，ここでは国民国家は戦争機械になってしまっていることは共通している。日本は大東亜共栄圏を唱え，アジアの解放のためにアメリカと戦争をおこなった——きれいごとは何とでも云える。しかも，きれいごとであればあるほど怪しい。

　第2次世界大戦は，第1次世界大戦にもまして世界中に大惨禍をもたらし，戦争の主要国は深刻な反省を強いられることになった。その反省の結果

として，アメリカの参加を得て，国際連盟よりも強固な国際連合が設立されることになった。ヨーロッパでは，戦争に至る萌芽を摘み取るべく国家間の協力関係を密にするためにヨーロッパ石炭鉄鋼共同体などが設立され，これはさらにEEC，ECとなり，現在のEUへと継承されることになる。もちろん，このヨーロッパの共同体には戦争防止だけではなく，経済共同体の意味も入っているが，日本においては，軍国主義が排除され，非武装化が徹底されることになった。日本国憲法が制定され，徹底的な非戦条項である9条が盛り込まれた。

戦争に至らないようにするための様々な方策が練られた。しかし，それでも資本が国家と結びついて展開されるという構造自体には変化がなかった。たとえていえば，そこではGMの利益はアメリカの利益であり，またそう信じることができたのである。この構造が変わったのは1970年代に入ってからであった。この頃になって，資本は国家との結びつきを離れ，独自に展開していくことになる。

(4) 戦争の変質——純粋な宗教戦争へ

近代に入って20世紀までの戦争は基本的に国民国家間における戦争が主であった。1990年頃までは，社会主義国が存在していたが（今でも若干の国は存在するが），これは変形された国民国家であり，本質的には国家間という構造は変わらない。

ところが，2000年前後から，これまでの国家間の戦争とは異なる新しい戦争がでてくる。1995年に日本でオウム真理教団による無差別殺人を狙った地下鉄サリン事件が起こっている。21世紀に入ると，2001年9月11日，イスラム原理主義者によるアメリカ同時多発テロ事件が起こる。地下鉄サリン事件も同時多発テロ事件も，ともに宗教に基づくテロリスト集団によってもたらされている点で共通しており，これら2つの事件は，戦争に新しい次元を開いた。それまでは戦争が問題になる場合，国民国家対国民国家という戦いの構図であった。だが，同時多発テロ事件を例にとれば，国民国家対宗教集団（イスラム原理主義）の戦いであり，宣戦布告もなしに無辜の一般市

民の巻き添えをいとわずに，ほとんど無差別殺人のように遂行されている。これは地下鉄サリン事件でも本質的には変わらない。ここでは倫理もルールもなく，あらゆる抑制が取り除かれ，いわば「何でもあり」になってしまっている。吉本隆明が云うように，「利害関係やイデオロギー対立による国家間戦争なら，敵と和解もできるし，協定だって結べますが，今回のテロ事件を起こしたような相手とはそれもできない」（吉本 2002＝67）のである。要するにこれまでの常識や倫理が通用しない。通用しないというとき，国民国家や，国民国家の法，倫理の枠内には収まらないことを意味する。ここで明るみに出されたのは，共通のテーブルが存在しないということだ。そして，現在のIS（イスラム国）の成立とその周辺諸国への攻撃などをみると，この傾向は続いていると見ることができる。

　この新しい戦争では，宗教をめぐる対立が中心におかれている。国民国家はその本質において，宗教性を帯びていることを考えれば，純粋な宗教戦争と見ることができる。国民国家の宗教的本質が明るみに出され，宗教というテーブルの上で議論されなければならなくなった。ここでは，もちろん，このテーブルがどのような意味を持つのかもまた問われなければならない。この新しい戦争の戦場は，本質的に云えば，経済ではなく理念や倫理に求められている。ここでの解決はどのようにして可能か。オウム真理教，イスラム原理主義，国民国家――それらの宗教の理念や倫理を包摂するような新しい理念や新しい倫理を提示するという仕方でしか解決がつかない。

　これまで貧困や欠乏から戦争が起こってきた。イスラム原理主義の仕掛ける戦争も，西欧先進国による，イスラム諸国の搾取への不満や，貧困や欠乏という背景が原因としてあるだろう。しかし，オウム真理教事件，9.11同時多発テロにおいては，宗教の理念や教義が主戦場になっている。だからこそ国民国家の宗教性を明らかにし，その理念的正当性を揺さぶることにもなっているのである。

(5)　グローバリゼーション下の国民国家と資本主義

　国民国家においては，その経済的な基盤として資本主義的産業化が共通し

ているが，それでも1つの国民国家ではなく様々な国民国家が成立するのは，個別的な歴史によって醸成された共同性の観念が異なるからである。この共同性の観念は単純な経済的領域の反映と見ることができず，さらに云えばそれこそが共同性の観念の本質を形成する。例えば，現代の日本は自由主義と資本主義に基づいた，世界史の最先端を走る産業国家であるが，その一方で天皇制という土俗的な宗教を温存している。こうした差異は，差異であるがゆえに排他的に作用することになる。

　経済領域は普遍化傾向をもち，とりわけ資本主義経済においてはその傾向が強い。資本主義経済においては，経済的な相互依存関係が強まる。さらに，この経済の普遍化傾向は，科学技術，交通，通信の発達により劇的に高まった（グローバリゼーション）。資本主義は相互依存関係を強化しそのフロンティアを拡大していくが，しかし，それに対応して上部構造の範域が拡大するわけではない。否，逆に閉じられていく場合もかんがえられる。これは，下部構造が動的な性格を持つのに対して上部構造が静的な性格をもち，両者の間に変化のタイム・ラグがあること，先に述べた上部構造の個別性が「ナショナリズム」によって強化され政治的な対立をもたらしたりするため，短期的にはさまざまな紆余曲折が起こることなどが原因となっている。

　核兵器をはじめとする大量破壊兵器が開発された現代において，世界経済の主要なプレイヤーとなっているような国民国家間で大きな戦争は起こらないようにおもえる。経済の相互依存関係を考えると，戦争を起こして利益を得る国家は想定しにくい。資本主義と結びついた国民国家という構図は時代遅れのものとなっている。グローバリゼーションによって資本は国民国家から自由になっているし，また資本主義の展開に必要とされるフロンティアが，国民国家の外部にもはや存在しなくなっている。こんにち，国民国家と資本（資本主義）の関係は新しい段階に入っており，そのことによって新しい不安定と紛争の要因が出てきている。

3. 現代における平和と安定の模索

　世界中で小競り合いがおこっている。経済・貿易上のものから武力を介するものまで紛争のあり方は様々で，これらがそのまま大きな戦争に拡大していくかどうかはわからない。これから述べるが，先進国は云うまでもなく，世界各国で進行する経済的な格差問題が，国内的にも国際的にも平和と安定を脅かす要因になっている。これも国民国家の衰退と資本主義の変貌に関連している。9.11 の同時多発テロを実行したイスラム原理主義者の側に，経済的不満という背景があったことも否めない。平和と安定への鍵はどこに求められるか。いくつかの視点から考察してみる。

(1) 宗教の解体
　ここで宗教というとき「国民」nation も含んでいる。先に「国民」の擬制性について述べた。イスラム原理主義が宗教であることはわかりやすい。だが，「国民」が 1 つの宗教的信念であることはなかなか理解しえない。ということは，その分だけこの宗教意識を解き放つことが難しいことを意味する。ある宗教の熱心な信者に，その宗教を捨てさせようとする場合の難しさを考えればよいが，「国民」の場合は，それが宗教に近いことを皆が納得しないために，さらにその分だけ解体が難しいといえる。国民は宗教を嗤う。しかし，同じ論理で「国民」を嗤うこともできるのに，国民はそのことに気づかない。
　先に見たように，イスラム原理主義による 9.11 の同時多発テロは，国民国家の宗教性を明らかにした。宗教は解体されなければならない——ここで何よりも解体されなければならないのは「国民」という宗教である。グローバリゼーションによって，事実として国家の障壁は低くなると思われる。単純に国際結婚も増えるであろうし，とすれば「国民」の意識も 2 世，3 世となるにしたがって稀薄になるのは自然の成り行きだろう。だが，問題は自然の成り行きに任せて解消していくことではなく，この宗教性を自覚的・反省

的に解消していくことである。この自覚的・反省的な解消がなければ，単に新しい宗教を生み出すだけに終わる可能性があるからだ。

　吉本隆明が次のように述べたのは正鵠を射ている。「歴史的に見れば，国民国家というのはけっして恒久的な存在ではなく，過渡的な存在形態にすぎませんし，そうした国民国家の特殊性に局限されたところから派生する政治的倫理，社会的倫理，法的倫理などは，すべて相対的なものにすぎません。だから，それとは違う根源的な次元で論じなければいけないということなんです。唯物論でもなく，観念論でもない，人間存在の倫理を根底から問う"根底倫理"を必要とする時代に入ったのではないか，といいたいのです」（吉本 2002＝97）

　9.11 同時多発テロ事件＝新しい戦争という極限的な状況を契機として，国民国家という枠組みや倫理を超えた問題点が析出してきた。9.11 の首謀者であるイスラム原理主義者たちと，アメリカのブッシュ政権との間には共通のテーブルが存在しない。ブッシュ側からすれば従来の戦争の常識が通用しないし，イスラム原理主義者の側でも国民国家の戦争ルールなどを顧慮しはしない。それらを共通に相対化するためには，それらを包括するような次元で提起されるような倫理を媒介とするほかない。芹沢俊介が吉本の言葉を普遍化して云っているように「暴力や戦争は迷妄が起こすのであり，迷妄を根底から批判する視座がつかめないかぎり，暴力や戦争を本質的に抑止することはできない」（芹沢 2006＝112）のである。私たちは，新しい普遍的倫理に目を向けなければならない時期に来ている[1]。

(2) 日本国憲法 9 条の理念の追求

　国民国家は宗教の排他性をもつ。この排他性を捨て去るには，国民国家が宗教性をもつことを反省的に捉えることが，意識の上では重要である。では，具体的に国民国家の排他性の克服は，戦争との関連でどのように考えられるべきか。この点で大きな示唆を与えるのが日本国憲法第 9 条である。

　日本国憲法は近代国民国家の憲法の一種であり，いくつかの独自な条項を別にすれば，近代憲法の文法に倣って国民主権，基本的人権の尊重，権力分

立といった内容をもっている。このいくつかの独自な条項の1つが9条である。9条は次のようになっている。

　　1　日本国民は，正義と秩序を基調とする国際平和を誠実に希求し，国権の発動たる戦争と，武力による威嚇又は武力の行使は，国際紛争を解決する手段としては，永久にこれを放棄する。
　　2　前項の目的を達するため，陸海空軍その他の戦力は，これを保持しない。国の交戦権は，これを認めない。

　20世紀の世界大戦を経た後では，平和の重要性を主張し侵略戦争を否定する条文を入れる憲法は必ずしも珍しいものではない。だが，世界の主要国家のうちで，軍隊を持たないとまで踏み込んだ憲法は，日本国憲法以外には存在しない。通常，国民国家は軍隊を自明なものとして装備するが，この点に照らせば，この条項は近代憲法の文法から失格している。だが，私たちはこの失格に開明性をみるべきなのだ。
　憲法9条は太平洋戦争直後の日本において，戦争は二度と起こしてはならないという国民の思いと願いを端的に宣明したものである。この条項が，ひいてはこの憲法が，連合国軍の占領下にあって「おしつけ」られたものであるかどうかはどうでもよい。重要なことは，戦争であれだけの犠牲を払ったからこそ，こうした絶対的な平和条項として結実したことである。そして，拡大して考えれば，これは単に日本国民の問題ではなく，世界大戦を経験しその悲惨さを知る，全ての民衆の切なる願いだということもできる。
　これまで見た通り，20世紀の世界大戦にナショナリズムの排他的側面が大きく作用した。戦争遂行への民衆の熱狂が戦争を後押しした。何がなんだかわからないままに，戦争が始まり悲惨な結果を残して終わった。制御の効かない，国民皆兵による大規模な戦争が，2つの世界大戦だった。こうした大戦争を起こさないようにするにはどうするか。もっとも単純な答えは，戦争の手段，つまり軍隊や武器を持たないことである。だが，この答えは単純でも，実行することは難しい。

トマス・ホッブズは戦争状態である自然状態を脱却するために，個人の自然権の一部を社会契約によって譲渡し主権者を立てるとしたが，この際，自然権の譲渡は相互的でなければならないとした。つまり，自然権の譲渡は，全員が同時におこなわれなければ可能とならない。あたりまえだが，誰かが譲渡し，他の誰かは譲渡しないとなれば，譲渡したものだけが不利益をこうむるということにもなりかねない。この論理はリアルなもので，現在の国際社会においても同じである。攻撃のための軍隊はいざ知らず，防禦（自衛）のための軍隊までも否定してしまったら，他国に攻め込まれる危険に身をさらすことになる。したがって，軍隊を放棄する場合も，全ての国家が一斉にという仕方で放棄するしかない。こうした国際社会の現状をみるとき，日本が1国だけで軍隊の放棄を宣明したことは，どう評価されるべきなのか。たしかに，ドン・キホーテ的にみえる。あるいは，アメリカの後ろ盾があったから（実際，占領下においてはアメリカ中心の連合国軍が駐留していたし，その後も日米安全保障条約によってアメリカ軍が駐留している）こんな呑気な条文をそのままにしておくことができたと，意地の悪い見方をすることもできる。だが，この困難な状況の下において，あえてこうした1歩を踏み出したことに価値を見出すべきなのだ。この理想主義にこそ価値を見出すべきなのである。

日本国憲法9条を放棄していわゆる「軍隊をもつ普通の国になれ」という改憲勢力に対して，単に「憲法9条を守れ」と呪文のように唱えることが重要なのではない。それでは単なる怠惰なドン・キホーテにすぎない。重要なことは，この憲法9条の理念を積極的に世界に発信することなのだ。そうすることによって初めて意義をもつ。あるいは，この条項が意義を持つような状況を作り出すことが重要なのだ。そういう機会がなかったわけではない。だが，日本保守政府は今日までついぞそういう努力をして来なかったのである。また，戦後日本の左翼勢力も，口では「護憲」と云いながら，何ら積極的なアクションをおこしてこなかったし，思想的に自らを鍛えることもしてこなかった。社会党党首を首班とする村山富市内閣において，歴代の自民党内閣ですら踏み込めなかった自衛隊合憲発言がなされたことはそれを例証し

ている。

　いま，憲法9条は世界に向けて積極的に発信されて初めて意味をもつといったが，私には，1990年の湾岸戦争が憲法9条の現実的意義を問われた初めての機会であり，同時に絶好の機会だったようにおもえる。

　湾岸戦争は，1990年8月2日にイラクがクウェートに武力侵攻したのを機に，国際連合が多国籍軍（連合軍）の派遣を決定し，1991年1月17日にイラクを空爆した事にはじまった。国連は国際社会の中で最も公正さを持つ機関と一般にみなされているから，これだけを見ると，イラクが悪玉のように見えるが，内実は単純ではない。石油価格をめぐるアラブ産油国の対立，すなわち，イラク，イラン，リビアなど「石油から得られる収入を国内に投資して，国民経済を建設している国々」とクウェート，アラブ首長国連邦，サウジアラビアなど「石油からの収益を一握りの支配層が独占して，その大半をオイルダラーとして国際金融市場に投資する」国々との対立が背景にあり（剣持 1991＝15-16），さらにそこにアメリカの石油利権が絡んで引き起こされている。「湾岸戦争は，石油資源をめぐっての戦争であり，アメリカを中心とする西側諸国がアラブ民族主義と対立する首長支配の湾岸諸国と共同して，イラクのフセイン大統領の姿をとったアラブ民族主義を潰すための戦争ということができる」（剣持 1991＝43）。いかに中東の産油地域が西側先進産業国にとって重要であるとしても，アメリカ主導で多国籍軍が組織され，アメリカの利益を中心にこの戦争がおこなわれたことは明らかである。国連によってオーソライズされているように見えるから，また多国籍軍には，アメリカをはじめ，カナダ，イギリス，フランス，スペイン，イタリア，ドイツ，ポーランド，ハンガリー，韓国，オーストラリアなど世界の主要国が参加している（ソ連は黙認）から，多国籍軍に一方的に正義があるようにおもえるが決してそうではない。（もちろん，フセインのイラクに一方的な正義があるといっているわけでもない。）

　アメリカ政府はイラク攻撃に当たって，日本政府に対し同盟国として共同行動と戦費の拠出を求めた。このとき憲法9条の現実的意義を問われたといっていい。しかし，日本政府の対応は，右往左往してうろたえるだけで

あった。憲法9条の理念をもとに，戦争行為の愚かしさを国際社会に対して積極的に主張をおこない武力によらずに紛争を終息させるかといった方向ではなく，どうすれば憲法9条に抵触せずに自衛隊を派遣できるのかとか，どうやってイラク討伐の仲間に入るか，など真逆の方向に議論を展開したのである。政府は，急遽「国連平和協力法案」を作成したが，自民党左派や社会党などの反対によって廃案となった。（なお，時の内閣は，第2次海部内閣の改造内閣であった。）結局，政府は多国籍軍に対しては計130億ドルもの多額の資金援助を行うことで決着したが，しかし，これは，アメリカを中心とした参戦国から金だけ出す姿勢を非難されることになった。クウェートは戦後，参戦国などに対して感謝決議を出したが，日本はその対象に入らなかった[2]）。

後のことだが，小泉純一郎首相が2003年のブッシュJr.（アメリカ）政権のイラク進攻に，パブロフの犬よろしく追従した背景には，こうしたことが遠因として存在する。以下は，2001の9.11同時多発テロに関連して出された中曽根康弘元首相の発言だが，これは日本政府首脳を務めた政治家の1つの典型と考えることができる。「湾岸戦争で日本は百三十億ドルも拠出しながら，国際社会から「トゥーレート，トゥースモール（支援が余りに遅く，余りに少ない）」と揶揄されたうえ，クウェートが「ニューヨーク・タイムズ」に掲載したお礼の広告から，日本の名前がはずされるという悲哀を味わっている。国際協力とは，カネだけで済む問題ではなく，汗と時には血であがなうことさえも必要であるとの教訓をわれわれは湾岸戦争で学んだと思う。今度こそ国家の名誉と独立性を有した対応を明確に行うべきである」（中曽根 2001）。そして，残念ながら，こういう見解は今日の安倍内閣まで継承されている。

湾岸戦争への対応においても，憲法9条はなし崩しにされている。湾岸戦争で自衛隊を出さなかった，あるいは後方支援だ，などといっても，資金提供をしているのなら，それは既に戦争に加担していることを意味する。そこでは憲法9条の理念は吹っ飛んでいる。私は「どんな理由をつけても国家が強大な武装力を行使して他国や自国の民衆を弾圧し殺戮し，要求をおし通し

てしまう事態は，憲法第9条に照らして批判し，解体されなくてはならない」（吉本 1992＝52-53）という言葉に心底同感するが，こうした視点から湾岸戦争に批判的に対応することはついぞなかったのである。

　国際政治の現実を前にして，憲法9条のような理念は入り込む余地がないのだろうか。湾岸戦争で注意しておくべきことは，多国籍軍の主要国は兵器輸出大国でもあることだ。吉本は，フランスとソ連については，当時の輸出品目の最上位に兵器があがっており，イラクの兵器はこの両国から入手していると指摘している。ソ連は当時，国内問題で手いっぱいで多国籍軍にも参加はしていないが，構図としては同じだ。アメリカも歴史的な経緯を考えると，イラクに大量の兵器を輸出・援助している。要するに，この戦争は多国籍軍の主要メンバーの方に焦点をあててみると一種の「マッチポンプ」のようなところがある。いずれも「手」は汚れているのだ。

　この状況下において，イラクと多国籍軍の主要国の双方に対して，最も大きな発言権を持つことができたのは，おそらく日本であった。なぜか。憲法9条によって平和主義を標榜し軍事力を持たないからであり，また当時はその平和主義によって原則的に武器輸出禁止の政策をとっていたからだ。加えて，平和外交によって中東に独自のネットワークを構築していたからだ。軍事力を持たないがゆえに，またその平和主義がゆえに，もっとも強力なカードを持ちえたという状況がここにはあった。事態の平和的な解決に，この理念を掲げて，リーダーシップをとることができたなら，日本はおそらく世界で最も尊敬を集める国になったにちがいない。

　しかし，これは一種の夢を語ることなのかもしれない。国際政治の現場は，このような夢を語ることを許さないのだ，という政治家の声が聞こえる。しかし，現実の国家の複雑な利害の鬩ぎあいの中に，1本でも，細くとも，理想の糸を通そうとするのが政治家ではないのか。しかし，残念ながら，理想の道を推し進めることはなかったのである。

　日本は，憲法9条をもちながら，その一方では日米安保条約に調印しており自衛隊を設立し存続させているという矛盾をもっていた。その後，憲法9条のなし崩しに拍車がかかったことを考えれば，その矛盾を糊塗しようとし

てきたツケがここで回ってきたといえるかもしれない。しかし，ほんとうはこの矛盾に別の方向で決着をつける絶好のチャンスでもあったのだ。

　こんにち，安倍内閣を支える自民党と公明党の強行にも近い採決によって安保関連法案が成立し，憲法9条は風前のともしびになっている。また，世界中で小さな紛争が激化している。戦争でいつも被害にあうのは一般の民衆だ。先に，憲法9条は，「平和が大切，憲法9条が大切」と呪文のように唱えることではなく，その理念を積極的に世界に向けて発信することによってこそ，命脈を保つことができると述べた。戦後間もなくの，いわば日本が白紙の状態から出発することができた頃なら，この「発信」は比較的抵抗なく可能だったかもしれない。しかし，日米安全保障条約があり，自衛隊が存在するという現実を前にして，私たちはどのようにして憲法9条を「発信」することができるのか。

　アメリカ大統領 D. トランプが，共和党の大統領候補として選挙を戦っていたときに，在日米軍の撤退を示唆したことがあった。仮定の話だが，これが実現した場合，日本はどうするかと考えてみるのは興味深い。というのも，アメリカが日本を守ってくれることを前提のように考えたうえで「憲法9条が大切」などと主張する向きもあるようにおもわれるからだ。これは憲法9条の理念に反するだけでなく，たいへん卑怯な考え方である。アメリカ軍の後盾がなくなったとした場合，日本はどうするのか。もしここで自衛隊の増強を図り，軍隊に格上げして「普通の国」になる選択をするのならば，憲法9条（特に2項）はいらない。丸腰になっても，憲法9条の理念を世界に向かって発信することができるのか。現在の軍事力がものをいう世界において，憲法9条を主張するということは，そうした覚悟を必要とする。では，自衛隊の存在をどうするか。ここまで大きくなった自衛隊を解体し消滅させることは現実的ではない。ひとつの提案として，自衛隊を日本から切り離し，国連の指揮下におくことがありうる。現に自衛隊が存在するという事実から出発し，なおかつ憲法9条の理念を活かそうとするならば，そうした提案が現実的であるようにおもわれる[3]。

(3) 資本主義の終焉？

　もう1つ触れておかなければならないのは，近代に入って私たちが使ってきた経済システムとしての資本主義が終焉を迎えつつあるのかもしれないということだ。つまり，長らく，とりわけ近代に入って世界を席捲してきた資本主義という経済システムがこれまでのように機能しなくなってきているところに，現在の混迷の原因の一端があると考えれば，これが世界平和を脅かす要因になっていく可能性があるということだ。

　体験的なことだが，日本は1980年代から90年代前半にかけて，世界で1，2を争う対外経済力をもち，国民生活においても「一億総中流」と呼ばれるような平等社会を（高い経済水準で）実現した。しかし，その後，バブルが崩壊し，失われた10年，さらには失われた20年と呼ばれる経済的な停滞の時代を過ごすことになった。その間，少子化と超高齢社会が進展し，巨額の財政赤字を計上するにいたった。「一億総中流」は遠い過去の夢で，非正規雇用社員や派遣社員の増大によって，国民間の経済格差は開くばかりである。（この傾向は，安倍内閣において顕著になってきたが，これについては後で触れる。）「なぜ日本だけが？」という議論もあるが，これらは先進資本主義産業国家に一般に見られる傾向である。（財政赤字の巨額さは日本に特徴的であるが，財政赤字自体は今日の先進国に一般に見られる傾向である。）日本が経済停滞の度合いが大きく，かつ長いとはいっても，先進国の最先端を走っていた日本がいち早くそういう流れの中に入っていったと解釈することもできる。

　2つの世界大戦は，資本主義と結びついた国民国家が主役となって引き起こされたという側面をもつ。こうした資本主義と国民国家の親密な関係は1970年代まで続いた。国家とその国家内の企業の経済活動は密接な関連のもとにおかれていた。しかし，現在，大企業の実質的な経済活動は国民国家の枠を超え，多国籍企業も当たり前になっている。情報技術の発達によって金融も急激にグローバル化しボーダーレス化していった。また，インターネットの急激な普及によって個人レベルでも，情報は国境を超えて行き交っている。国家の地位が様々な局面において相対的に低下してきているのであ

る。政治的にはナショナリズムをもとにして国家的統合意識をもつことができても，経済的には世界システムとしての国際経済が中心であり，従来の国家という枠を超えた普遍化傾向が進展しつつある。

　いま国民国家の側から見たが，これを資本主義の側から見るならばどうなるか。この資本主義の新しい時代をどのように解釈するかは意見が分かれる。その中でも，資本主義を大きな歴史の流れの中で考察し，その終焉を語っている水野和夫の議論は説得力がある。水野によれば「資本主義は「中心」と「周辺」から構成され，「周辺」つまり，いわゆるフロンティアを広げることによって「中心」が利潤率を高め，資本の自己増殖を推進していくシステム」（水野 2014＝3）だが，そのフロンティアになる「地理的・物的空間」が最早存在しなくなっている。先進国では投資の対象が見出しにくくなっており，それは利子率の低下にあらわれている。水野によれば，日本では10年国債の利回りが2.0％という異常な超低金利が，20年近く続いているが，これは資本主義の終焉を象徴している。金利は資本利潤率とほぼ同じであり，「資本を投下し，利潤を得て資本を自己増殖させることが資本主義の基本的な性質なのですから，利潤率が極端に低いということは，すでに資本主義が資本主義として機能していないという兆候」（水野 2014＝16）を意味する。投資が隅々までいきわたり，利潤を得られる投資機会がなくなったからこそ，利子率が低下している。現在の日本の利子率はマイナスにまでなっている。

　「地理的・物的空間」の拡大が不可能となるや，資本主義は，アメリカに典型的に見られるように，IT（情報技術）と金融自由化が結合してつくられる「電子・金融空間」へフロンティアを求めた。結果的には2008年のリーマン・ショックで自壊した。「自己資本の40倍，60倍で投資をしていたら，金融機関がレバレッジの重さで自壊してしまった」（水野 2014＝35）のである。リーマン・ショック後，アメリカの長期国債利回りは急低下し，2％を割り込む，事実上のゼロ金利政策に踏み切ることになっていった。そしてこれは1990年代の日本がたどった道と同じだ。つまり「過剰債務の返済に必要なキャッシュ・フローを生み出すために，企業のリストラが加速

し，賃金が下落する。それが経済のデフレ化をもたらしていった」（水野2014＝37）のである。結局のところ，「電子・金融空間」への進出は，資本主義の危機を根本的に乗り超えるものではなく，単なる延命のための弥縫策にすぎなかったのである。

　この資本主義の変貌にはグローバリゼーションが加速化したことが関連している。「「地理的・物的空間」で利潤をあげることができた1974年までは，資本の自己増殖（利益成長）と雇用者報酬の成長とが軌を一にして」おり，「資本と雇用者は共存関係」にあったが，「グローバリゼーションが加速したことで，雇用者と資本家は切り離され，資本家だけに利益が集中し」中間層を没落させていったのである（水野2014＝40）。グローバリゼーションは，ヒト・モノ・カネが国境を自由に超えていくプロセスであろうが，水野によると，資本主義の観点からは「「中心」と「周辺」の組み替え作業」に他ならない。21世紀に入って，先進国が自分たちの「地理的・物的空間」から思うような利潤を得られなくなると，その実物投資先を途上国に変えた。その結果として，いわゆるBRICS（ブラジル，ロシア，インド，中国，南アフリカ）が台頭することになった。しかし，これらの国ぐにが途上国から新興国へと発展すると，当然のことながら，先進国は新たな周辺を創りだす必要が出てくる。それが「アメリカで言えば，サブプライム層であり，日本で言えば，非正規社員であり，EUで言えば，ギリシャやキプロス」（水野2014＝42）なのである。

　先進国において，フロンティアが存在しなくなった資本主義の下，さらなる成長戦略を追及しても効果はない。新興国が台頭しているということは，新興国で消費されるものは新興国で生産されるということであるから，「先進国が輸出主導で成長するという状況は現代では考えられ」（水野2014＝47）ないのである。

　だが，現在の日本の安倍内閣が典型だが，先進国では押しなべて成長戦略をとる。2016年5月のサミットでも，それが確認された。しかし，以上のような現状を見るとき，果たしてこのまま成長戦略をとり続けることが妥当なのか，疑問といわざるを得ない。この数年で経済成長戦略を最も強硬に推

し進めたのは日本（第2次安倍内閣のアベノミクス）だが，この間の日本の経済成長率が先進国のなかでも最も低いというパラドクスが生じている。国際通貨基金（IMF）の世界経済見通しでは，2017年の日本の成長率が物価変動を除いた実質でマイナスになると予想されたという（東京新聞2016年4月13日）。株高や円安の誘導などにより，一部の大企業は確かに空前の利益をだし，また一部の富裕層が潤ったのは事実だ。家庭が持つ金融資産も1741兆円で過去最高を更新している。しかしながら，その一方で，金融資産を持たない世帯の割合が，第2次安倍内閣発足時よりも，かなり増加している（東京新聞2016年4月4日）。さらに期待されたトリクル・ダウン効果なるものも起きず，格差はこれまで以上に開き，財政赤字は増大している。結果を見てみると，アベノミクスなるものの成長戦略は「資本の成長を目指すものであって，雇用者報酬や1人当たり実質賃金を増やすものでは」（水野2015＝90）ない。結果を見る限り，壮大な失敗であるのは明らかにおもえる。

　以上の傾向は先進国に共通する普遍的な問題である。ただ，日本に極端にその傾向があらわれているということだ。1991年に冷戦が終結し，独裁や全体主義に対する民主主義の勝利，社会主義に対する資本主義・自由主義の勝利などと喧伝されたが，現在，この民主主義・自由主義・資本主義がたいへん危うい状況に来ている。この危うさの本質は，もしかしたら資本主義の終焉が近いのに，それを意識していない（理論的に問題にしていない）ことに起因するのかもしれない。いずれにしても，成長戦略が破綻している現実がある以上，その理論的な究明がなされなければならず，それをうやむやにして前に進むわけにはいくまい。

　先進国における非正規雇用の増大，所得格差の増大は，中間層の没落に通じる。この中間層の没落は民主主義の危機をまねくことになる。極端な格差社会ならば，民主主義は機能しない。民主主義的な制度が機能するためには，ある程度，共通の世論なるものが形成されなければならないが，それが難しくなるからだ。また，消費を担う中間層が減少すれば経済は停滞する。また，所得格差は教育機会の格差となってあらわれるため，長期的にはその

国の経済の勢いを削ぐことになる。こうした不満が鬱積すると，社会の安定が阻害され，ひいては民主主義を崩壊させる要因ともなる。

いま先進国を例に挙げたが，新興国や途上国でも格差と貧困が増大しており，排他主義やテロの要因ともなっている。こうした経済問題に民衆は最も敏感に反応する。不満が蓄積し，何らかの契機でさらなる大爆発をしないとも限らない。ここでも社会の安定と平和に対する不安要因が存在する。

ここでは資本は国家の制御を離れて独自の運動を展開している。経済システムは，本来，私たちの生活を豊かにするためのものであるはずなのに，ここでは「資本のための資本主義」（水野 2014＝42）になってしまっている。こうした資本主義の暴走を止めるには国民国家では小さすぎるからEUのように，国家が連携して対処していくのだという議論もある。しかし，それは既存の国民国家の解体につながるだろうが，資本主義が現在抱える問題の解決になるかはわからない。

格差といい，貧困といっても，カネが足りないのではなく，有り余っている。しかし，そのカネが必要とする人たちのところに届いていない。金融工学ではこの問題を解こうと必死になっていると仄聞する。だが，それが私たちが直面している問題の根本的な解決策になるかは，判然としない。単なる弥縫策に過ぎないのかもしれない。問題が，長らく続いた資本主義それ自体にあるようにおもわれるからだ。

その一方では，パナマ文書が明らかにしたように，世界中の政治エリートや大企業や富裕層が税逃れをしているといった不公平な実態がある。圧倒的多数を占めつつある貧困層からすれば，こうした実態はとうてい容認しがたい。政治指導者が民衆から信頼をえられないような状態では，モラル・ハザードがますますひどくなり，人心は荒廃する。

この拡がる経済格差の問題にどう立ち向かうのか，ひいては資本主義の現状をどう評価し克服していくのか，について共通した理解はいまのところ得られていない。だが，個別の国家から出発するだけでは十分ではないことははっきりしている。こと経済や産業に関しては，グローバリゼーションが進展し，グローブというひとつの実体が出来あがっているような観すらある。

これをひとつの大きな共同体に擬定することができるとすれば，個々の国民国家は地域共同体の位置を占めることになる。とすれば，問題解決のためには国民国家からではなく，グローブという実体から出発することが必要である。

(4) 国家主権を譲渡した国際組織の充実

以上，(2)，(3)についていえば，閉じられた国民国家から出発する議論では対応しきれないことを指摘した。国民国家の主権をある程度制限することによって成立する，より上位の組織・制度をつくり上げることが必要ではないのか。柄谷行人はカントが『永遠平和のために』で論じたような世界共和国の構想に解決の鍵を見ている。カントのこの構想は後の国際連盟や国際連合に影響を与えたが，これは「単独協調主義に対する多国間協調主義のようなもの」ではない（柄谷＝221）。それでは主権国家を前提した議論に過ぎない。柄谷がカントの「世界共和国」構想に可能性を見ている要点は，それが「各国が主権を放棄することによって形成される」（柄谷＝222）ところである。

先に私は自衛隊に関して国連の指揮下に置くと述べた。大国のパワーポリティクスに翻弄される国連の現状をみるとき，国連の指揮下に自衛隊をおくことにどれだけの意味があるのかという皮肉もやってきそうだ。主権の放棄など「夢」のようにもおもえる。しかし，現実的に考えて，それ以上の権威をもった国際的な組織はいまのところ存在しないから，国連を踏み台にして進んでいくほかないようにおもわれる。

注
1) 吉本は，「国民」宗教やイスラム原理主義など，既成の宗教倫理を包摂する新しい倫理として「存在倫理」という概念を提示している。これについては，石川 2010，石川 2014 で論じている。
2) 感謝国のなかに日本が含まれていなかったことについては，たんにクウェート側の事務上のミスであったという説もある。
3) こういう構想は，小沢一郎が『日本改造計画』（講談社，1993）で主張しているところでもあり，興味深い。但し，小沢には主権を譲渡するという発想はないようにおもえる。

参考文献
石川晃司 (2010)，「日本国憲法第 9 条と国民国家」『研究紀要』第 80 号，日本大学文理学部人文科

学研究所。
石川晃司（2014），「共同幻想論の振幅 4――無差別殺戮から「存在倫理」へ」『研究紀要』第 88
　　　号，日本大学文理学部人文科学研究所。
石川晃司（2015），「ナショナリズムとインターナショナリズムの相克――東アジア共同体と日本」
　　　青木一能編著『アジアにおける地域協力の可能性』芦書房。
柄谷行人（2006），『世界共和国へ』岩波新書。
剣持一巳（1991），「中東湾岸戦争と日本の対応」剣持一巳・宮嶋信夫・山川曉夫編著『湾岸戦争と
　　　海外派兵』緑風出版。
芹沢俊介（2006），「吉本隆明「存在倫理」をめぐって」吉本隆明・菅瀬融爾・芹沢俊介・今津芳文
　　　『還りのことば』雲母書房。
中曽根康弘（2001），「外交権の発動として多国籍軍に協力を」『文藝春秋』10 月緊急増刊号。
水野和夫（2014），『資本主義の終焉と歴史の危機』集英社新書。
水野和夫（2015），「資本主義がいま，終わろうとしている」榊原英資・水野和夫『資本主義の終
　　　焉，その先の世界』詩想社。
吉本隆明（1992），「中東湾岸戦争私論」『大状況論』弓立社。
吉本隆明（1995），「社会党首班政権の批判」『超資本主義』徳間書店。
吉本隆明（2002），『超「戦争論」』（上）アスキーコミュニケーションズ（聞き手　田近伸和）。
アンダーソン，B.（1983），『想像の共同体』（白石隆他訳）リブロポート，1987 年。
ゲルナー，E.（1983），『民族とナショナリズム』（加藤節訳）岩波書店，2000 年。

第 6 章

人類の歩み
―― 長寿と健康を求めて ――

1. はじめに

　世界人口は，西暦 1 年頃に約 3 億人であったと推定されている。その後，徐々に増加し 1200 年頃には約 4 億 5000 万人となり，産業革命が始まる 1650 年頃には約 5 億人となった。その後人口増加は著しく，世界恐慌が始まる 1927 年には約 20 億人，皇太子明仁（現天皇）と正田美智子の結婚式が行われた 1959 年には約 30 億人，米国でウォーターゲート事件が発生した 1974 年には約 40 億人，大韓航空機事故が発生した 1987 年には約 50 億人，ユーゴスラビア空爆が始まった 1999 年には約 60 億人，東日本大震災が発生した 2011 年には約 70 億人となった。特に 20 世紀後半は爆発的に人口増加が起こっていることがわかる。この人口増加と呼応するように平均寿命の延びも著しい。1950 年以降，日本の平均寿命は世界平均を上回って推移し，2013 年には世界 1 位の長寿国となった（図表 6-1，図表 6-2 参照）。

　このような人類の寿命の延びは，数々の疾病との戦いであった。20 世紀に入るまでは経験と知識の蓄積，これが公衆衛生の確立につながった。この公衆衛生の概念はギリシャ時代のヒポクラテスにさかのぼることができる。彼はギリシャの医師・哲学者であり，彼の功績で最も重要なことは，原始的な医学から迷信や祈祷を切り離し，科学的な医学を発展させたことである。この業績から「医学の父」「医聖」「疫学の祖」と呼ばれている。没後，弟子たちがまとめた医師の行動倫理は，19 世紀まで西洋の医学校で教えられ，医師の倫理性，客観性を重んじた宣誓文は「ヒポクラテスの誓い」（紀元前 400 年）として現在まで受け継がれている。その後，ナイチンゲールが近代

1. はじめに

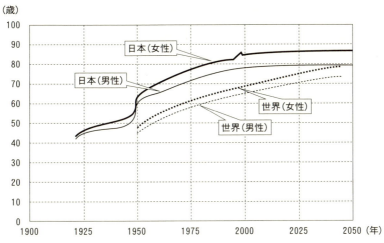

図表 6-1 世界と日本の平均寿命推移

出所:文部科学省 HP より引用。

図表 6-2 世界の平均寿命（2013 年）

	平均寿命			男性			女性	
1	日本	84	1	サンマリノ	83	1	日本	87
2	アンドラ	83	2	スイス	81	2	アンドラ	86
2	オーストラリア	83	2	イスラエル	81	2	スペイン	86
2	イタリア	83	2	シンガポール	81	4	オーストラリア	85
2	サンマリノ	83	2	スイス	81	4	フランス	85
2	シンガポール	83	6	日本	80	4	イタリア	85
2	スペイン	83	6	カナダ	80	4	モナコ	85
2	スイス	83	6	イタリア	80	4	韓国	85
9	カナダ	82	6	キプロス	80	4	シンガポール	85

出所:筆者作成。

　の衛生という概念を確立した。ナイチンゲールは1854年クリミア戦争が勃発するとシスター24名，職業看護士38名の女性を率いて後方基地と病院のあるスクタリに向かった。兵舎病棟は不衛生で，必要な物資が供給されていなかった。兵舎病棟での死者は，怪我が主な原因と考えられていたが，実は不衛生（感染症）が主たる原因であった。彼女は衛生状態を改善させ，その

結果，死亡率は42%から5％まで改善した。その働きぶりから「クリミアの貴婦人」とも呼ばれ，現代では，近代看護学と看護教育の創始者として知られている。彼女の看護に対する精神をもとに作られた誓いは「ナイチンゲール誓詞」として今日まで語り継がれ，患者に対する心構えとして重要な事項を，1）看護の任務の忠実な遂行，2）有害なものを与えない，3）患者の私事・秘密を漏らさないこと，としている。

このような先人の功績によって公衆衛生および衛生の概念が確立され，20世紀前半までの人類の繁栄に少なからず貢献してきた。その後，20世紀後半に入り医学の進歩が数多くの疾病を克服し今日の長寿を達成している。そこで，公衆衛生という手段によってのみ病と戦った歴史を紹介する。それは人類の大量死に繋がった人畜共通感染症である。

2. 人畜共通感染症

全ての生物には互いに利益をもたらしながら生存する共生と，片方が利益を得て他方が害を被る寄生がある。大きなウィルス内にも小さなウィルスが感染することが明らかとなっている。当然のことながらヒトにも多くの病原体が寄生する。一般には，ウィルス（生物ではない），細菌，真菌，寄生虫，プリオン（タンパク質）などが知られている。

古代から病原体はヒトのみに感染するものと人畜共通に感染するものが存在していた。はじめに病原体別の人畜感染症を示す。これらの人畜共通感染症の中から，人類の脅威となったいくつかの感染症を説明する。

1. 細菌性人獣共通感染症
    炭疽，ペスト，結核，パスツレラ症，サルモネラ症，リステリア症，カンピロバクター症，レプトスピラ病，ライム病，豚丹毒，細菌性赤痢，エルシニア・エンテロコリティカ感染症，野兎病，鼠咬症，ブルセラ症等
2. ウィルス性人獣共通感染症
    インフルエンザ，SARS，狂犬病，ウエストナイル熱，エボラ出血熱，

マールブルグ熱，Bウィルス染症，ニューカッスル病，日本脳炎，ダニ脳炎 腎症候性出血熱，ハンタウイルス肺症候群，サル痘等
3. リケッチア・コクシエラ・バルトネラ性人獣共通感染症
Q熱，ツツガムシ病，猫ひっかき病等
4. クラミジア性人獣共通感染症
オウム病等
5. 原虫性人獣共通感染症
睡眠病，シャーガス病，リーシュマニア症，クリプトスポリジウム感染症等
6. 人獣共通寄生虫症
エキノコックス症，日本住血吸虫症，肺吸虫症，旋毛虫症，肝吸虫症，肝蛭症 アニサキス症等
7. 真菌性人獣共通感染症
クリプトコッカス症，カンジダ症，アスペルギルス症，皮膚真菌症等
8. プリオン病
変異型クロイツフェルト・ヤコブ病

(1) ペスト

　人畜共通感染症の中でも中世以来，話題となっている感染症にペストがある。ルネッサンス期に多くの犠牲者を出した感染症である。14世紀にはペストは世界的な規模で猛威を奮い，ヨーロッパ総人口の3分の1近くを犠牲にして終息した。当時は黒死病とも言われ，ペスト（黒死病）はボッカッチョの「デカメロン」（1348年）という文学作品に流行の詳細が記載されている。このデカメロンの冒頭はペストの猛威の描写からはじまる。絶望のあまり刹那的になって享楽しか考えなくなった男3人女7人のグループが，都市を捨て田園のビラにこもらざるをえなくなった期間を，互いに物語を披露しあうことで過ごす内容である。デカメロンとは10日の物語の意味で，ギリシャ語の「10」を表すdekaと「日」をあらわすhemeraの合成語である。

ペストはげっ歯類（クマネズミ）に流行する病気で，人間に先立ってネズミなどの間に流行が見られることが多い。菌を保有したネズミの血を吸ったノミに人が血を吸われた時に，その刺し口から菌が侵入したり，感染者の血痰などに含まれる菌を吸い込むなどして感染する。症状は，ペスト菌が体内に侵入して2～5日経つと，全身倦怠感に始まって高熱が出る。

当時の医学の対処法は「可能ならば逃げる」というものであったが，そのような行為を宗教的な権威が厳しく責めていた。それにも関らず，ペストが猛威を奮った時，殉教と神の慈悲の印として信者に大量死を受け入れるように説得していたイスラム教世界においてさえ，人々は健康に良い地域を求め感染した都市を捨てたのである。疾病に対してとられた医学的反応はヒポクラテスのような古代ギリシャの医師の著作に基づいた医学的な知識を基にしていた。即ち，病気の流行は，腐敗させられた空気，死体の腐敗，不十分な公衆衛生によって生じた蒸気の結果であると説明していた。一方，ミラノにおいては，接触感染を防ぐ施策を徹底的に行った。これがヨーロッパにおける大規模な公衆衛生の始まりであり，中世においては画期的な出来事として記憶されている。

写真6-1　ウィーンのペスト記念塔
（筆者撮影）

当時，ベネチア共和国では，ペストの伝染経路が東方からであるとわかった段階で，波打ち際での防疫システムを確立した。東方からの船は，船籍がベネチアであろうとアラブであろうと関係なくラグーナの中にある島に停泊させて，ペスト菌の潜伏期間とされている40日を過ぎないと，ベネチアに入港させないと決めた。現在でも空港に着いた人は「Quarantine」を通過しなくてはならない。検疫と訳されているこの英語は「40日間」の意味であるベネチア方言の「Quarantin」からきている。

ペストの病原菌は1984年の香港大流行のときに北里柴三郎によって同定された。しかし当時はペストが細菌感染疾患であることがわからず，17世紀半ばのヨーロッパの大流行では，死者が多数出た。今日では抗生物質を使用すると致死率はゼロ，しないと20%である。流行による惨害が終息したとき，いろいろな街の広場にペストの終息を神に感謝するペスト塔が建てられた。

(2) 結核

結核は20世紀半ばまで日本の死亡率第1位を占め，若い人の死亡が多かった。通常，慢性の経過をとる感染症で，多くの場合，結核菌の含まれた飛沫を吸い込んで感染する。典型的な結核は *Mycobacterium* によって引き起こされる。*Mycobacterium* はいろいろな動物に発症するが，ウシ型結核のみがヒトに感染する。最近は，ヒトからウシに感染したとも言われている。結核は新石器時代からみられ，精髄結核は紀元前3000年前のエジプトのミイラにもみられ，ギリシャ時代のヒポクラテスの時代にはphthisisと呼ばれた。わが国では江戸時代には「労咳」という病名で大きな社会問題となっていた。正岡子規など，結核が原因で死亡した著名人は少なくなく，「不如婦」「風立ちぬ」など結核を主題とした小説も数多く存在する。結核菌は1882年，ロベルト・コッホによって発見されたが，治療には影響を及ぼすことはなかった。しかし，予防法については数々の知見が得られ，乾燥した痰の中の乾いた結核菌が最も危険であると結論付けられた。1930年代になり，結核が空気や飛沫感染で感染することがわかった。1944年ストレプトマイシンが発見され，効果的に本疾患を制御することができるようになり，1950年代に至るまでX線とツベルクリンが集団検診の武器となった。

1996年，WHO（世界保健機構）は結核が地球規模の緊急問題であると宣言し以下の提言を行った。1) 世界人口の3分の1が結核菌に侵されている（大多数は活動病変となっていない），2) 毎年800万人の新しい患者が出現する，3) 毎年300万人が結核で死亡し，状況は悪化している，と提言している。新規患者の大半は発展途上国に限られ，これらは貧困とエイズに悩ん

でいる。新しい結核患者の大多数は，エイズとの同時発生と関係している。ヘルパーT細胞を破壊するエイズと，結核菌の同時発生は致命的になる。日本の結核に対する取り組みは，1951年，抗結核剤，BCGの集団接種，結核患者治療の公費負担により罹患率は減少傾向となった。1997年，新規感染者数が増加し，BCGの集団接種が90％の乳児で実施されるようになってきた。2013年の本邦における結核死亡率は人口10万人に対して1.7人である。しかし，高齢人口の増加により，陳旧性結核が再燃し，施設内集団感染が増加しているのが現状である。

(3) 新型インフルエンザ

20世紀に入ると世界的大流行を起こしたスペイン風邪・アジア風邪・香港風邪は特に有名である。

スペイン風邪は，1918～19年にかけて，世界的に流行したインフルエンザのパンデミックである。感染者6億人（当時の人口は18～20億人であり，全人口の30％が感染していた），死者4000～5000万人（日本では48万人）といわれている。発生源は1918年3月，米国デトロイトやサウスカロライナ州である。その後，同年6月頃にはブレスト，ボストン，シエラレネなどでより毒性の強い感染爆発が始まった。新型インフルエンザ対策に関する検討小委員会では，カナダの鴨のウィルスがイリノイ州の豚に感染したのが発生源であると推定している。米国発であるにも関わらずスペイン風邪と呼ぶのは，情報がスペイン発であったためである。当時は第一次世界大戦中で，情報が検閲されていた中でスペインは中立国であり，大戦とは無関係であった。流行の経緯を詳細に見ると，第1波は1918年3月，米国で最初の流行があり，米軍のヨーロッパ進駐とともに大西洋を渡り，5～6月にヨーロッパに流行した。第2波は1918年秋に世界中でほぼ同時に起こり，病原性が強まり，重症な合併症を起こし死者が急増した。第3波は1919年春から秋にかけて世界的に流行した。スペイン風邪の病原体はA型インフルエンザ（H1N1亜型）であり，鳥インフルエンザに由来するものであった。スペイン風邪はそれまでヒトに感染しなかった鳥インフルエンザが突然変異し，受

容体がヒトに感染する形に変化したものと考えられている。当時のヒトにとっては全く新しい感染症（新興感染症）であり，スペイン風邪に対する免疫を持った人がいなかったことが，この流行の原因である。病原性はウィルス表面にあるヘマグルチニンが原因であり，スペイン風邪は現在のインフルエンザよりも30倍も早く増殖する能力を持っていた。スペイン風邪後にも新型インフルエンザとして今日までアジア風邪，香港風邪，A型インフルエンザ（H1N1亜型）などの報告がある（図表6-3）。新型インフルエンザウィルスは，本来ヒトに感染しないほかの動物のインフルエンザウィルスが，ヒトからヒトへ容易に感染するように変化したものである。インフルエンザウィルスは，直径80～120ナノメートルの粒子である。粒子内部に含まれるタンパク質の違いによって，A型，B型，C型に分類される。A型はさまざまな動物に感染し，B，C型はヒトだけに感染する。A型は，粒子表面にあるタンパク質の「ヘマグルチニン（H）」と「ノイラミニダーゼ（N）」の種類により，サブタイプ（亜型）に分類される。HはH1～H16の16種類，NはN1～N9の9種類がある。2009年3月にメキシコで発生した新型インフルエンザウィルスは，A型H1N1亜型で，ヒトに感染するように変化した。インフルエンザの症状は咽頭痛と咳や痰が知られている。一般にウィルスに利用され，ウィルスを放出した細胞は，ぼろぼろに壊れ，壊死に陥る。「のど」の細胞が次々に破壊されていくと，「のど」の痛みと感じるようになり，ウィルスが気管や気管支の細胞をこわしはじめると咳や痰が出る

図表6-3　新型インフルエンザウィルスの流行

	スペインかぜ	アジアかぜ	香港かぜ	新型 A（H1N1）	鳥型 インフルエンザ
出現年	1918年	1957年	1968年	2009年	2003年
ウイルス亜型	A（H1N1）	A（H2N2）	A（H3N2）	A（H1N1）	A（H5N1）
死亡者数（万人）	5,000～6,000	200	100		
致死率	1～2%	0.1%	0.05%	0.4%*?	60%以上

＊メキシコ 6,000～32,000人が感染

出所：新型インフルエンザ（Swine-origin influenza A/H1N1）の病態と対策～2009年5月末までの総括～（国立病院機構九州医療センター名誉会長　柏木征三郎先生）より引用。

ようになる。体内の免疫細胞がウィルスと戦うときに出す物質が脳の体温中枢を刺激するために熱がでる。体温が上がると免疫細胞が活発に働けるようになりウィルスを退治しやすくなる。即ち，発熱は体を守るための反応である。インフルエンザにより子供に発症するインフルエンザ脳症があるが，脳内にウィルスが侵入するためではない。大部分は6歳以下の子供に発症し，意味不明の言動や，意識障害やけいれんなどの症状が現れる。これらの症状は，ウィルスを退治するために免疫細胞から放出された大量のサイトカインというタンパク質が原因と考えられる。ウィルスと戦えという指令が過剰に出ることで，脳の腫脹がおこり，脳症が誘発され，死亡率は10％以下だが，25％に後遺症が残る。

　以上の疾患は，人畜共通感染症のなかでも多くのヒトに感染し，大量死をもたらした疾病群である。いずれも医学が発展するまでに世界中に流行し，人口減少をもたらしたものである。

　続いて，現在撲滅されているが20世紀後半に至るまで世界中で猛威を奮った天然痘を紹介する。この疾患は人畜共通感染症ではないが，治療法が開発されるまで人類を死の恐怖に陥れた。天然痘は現在，研究室に保存されており，1980年5月にWHOによって絶滅が宣言されている。天然痘は通常，空気飛沫によって感染し，呼吸器に感染するウィルス性疾患である。天然痘はヒトからヒトへと空気感染するため人口が少なかった古代には存在しなかったと推測される。典型的な症状は約12日間の潜伏期を経て急激な高熱によって発症し，発症2～5日後に特徴的な発疹が出現する。発疹は顔面，手掌，足底に強く現れる。発疹は膿疱となり，膿疱は乾燥し痂皮化し患者は回復する。後遺症としては，文学作品にも取り上げられる，瘢痕のある顔面である。起源前1157年に死亡した古代エジプト王ラムセス5世のミイラの顔面，頸部および肩は隆起した膿疱の発疹で変形しており，天然痘感染が疑われる。本邦では730年代にその存在が記録されている。中世のヨーロッパでは，ペスト，結核に次いで多くの災禍をもたらした。18世紀までには，天然痘はヨーロッパ諸国の一部では全死亡者数の10～15％を占めており，

犠牲者の80%は10歳未満であった。起源は不詳であるが、検疫と予防接種が人痘摂取（健康な人間に天然痘による人口感染）、即ち、軽症の天然痘により免疫を獲得する試みが始まった。1774年5月ルイ15世が天然痘で亡くなり、これがきっかけとなり18世紀末までには、西欧、米国で何千人もの人が接種を受けた。この人痘接種の普及は18世紀にはじまった人口の爆発的増加の要因になったとの指摘もある。18世紀、イギリスの医学者であるエドワード・ジェンナーは、畜牛から軽度の痘瘡にすでに感染したことのある者には天然痘に感染しづらくなることに気付き、人痘接種は世界中に広まった。その結果、1800年代には人類は天然痘との戦いに勝利し、1950年代にはワクチンの生産が始まり、1980年5月の天然痘終息宣言に繋がった。

3. 医学の進歩

次いで20世紀後半の医学の進歩について触れてみたい。今日では、ウィルス感染症の一部を除き、感染症に対する予防・治療が大きく進歩し死亡者が激減してきた。一方、食生活の改善や生活様式の変化に伴い、いわゆる生活習慣病が生命に直結する問題になってきた。そこで、生活習慣病の首座を占める、糖尿病・高血圧について最近の取り組みを概観し、次いで現在の日本人の死亡原因第1位の悪性新生物と第2位の心臓疾患について概説する。

(1) 糖尿病

空腹時血糖値が126mg／dl、ヘモグロビンA1c（HbA1c）値が6.1%を超えている場合を糖尿病という。米国を例にとると、北米における糖尿病比率は、少なくともここ20年間は増加を続けている。2005年には、米国だけでおよそ2080万人の糖尿病患者がいた。全米糖尿病協会によると、糖尿病予備軍は4100万人にまで及び、2012年時点の全世界での糖尿病罹患率は8.3%であり、日本では5.1%である。糖尿病は高血糖状態となり、そのものによる症状を起こすこともあるが、実は長期にわたると血管内皮のタンパク質と結合する糖化反応を起こし、体中の微小血管が血管の硬化をきたし、目、

腎臓，神経を含む体内の様々な臓器に重大な障害（糖尿病性神経障害・糖尿病性網膜症・糖尿病性腎症の微小血管障害）を及ぼす可能性があり，糖尿病治療の主な目的はそれら合併症を防ぐことにある。

糖尿病は大きく1型と2型に分けられるが，これはこの調節機構の破綻の様式の違いを表している。1型糖尿病では膵臓のβ細胞が何らかの理由によって破壊されることで，血糖値を調節するホルモンのひとつであるインスリンが枯渇してしまい，高血糖，糖尿病へと至る。一方2型糖尿病では，血中にインスリンは存在するのだが，肥満などを原因としてインスリンの働きが悪くなるか，あるいは自己免疫的に破壊された訳ではないが膵臓のβ細胞からのインスリン分泌量が減少し，結果として血糖値の調整がうまくいかず糖尿病となるかである。血糖値がさらに高くなると，重篤な糖尿病性昏睡をきたし，意識障害，腹痛などをきたすこともある。一方，発症初期の血糖高値のみでこむら返りなどの特異的な神経障害がおこることがある。また発症初期に急激に血糖値が上昇した場合，体重が減少することが多い。3大合併症として広く知られている症状を列記する。

糖尿病性網膜症を発症すると視力が低下し，また失明の可能性がある。糖尿病性腎症によって最終的には浮腫（むくみ）や乏尿，全身倦怠感など種々の症状が出現する。糖尿病性神経障害には2種類あって，末梢神経障害によって手足のしびれなどがおこる一方，自律神経障害がおこると便秘，立ちくらみ，勃起不全などの原因となる。

WHOによると，2006年の時点で世界には少なくとも1億7100万人の糖尿病患者がおり，2030年までにこの数は倍増すると推定されている。糖尿病患者は世界中にいるが，先進国ほど2型の患者数が多い。しかし，最も増加率の高い地域はアジアとアフリカになるとみられており，2030年までに患者数が最多になると考えられている。発展途上国の糖尿病は，都市化とライフスタイルの変化に伴って増加する傾向があり，食生活の西欧化よりも，糖質の多量摂取と運動量のバランスを欠く生活が長期間続くと発病する可能性がある。このことから糖尿病には食事などの生活環境（食事など）の変化が大きく関わってくると考えられる。

日本国内の患者数は，この40年間で約3万人から700万人程度にまで増加しており，境界型糖尿病（糖尿病予備軍）を含めると2000万人に及ぶとも言われる。厚生労働省発表によると，2006年11月時点の調査データから，日本国内で糖尿病の疑いが強い人は推計820万人であった。そもそも糖尿病の記載は，紀元前1500年（3500年前）エベレスパピルスに「多量の尿を出す病気」という記載が最初であった。本邦では1027年平安時代，源氏物語の主人公，光源氏のモデルとなった藤原道長が糖尿病で亡くなったことが小右記（978〜1040：藤原実資（ふじわらのさねすけ）が書いた日記）に病状とともに書かれている。その病状は「のどが乾いて，水を大量に飲む」「体がやせて，体力がなくなった」「背中に腫れものができた」「目が見えなくなった」などと記載されている。この症状は糖尿病そのものである。歴史上，織田信長や作曲家のバッハなども当時の文献に残された症状から，糖尿病だったのではないかと言われている。ちなみに信長は肥満体型ではなかったが，かなりの甘党であった。記録によると晩年の信長は喉渇と頻尿，さらに糖尿病由来と思われる神経痛に苦しめられていた。徳川家康は食後の血糖値上昇を抑制する効果のある水溶性食物繊維の豊かな麦飯を常食していた。エジソン，セザンヌ，バルザックなども糖尿病に罹患していた可能性が高い。

　近代日本においては明治天皇が，糖尿病の悪化と併発した尿毒症で崩御したことが知られている。明治天皇も信長と同様，肥満体型ではなかったが甘党であった。87歳の長寿であった昭和天皇は麦飯を常食していたと言われる。政治家では田中角栄，大平正芳，芸能人では山城新伍，根上淳，村田英雄などが糖尿病罹患者として知られている。

　各国の糖尿病関連団体で構成される国際糖尿病連合（IDF）は，2015年の世界の糖尿病人口（20〜79歳）が11人に1人に当たる約4億1500万人に上るとの推計を発表した。先進国だけでなく発展途上国でも増加傾向にあり，40年には10人に1人に当たる6億4200万人に達する見込みだとしている。共同通信社の報道によると，国別では1〜3位が昨年と同じ中国（約1億960万人），インド（約6920万人），米国（約2930万人）。昨年10位

だった日本は9位で約720万人であった。糖尿病に起因する疾患による死者は500万人で，6秒に1人が死亡している計算となる。途上国では糖尿病患者が十分な治療を受けられておらず，特にアフリカでは患者の3分の2が，自分が糖尿病であることを知らないという。

治療の概要としては以下のとおりである。糖尿病の治療は分類，または重症度，進行度によって異なる。一般的な治療法は，1型糖尿病においては早期から強力なインスリン治療（強化インスリン療法や持続的インスリン皮下注射）を行う。2型糖尿病に対しては様々な治療が行われる。まずは食事療法と運動療法が行われる。食事療法，運動療法で血糖値が正常化しない，もしくは最初から血糖値が高くてこれらの治療だけでは不十分と考えられるなら経口血糖降下薬を使用する。経口血糖降下薬でも血糖値が正常化しないならインスリン自己注射を開始する。ただし，経口血糖降下剤を経由せず，当初からインスリン自己注射を行うという考え方もある。

(2) 高血圧

高血圧が持続すると心臓と血管系の障害として，脳血管障害，冠動脈疾患，心不全，腎不全，大動脈瘤などを発症させる。わが国には約3700万人の患者が存在しているが，血圧は加齢とともに上昇するため，高齢者が多数存在する日本では高血圧の人口は増加している。わが国の血圧水準は1956年から上昇し，1965年を頂点としてその後2000年にかけて徐々に低下している。年齢とともに収縮期血圧は上昇するが，拡張期血圧は男女とも60歳以降はやや低下する。ある地方の疫学調査では検診時血圧140／90mmHg以上の群で脳梗塞の発生率が有意に高く，脳出血では一層顕著であると報告されている。現在の高血圧の定義は収縮期血圧140mmHg以上，拡張期血圧90mmHg未満である。

高血圧症の問題点は，高血圧によって惹起される脳血管疾患や心疾患が生命に直結することにある。現在，明らかになっている問題点は以下のごとくである。

a）わが国では，脳血管疾患死亡率が虚血性心疾患より1.8倍高い

b）収縮期血圧が 10mmHg 上昇すると脳卒中により死亡する危険度が，男性で 20%，女性で 15% 上昇する（NIPPON DATA80）
c）男性では，収縮期血圧が 10mmHg 上昇すると冠動脈疾患罹患・死亡率の危険度が 15% 上昇する
d）脳卒中発症患者の 28 日以内致命率は約 15% である
e）脳卒中発症後の要介護者は約 30～45% である
f）国民医療費に大きな影響を及ぼす

さらに，高血圧による公衆衛生上の問題点として，健康日本 21 は以下の点を挙げている。
a）脳卒中死亡者の 50% 以上が「軽度高血圧」以下の群で起こっている（NIPPONDATA 80）
b）食塩 3g／日の低下では収縮期血圧 1～4mmHg の低下が期待できる
c）国民の血圧水準のわずか 1～2mmHg 低下は脳卒中や虚血性心疾患の発症・死亡率に大きな影響がある
　（例）収縮期血圧水準が 2mmHg 低下すると脳卒中死亡率は 6.4% 低下する（21 世紀における国民健康づくり運動：健康日本 21（厚生労働省））

高血圧治療の目標は，心臓・血管の障害に基づく心血管病の発症とそれらによる死亡を抑制し，充実した日常生活を送れるように支援することにある。日本高血圧学会のガイドライン（2014）により生活習慣の改善が提言されている。
a）食塩制限 6g／日未満
b）野菜・果物の積極的摂取（コレステロールや飽和脂肪酸の摂取を控える魚（魚脂）の積極的摂取）
c）適正体重の維持：Body Mass Index（BMI）は 25 未満
d）運動療法：心血管病のない患者を対象に，中等度の有酸素運動を，毎日 30 分以上を目標とする

e）アルコール制限：男性 20〜30mL／日以下，女性 10〜20mL／日以下
f）禁煙

以下に，薬物療法の基本原則を示す。
a）降圧薬治療の主な効果は血圧低下度による
b）積極的な適応や禁忌もしくは慎重投与となる病態や合併症の有無に応じて，主要降圧薬の中から最も適するものを第一次薬として使用
c）主要降圧薬：カルシウム（Ca）拮抗薬，アンジオテンシンⅡ受容体拮抗薬（ARB），アンジオテンシン変換酵素（ACE）阻害薬，利尿薬，β遮断薬（一次選択ではない），α遮断薬
d）24 時間にわたっての降圧が重要であることから，1 日 1 回投与を原則。現在の国民医療費の内訳は高血圧を含めた循環器系疾患が 22.4％と最大である（図表 6-4）

従って，高血圧を含めた血管疾患をコントロールすることは，国民の生命を守り，国の財政健全化に役立つものとなる。

図表 6-4　国民医療費の内訳（厚生労働省「国民医療費（平成 16 年度）」より）

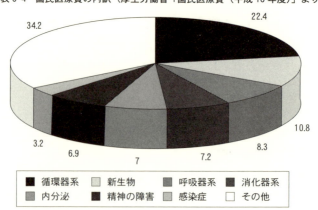

出所：筆者作成。

(3) 悪性新生物

悪性新生物は「がん」と同意語とされている。

日本では1981年以来，悪性新生物が死亡原因の第1位となっている。部位別に見ると2013年の人口動態統計によるがん死亡データでは日本人の第1位が肺がん，第2位が胃がん，第3位が大腸がん，以下，膵臓がん，肝臓がんである。男女別では，男性では，肺がん，胃がん，大腸がん，肝臓がん，膵臓がんであり，女性では，大腸がん，肺がん，胃がん，膵臓がん，乳がんの順である（図表6-5）。実際の死亡者数は男性21万6975人，女性14万7897人（合計36万4872人）であった。

男性の40歳以上の部位別がんの死亡者数は消化器系のがん（胃，大腸，肝臓）の死亡者が多くを占めるが，70歳以上では肺がんと前立腺がんの割合が増加している（図表6-6）。女性では，40歳では乳がん，子宮がん，卵

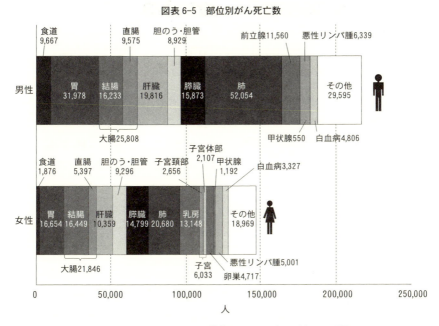

図表6-5　部位別がん死亡数

出典：独立行政法人国立がん研究センターがん対策情報センター（2013年）より引用。

図表 6-6　男性（40 歳以上）の年齢部位別がん死亡数の割合

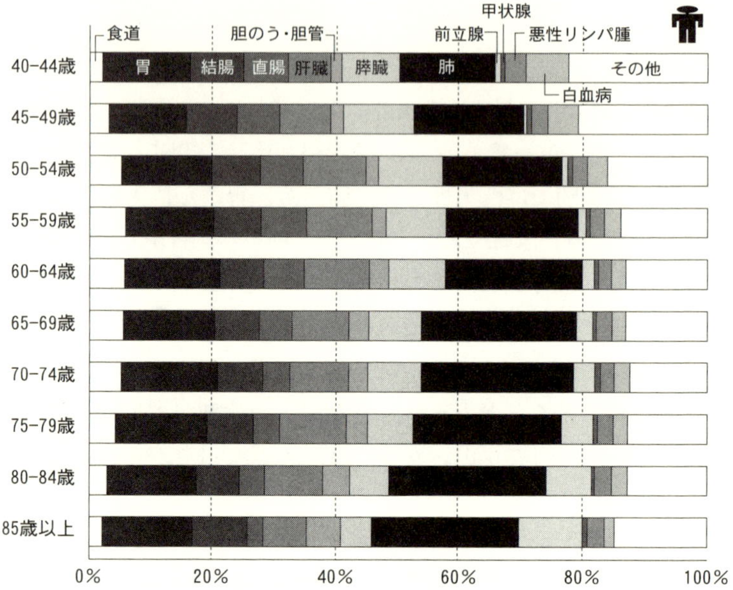

出典：独立行政法人国立がん研究センターがん対策情報センター（2013 年）より引用。

巣がんの死亡者数が多いが，70 歳以上では，肺がんと消化器系のがん（胃，大腸，肝臓）が増加する（図表 6-7）。全てのがんの年齢による死亡数は，おおよそ 60 歳代から増加し，高齢になるほど高く，60 歳代以降は男性が女性より顕著に高いことが明らかとなっている（図表 6-8）。欧米では肺がん，大腸がん，乳がんの死亡率が減少してきたが，日本では，大腸がん，乳がんの死亡率は増え続けている。この原因は，喫煙対策の効果と乳がん検診と化学療法の成果による。従って，がん対策を行うと，がんによる死亡は減らせる可能性がある。

　一般に，がんの一次予防として，がん発生のリスクファクターを減らす必要がある。リスクファクターには，まず喫煙があげられる。国際がん研究機関（IARC）は喫煙，受動喫煙の発がん性を指摘している。健康増進法では受動喫煙の防止を国民の努力目標に規定している。次いで食事・飲酒・身体

3. 医学の進歩　131

図表 6-7　女性（40 歳以上）の年齢部位別がん死亡数の割合

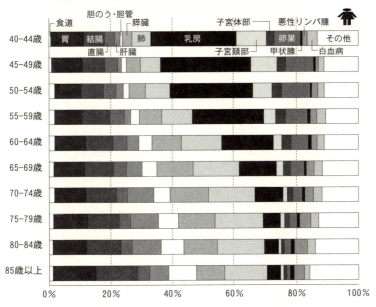

出典：独立行政法人国立がん研究センターがん対策情報センター（2013 年）より引用。

図表 6-8　年齢階級別死亡率

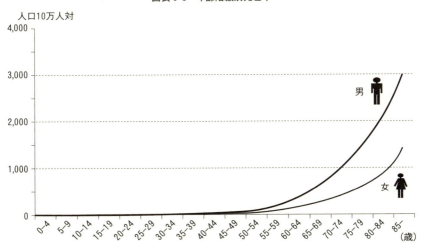

出典：独立行政法人国立がん研究センターがん対策情報センター（2013 年）より引用。

活動・肥満が考えられる。WHOと国連食料農業機関（FAO）による報告では，がんリスクを下げる要因として「確実に下げる」ものに結腸がんに対する身体活動，「ほぼ確実に下げる」ものに口腔・食道・胃・大腸がんに対する野菜・果実，乳がんに対する身体活動が報告されている。リスクを「確実に上げる」要因には過体重・肥満と飲酒がある。「ほぼ確実に上げる」要因には肉の加工保存・食品がある。さらにウィルス・感染症，寄生虫などの慢性的な感染症は，がん発生の原因のひとつであることが明らかになってきている。具体的には，B型，C型肝炎ウィルスは肝細胞がんにつながり，ヘリコバクター・ピロリ（細菌）は胃がんに直結し除菌が行われている。ヒト・パピローマウィルスは子宮頚がんの発症に深く関与しており，近年ワクチン投与が開始された。ヒト白血病ウィルスは垂直感染から潜伏期間50年を経て白血病が発症する。子宮頚がんの原因がヒトパピローマウィルスであることは，ドイツのハラルト・ツアハウゼン博士（2008年ノーベル生理学・医学賞）が1983年に発見したものである。子宮頚がんは国内で1万5000人が発症し2500人が死亡している。ヒト・パピローマウィルスは，多くの女性が一生に一度は感染し，90%は自然に消滅するが，10%は感染したままで推移する。この10%が遷延化し10～30年の時間を経て，1%が子宮頚部の粘膜にがん細胞が発生する。近年，ヒト・パピローマウィルスに対し，10歳以上の女児に3回のワクチン接種が行われるようになった。しかし，湿疹や慢性疼痛などの副作用が少数存在することから，任意接種ワクチンとなっている。

　がんの二次予防はがんを早期に発見して，がん死亡を防ぐためのものを指している。このために，がん検診が健康増進法を根拠に行われている。がん検診の有効性について，死亡率減少効果が「十分」と考えられているものに，子宮がん検診，乳がん検診，大腸がん検診がある。これらは肉眼（内視鏡下を含む）でがんの存在が確認できるものである。「相応」にあると考えられる疾患に，胃がん検診，肺がん検診，肝がん検診がある。2006年にがん対策基本法が施行され，がん患者中心の地域格差のない医療を目指すものとして施行されている。

3. 医学の進歩

　Nature（2012）は，ミトコンドリアの異常が引き金となり，細胞のがん化がおきる場合があると報告している。がん細胞では，ミトコンドリアの機能が抑制されていることが知られている。神戸大学の井垣達史らはハエの細胞を用いて，ミトコンドリアの機能障害により細胞ががん化する仕組みを解明した。細胞内で「Ras」という遺伝子が過剰に働くと，良性腫瘍の細胞となる。しかし，この段階では，細胞が持つ，異常な増殖を抑える機能により，がん化はしない。ところがミトコンドリアの機能障害が同時に起きると，異常な増殖が抑えられなくなり，細胞はがん化すると報告している。この細胞は，周囲の細胞をがん化させるタンパク質を放出し，周囲の細胞のがん化も促進することが明らかになった。

　近年，がん幹細胞についての研究が進んでいる。がん幹細胞は，放射線量や化学療法でも死滅せず，再発の key となる細胞である（図表 6-9）。この細胞は，転移能力が高くがん幹細胞を死滅させることができるかどうかが今後のがん治療の 1 つの柱になっている。

図表 6-9　がん再発に関与する治療耐性がん幹細胞

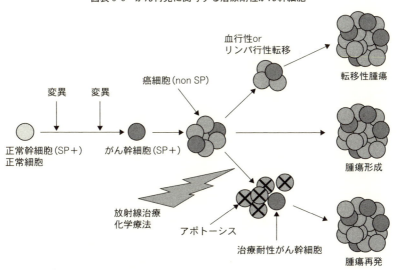

出典：鹿児島大学 HP より引用。

今日，このようにがんの発生や病態に関する知識が集積し，治療成績が向上してきているが，日本では2人に1人ががんになり，3人に1人ががんによって死亡している．

(4) 心臓疾患

虚血性心疾患の一次予防ガイドラインの2012年度改訂版［Guidelines for the primary prevention of ischemic heart disease revised version (JCS 2012)］による本邦の状況を概説する．WHOの死亡統計をもとに，最近の世界各国の虚血性心疾患（急性心筋梗塞・その他の虚血性心疾患）死亡率を年齢調整して比べると東欧・北欧の死亡率が上位を占め，次いで西欧・北米の先進国が続いている．わが国の死亡率は先進国の中で最も低く，東欧・北欧の8分の1～10分の1，西欧・北米の5分の1に過ぎない．男女間のリスクはいずれの国においても男性はおよそ2倍のリスクがある．1990～2000年における本邦6地域の検討から，急性心筋梗塞の初発症で男性 30～60人／10万人・年，女性 10～20人／10万人・年であることが報告されている．本邦の代表的な疫学調査と他国の調査では血圧値，喫煙，血清総コレステロールの3大危険因子は，年齢とともに共通の要因として取り上げられている．

近年，本邦では，肥満，脂質異常症，耐糖能異常など代謝性疾患が大幅に増えて，虚血性心疾患リスクの増大が危惧されている．しかしながら，現在も，欧米に比べ虚血性心疾患の発生率，死亡率は低い．その要因として，本邦では脂質異常症などの代謝性疾患の増加が比較的最近になって起こり，国民全体が代謝性疾患に暴露された期間が比較的短いことや，高血圧管理の普及や喫煙率の低下によって，虚血性心疾患の増加が抑えられていることが考えられる．本邦の2010年の心筋梗塞の死亡率は人口10万人に対し，男性38.2人，女性29.5人，男女で33.7人であり，心疾患の42％を占めている．心筋梗塞は致死的な疾患であったが，近年，検査法，治療法の進歩により急性心筋梗塞の予後は著しく改善している．心筋梗塞の発生は自宅が66.7％と全体の約3分の2を占め，その内訳は睡眠中が14.2％，食事中が12.3％，飲

酒中が7.4%，安静時が5.6%，排便・排尿中が4.6%を示し，自宅外の発症は33.3%であった。本邦では冠疾患集中治療室（CCU）の開設，冠動脈内血栓溶解療法および経皮的冠動脈形成術の開始によって急性心筋梗塞の院内死亡率は低下してきている。近年，以前は禁止されていた経皮的冠動脈生成術（PTCA）が急性心筋梗塞に施行されるようになり院内死亡率が改善されてきた。28日以内に死亡した症例では高齢者，女性，高血圧，糖尿病の既往，喫煙者が死亡率を高める要因であることが明らかになってきている。長期予後を検討した症例では1年死亡率は6.2%，3年死亡率は7.6〜12.0%，5年死亡率は18.0〜19.1%と報告されており，欧米と比較し低いことが明らかになっている。日本は欧米と比較し急性心筋梗塞の死亡率が低く，生存率が高いが，さらなる予防法の啓蒙や治療・患者管理の向上が望まれる。

　最後に，20世紀から今日に至る人類の健康増進に貢献した研究者とその業績を紹介する。

「20世紀」
- 1901年 − カール・ランドシュタイナーが，人に異なる血液型が存在することを発見。
- 1906年 − フレデリック・ホプキンズが，ビタミンの存在を示唆し，そしてビタミンの不足が壊血病とくる病を引き起こすことを示唆した。
- 1907年 − パウル・エールリヒが，眠り病に対する化学療法を発見。
- 1908年 − ヴィクター・ホースリーとR・クラークが，脳手術の定位固定法を確立した。
- 1910年 − パウル・エールリヒと秦佐八郎がサルバルサンを合成。
- 1917年 − ユリウス・ワーグナー＝ヤウレックが，麻痺性痴呆のマラリア熱ショック療法を提唱。
- 1921年 − エドワード・メランビーが，ビタミンDを発見し，その欠乏がくる病原因であることを示した。
- 1922年 − バートラム・コリップが糖尿病患者にインスリン投与を行った。
- 1923年 − ジフテリアの最初のワクチンが開発された。

- 1926 年 – 百日咳の最初のワクチンが開発された。
- 1927 年 – 結核の最初のワクチンが開発された。
- 1927 年 – 破傷風の最初のワクチンが開発された。
- 1928 年 – アレクサンダー・フレミングがペニシリンを発見。
- 1929 年 – ハンス・ベルガーが人の脳波診断（electroencephalography）を確立した。
- 1932 年 – ゲルハルト・ドーマクが，連鎖球菌に対する化学療法を発見。
- 1933 年 – マンフレート・サケルが，精神病治療にインスリン・ショック療法を提唱した。
- 1935 年
    - ラディスラス・J・メドナが，精神病治療にメトラゾール・ショック療法を提唱した。
    - ウェンデル・スタンリーがタバコモザイクウイルスの結晶化に成功した。
    - 黄熱病の最初のワクチンが開発された。
- 1936 年 – エガス・モニスが，精神病治療にロボトミー手術を提唱した。
- 1938 年 – ウーゴ・チェルレッティとルチオ・ビーニが，精神病の電気ショック療法を提唱した。
- 1942 年 – マスタードガスの誘導体であるナイトロジェンマスタードが，悪性リンパ腫に有効であることが示され，抗がん剤の第 1 号となった。
- 1943 年 – ガイ・ヘンリィ・ファジェットはスルフォン剤のプロミンがハンセン病に有効なことを発表した。その後，スルフォン剤の開発が進んだ。
- 1949 年 – ハロルド・リドリーにより，眼内レンズの最初の移植が実施された。
- 1951 年 – ジョージ・オットー・ゲイにより，ヒト由来の最初の細胞株である HeLa 細胞が培養される。この細胞のドナーであるヘンリエッタ・ラックスが死亡。

- 1952 年
    - ジョナス・ソークが，最初の小児麻痺（ポリオ）ワクチンを開発。
    - ペル・イングヴァール・ブローネマルクによって，チタンが骨と結合することが発見される。
    - クロルプロマジンに向精神作用が発見される。精神病院の「閉鎖病棟」を開放する大きな動機づけとなった。
- 1953 年 – アイオワ大学のシャーマン・ブンケにより凍結精子で初の人工授精児誕生。
- 1957 年
    - ウィリアム・グレイ・ウォルター（w:William Grey Walter）が，脳波測定法（toposcope）を開発した。
    - アリック・アイザックス（イギリス）ら，インターフェロンを発見・命名。
- 1962 年 – 最初の経口小児麻痺ワクチンが開発された。
- 1964 年 – 麻疹の最初のワクチンが開発された。
- 1965 年 – フランク・パントリッジ（北アイルランド）が，最初の携帯用の細動除去器を導入。
- 1967 年
    - 流行性耳下腺炎の最初のワクチンが開発された。
    - 世界初の心臓移植がケープタウンで行われる。
- 1968 年 – 米国で X 線 CT 装置が開発される。
- 1970 年 – 風疹の最初のワクチンが開発された。
- 1973 年 – ポール・ラウターバー，核磁気共鳴画像法の研究を発表。MRI による画像撮影に成功する。
- 1975 年 – アメリカ合衆国でアシロマ会議が開かれ，遺伝子組み換えのガイドラインが議論された。
- 1978 年 – 世界初の体外授精児誕生。
- 1980 年 – WHO 第 33 回総会において天然痘撲滅宣言がおこなわれた（最終症例は 1977 年，ソマリアにおいて）。これが疾病制圧の最初の例と

なった。
- 1982 年 – HIV（ヒト免疫不全ウィルス）の発見。
- 1981 年 – B 型肝炎ウィルスの最初のワクチンが開発された。
- 1986 年 – C 型肝炎ウィルスの発見。レジオネラの発見。
- 1990 年 – アメリカ合衆国で，世界初の遺伝子治療。アデノシンデアミナーゼ欠損症による重度免疫不全患者に対する治療が行われた。
- 1996 年
    - 国際エイズ学会にて逆転写酵素阻害剤とプロテアーゼ阻害剤を併用することによって，劇的に治療効果が上がったことが発表され，HAART 療法の有効性が認められる。
    - ロスリン研究所でイアン・ウィルムットらにより，体細胞クローンの子羊ドリー誕生。
- 1998 年
    - マスター・スレーブマニピュレータの開発によって，手術ロボットの臨床利用がはじまる。
    - ウィスコンシン大学のジェームズ・トムソンらにより，ヒト ES 細胞株の樹立に成功。

「21 世紀」
- 2001 年 – 慢性骨髄性白血病（CML）の治療薬であるイマチニブ開発。それまでは抗がん剤で 38％，インターフェロンで 53％，骨髄移植で 63％だった慢性骨髄性白血病の 5 年生存率がイマチニブにより 93％にあがった。
- 2003 年 – ヒトゲノムプロジェクトの完成版が公開される。
- 2005 年 – 筋電義手の実用化。アメリカ合衆国のジェシー・サリバンが世界で初めて意思で動く義手を装着した人間となった。
- 2007 年 – 京都大学の山中伸弥らのグループが，ヒトの皮膚細胞に遺伝子を組み込むことにより人工多能性幹細胞（iPS 細胞）を生成する技術を発表。また同日，ウィスコンシン大学のジェームズ・トムソンもほぼ同等の方法で iPS 細胞を生成する論文を発表した。

参考文献

「医学と医療の年表 – Wikipedia」。
小林豊和他（1993),「CCU 7年間のまとめ」『和赤医誌』11: 41-49 頁。
高野照夫他（1996), Acute coronary syndrome の発生状況 東京都 CCU ネットワークの分析から。Cardiac Practice, 7: 275-280 頁。
平成 22 年（2010）人口動態調査（確定数）の概況。http://www.mhlv.go.jp/toukei/saikin/hw/jinkou/kakutei10/
木全心一他（1992),「心筋梗塞の長期予後の規定因子の検討. 心臓」24: 1256-1265
Chambless LE, et al. (2003), Coronary heart disease risk prediction in the Atherosclerosis Risk in Communities (ARIC) study, J Clin Epidemiol, 6: 880-890.
Levy D, et al. (1990), Stratifying the patients at risk from coronary heart disease: New insights from the Framingham Heart Study, Am Heart J., 119: 712-717.
Tanaka H, et al. (1996), Research activities of epidemiology in Japan. Cardiovascular disease, A brief review of epidemiological studies on ischemic heart disease in Japan, J Epidemiol, 6: S49-S59.
Ueshima H, et al. (2008), Cardiovascular disease and risk factors in Asia, A selected review, Circulation, 118: 2702-2709.
WHO. (1997-2003), World Health Statistics Annual.
Yano K, et al. (1984), Ten-year incidence of coronary heart disease in the Honolulu Heart Program, Relationship to biologic and lifestyle characteristics, Am J Epidemiol, 119: 653-666.

第 7 章

日本の高齢者の生活保障のあゆみ

1. はじめに

　年金，高齢者医療，高齢者介護といった高齢者の社会保障制度は，現在の日本の経済状況に加え，人口構造の少子高齢化のますますの進展に備え，「持続可能性」が大きなテーマとなっている。持続可能性の第1の観点は経済的な持続性である。現役世代の負担が過剰に高まらないような方策が求められており，資金となる税や保険料等の徴収の仕組みの改革とともに，社会保障費用の効率化が大きな課題となっている。しかし，いかに経済的に持続的であっても，その制度・施策が，期待される効果を失ってしまえば（実際の状況に関わらず「失った」と認識されれば），制度としての持続性を保つことは難しい。持続可能性の第2の観点は，質の確保を効率化とともに持続することである。
　例えば，現在の高齢者介護施策の目標は，介護や医療が必要となっても可能な限り地域で暮らすことを可能とする「地域包括ケアシステム」を構築することである。2025（平成37）年頃から，団塊の世代以降の人口の多い年齢層が75歳以上の後期高齢者となり，要介護者・要医療者数が急増する時期を迎える。その際に，コストが高い介護施設，入院病床に多くを依存することが困難であるという経済的観点と，可能な限り自宅で暮らし続けたいという高齢者のニーズに対応する観点の両面を目指す施策といえる。
　しかし，要介護になっても地域での生活を継続するための支援には大きな課題がある。介護保険制度は創設以来17年目を迎え，制度開始当初とは高齢者自身もそれを取り巻く人間関係も大きく変化した。家族関係では，子供

と同居していない高齢者世帯が増加傾向にある（2001年：47.6％→2013年56.2％：平成13年・平成25年国民生活基礎調査：一人暮らし世帯と高齢者夫婦世帯の合計）。しかし，このような家族形態の変化に対して，日本の高齢者が「友人・知人が心の支えである」という割合は15％程度，「同居の家族以外に頼れる」という割合は17％程度であり，これは調査の比較対象となっているアメリカ，スウェーデン，ドイツと比べて低い値に留まっている（内閣府：平成22年度第7回高齢者の生活と意識に関する国際比較調査）。介護が必要になったときの家族への期待や依存は，社会的にまだまだ根強いものであり，2016（平成28）年現在，「介護離職ゼロ（家族の介護のために離職が生じないことを目指す）」が大きな政策課題となっている状況である。

　そのため，2025年頃に向けて，2015（平成27）年からさまざまな新しい試みが全国で始まった。医療・介護の連携，認知症高齢者への地域支援といった専門的支援の充実・連携とともに，これまで家族に依存していた生活支援についても，各地域でインフォーマルな支援として開発することを目標とした施策が始められた（生活支援体制整備事業）。

　しかし，高齢者の地域生活を支えるための課題は，急に出現したものではなく，いよいよ顕在化したものであると捉えることができる。改めて，これまでの高齢者福祉・介護の歴史を振り返り，これまでの施策がどのような理念に支えられ，どのような社会的ニーズに対応して，その結果，さらにどのような課題を抱えてきたのか，その歩みを確認しておくことは，将来を考える上で重要な意味を持つだろう。

　そこで本章の第2節では，近代国家を形成してきた明治期の介護政策のはじまりから救貧政策での高齢者の生活保障，さらに高齢者の「健全で安らかな生活保障」をめざし成立した老人福祉法への変遷をたどることにする。そして，第3節では，その老人福祉法制定以来，介護保険制度創設に至る高齢者福祉・介護施策の歩みを振り返る。これらは，日本の高齢者福祉・介護政策での生活の質を保障するあり方の変遷と課題を確認することであり，今後の高齢者政策全体への示唆を得るものであると考えるからである。

2. 近代から老人福祉法までの高齢者福祉・介護政策のあゆみ

(1) 人類のあゆみと介護

　人類は長い歩みのなかで健やかな生活と長寿を願い文明を発展させてきた。それとともに身近な人が老いや病に伏し，また死を迎えるときにも生活を支えてきた。人類は共同生活のなかで他者に依存して生活を営む存在であっても，そこに意味を見出して支えるという歩みをしてきたと言える。例えば，グルジアで人類の介護の起源とされる 118 万年前「歯のない原人の人骨（The earlist toothless hominin skull）」が発掘された。その人骨から食べ物を用意し共同生活の営みのなかで生きることを支えたと推測されている[1]。日本でも縄文時代の「入江貝塚（北海道洞爺湖町）」で発掘された人骨は，ポリオ（急性灰白髄炎）を発症してほぼ動けない状態のまま十代後半まで生きながらえていたことは，手厚い介護があったからだとされている[2]。このように，人類は共同体のなかで高齢者や障害のある人が生きていくこと，生活を営むことを支援することを選んできたのである。

　そのような人類のあゆみにより，日本をはじめ世界で人口の高齢化が進展している。高齢化社会に向けて最初の国際協定（1982 年）では「人類は長い児童期と長い老年期をその特徴とする」とし，さらに，「そのことが，歴史を通じて，年長者が若年者を教育し，価値を伝達することを可能としてきた。そして，この役割が人類の生存と進歩をもたらした」と高齢者の社会的役割について述べている[3]。それは，元気な時のみならず，老いて介護を必要としても，死を迎える過程においても高齢者が，家庭，近隣，社会生活のあらゆる形態において存在することが，なお人間に関するかけがえのない教訓を与えるとしている[4]。これらの文章がしめすように，人類は人生のあらゆるステージを通じて文明・文化への関与に貢献できる社会的存在という認識をもっていると言える。

　そこで本章では，老いや病をかかえた高齢者がより良い生活の質を実現するための国家の仕組みである高齢者福祉・介護政策に焦点をあて，生活を保

障することの人類の歩みを探っていきたい。そのため，近代国家を形成してきた明治期の介護政策のはじまりから救貧政策での高齢者の生活保障，さらに高齢者の「健全で安らかな生活保障」をめざし成立した老人福祉法の変遷をたどることにする。そこでの，生活保障についての考え方を明らかにするとともに高齢者福祉・介護政策の基盤となる人権としての生活保障のあり方について考察をする。そして，その後へつながる日本の介護政策での生活の質を保障するあり方の変遷と課題を確認することであり，今後の高齢者ケア政策への示唆を得るものであると考えるからである。

(2) 恩給制度と介護

1）恩給法と介護

国家により介護が必要な人に対しての支援（援護）は，明治期の恩給制度にみてとれる。それは「介護」という用語が法令で用いられた最初でもあり，「軍人恩給法（明治23年6月21日法律第45号）」での増加恩給額（第9条）の区分を示した1892（明治25）年「陸軍軍人傷痍疾病恩給等差例」である[5]。「傷痍疾病等差ノ概例（第1条）」として13項からなる心身機能の障害を例示し，援護の程度を定めている。「不具若クハ癈疾トナリ常ニ介護ヲ要スルモノハ第一項若クハ第二項トシ　其常ニ介護ヲ要セサルモノハ第三項若クハ第四項トシ　其介護ヲ要セサルモノハ第五項若クハ第六項トス[6]」と心身の障害により生活にどの程度の支援が必要かということを「介護を要する」という用語で表している。

2）介護の語義

「陸軍軍人傷痍疾病恩給等差例」での「介護」の語義を詳しく見てみたい。「明治25年の陸軍省通達」は昭和23年通達を改正したもので，改正前の通達には介護という用語はない。では，どのような用語を用いていたのか。

改正の経緯の資料で探ると，明治25年改正に向けて陸軍省医務局長から「恩給等差例改正案印刷之義ニ件　申進（明治25年11月14日）」で改正案が発令されている。その「陸軍軍人傷痍疾病恩給等差例改正按」では，介護

の部分は「起臥飲食意ノ如クナラス常ニ看護ヲ必要トスルモノ」の部分に取り消し線が引かれ，さらに手書きで「介」に修正された案となっていた。つまり，そこで介護という用語に置き換えられ，条文に「介護」が誕生することとなったのである。これが，法令において「介護」という用語を初めて用いたのを明治25年「陸軍軍人傷痍疾病恩給等差例」であると考える根拠である。これらの経緯から"日常の生活動作や食事などが自分で行えない者を家族が看護すること"を「介護」としたと解釈できる[7]。

陸達第百四十二號　陸軍々人傷痍疾病恩給等差例別冊ノ通定ム
　　　明治二十三年七月九日　　　　　　　　　陸軍大臣伯爵　　大山巌
陸軍々人傷痍疾病恩給等差例
第一條　軍人恩給法第九條各項ニ当該スヘキ傷痍疾病ハ概ネ左ノ如シ
　一　不具若クハ癈疾ニシテ起臥飲食意ノ如クナラス常ニ看(介)護ヲ必要ト
　　スルモノハ軽重ヲ酌量シテ第一項若クハ第二項トス

看護を介護に改正した要因として，この明治期中期は日本においても欧米の近代看護教育が導入されてきた時期であった[8]。1885（明治18）年有志共立東京病院看護婦教育所（現慈恵会医科大学），1886（明治19）年京都看病婦学校，同年桜井女学校看護婦養成所，1887（明治20）年医科大学第一病院看護婦養成所（翌年，帝国大学附属看病法講習科として開設）など，とりわけ「介護」に影響したと思われるのは，戦時救護に対する看護婦養成をおこなった日本赤十字社である。「日本赤十字社看護婦養成規則」が定められ，看護婦教育が開始されたのが明治23年であり，1・2期生が卒業生したのが明治25年4月である。この間，看護学生の震災救護での活躍があり，社会的にも認知されてきていた。また，この通知を発令した陸軍大臣大山巌は明治17年に西欧諸国の陸軍衛生制度を視察しており，国際赤十字社の活動，近代看護教育を受けた看護婦に対する知見があるとともに，日本での看護教育推進の支援者でもあった。

つまり，軍事的要請のもとに戦時傷病者を救護する専門職種（看護婦）である看護事業や看護教育の推進により専門職としての「看護」が徐々に充実

してくる時代である[9]）（菅谷章 1976:160）そのため，専門職としての「看護」が登場すると，家族等が家庭で行なう扶養の一環としての"家庭看護"と区別するため，法令上に「介護」という用語が登場したと考えられる。

3）恩給制度の権利性と介護

軍人恩給法の第1条には「恩給ヲ受クルノ権利ヲ有ス」と権利としての援護が明記されている。その後，文官恩給法を統合して，1923（大正12）年「恩給法（大正12年4月14日法律48号）」となっても，その権利性は受け継がれている。国家の公務を行い退職した者とその遺族に対して公的所得保障を権利と定め，生活を保障しているのである。そして障害の程度，介護を必要とする程度で増加恩給を設けている。

介護の程度による区分は，「恩給施行令（大正12年8月17日勅令第367号）」で特別項症として，「常ニ就床ヲ要シ且複雑ナル介護ヲ要スルモノ」，「重大ナル精神障碍ノ為常ニ監視又ハ複雑ナル介護ヲ要スルモノ」と記載され，生活の支障程度をあらわす介護の用語も継承されている。さらにその後，「恩給法等の一部を改正する法律（昭和44年12月16日法律第九十一号）」の改正では，「不具癈疾ノ状態」で前記の内容を「心身障害ノ為自己身辺ノ日常生活活動ガ全ク不能ニシテ常時複雑ナル介護ヲ要スルモノ」「心身障害ノ為自己身辺ノ日常生活活動ガ著シク妨ゲラレ常時介護ヲ要ス」と表現の改正を行っている。これらのことから介護とは，心身機能の障害により日常生活，特に日常生活動作への支援と考えられていたと読み取ることができる。

(3) **救貧制度での介護政策**

1) 1874（明治7）年「恤救規則」

一方，明治期の軍人等以外の公的救済政策では，「恤救規則（明治7年12月8日太政官達第162号）」があげられる。「恤救規則」は最初の公的扶助の法令とされ，隣保相互扶助や家族制度の親族扶養を前提にした制限的かつ補充的な救済であったが，その後の社会保障，社会福祉の法制度の原型として

影響を与えたとされている[10]。

前文と対象要件を定めた全5条で構成されている。

恤救規則　　太政官達第百六十二號　明治七年十二月八日

濟貧恤窮ハ人民相互ノ情誼ニ因テ其方法ヲ設ヘキ筈ニ候得共目下難差置無告ノ窮民ハ自今各地ノ遠近ニヨリ五十日以内ノ分左ノ規則ニ照シ取計置委曲内務省ヘ可伺出此旨相達候事

その前文で「済貧恤救」は「人民相互ノ情誼」に因ると示されているように、原則的には家長制度による私的扶養、村落共同体による相互扶助を公的扶助より優先させる制度であった。そのため、対象規定を「無告ノ窮民」とし、家族・近隣者の支援が無い生活困窮者に適用範囲を限定、例外的に国家の救済を行うとされていた。

前文以下では、「極貧ノ者獨身（第1～4条）」であって、かつ「癈疾ニ罹リ（第1条）」、「七十年以上ノ者重病或ハ老衰シテ（第2条）」、「疾病ニ罹リ（第3条）」のため「産業ヲ営ム能ハサル者（第1～3条）」、それと「十三年以下ノ者（第4条）」と、さらに救済対象を要件により限定している。

このように救済の対象要件を、本人の属性要件（所得状況、世帯形態等）、心身障害の状態（障害者、高齢の虚弱や病気のある者、病人等）、働けず自活能力がない場合に制限を設ける枠組みとなっている。これらの法的枠組みは、律令制度の救済制度の法的枠組みを継受したものであり[11]、また当時明治新政府が王政復古の主旨により、古代の律令を重んじた体制づくりをしていた影響が及んでいたといわれている[12]。

しかし、明治中期の救済政策は、近代化産業化や軍事態勢が進められるなかで社会経済事情の変化、困窮者の増加に対するものとしては不十分なものであった。そのため、1890（明治23）年窮民救助法案が帝国議会に提出されたが成立に至らず、1897（明治30）年恤救法案、救貧税法案等も廃案となっている。これらの帝国議会における議論では、家制度に依拠した施策や隣保扶助、惰民観などの考え方が根底にあったと思われる。

一方，明治期後半は軍人に対する援護は富国強兵政策のもとに積極的に推進され，軍務に服して傷病あるいは死亡した場合については，国家の責務として特別の援護体系が整備されていた。法的にその根幹をなすのが，障害や疾病により退役した軍人の援護について定めた「軍人恩給法（明治23年6月21日法律第45号）」であった。恩給制度は，こうした明治期政策の一環として整備された制度であるため，一般国民の救済政策より先んじて傷痍軍人の遺族や家族を援護（公的所得保障）の制度であり，生活保障であった。

2）1929（昭和4）年「救護法」

1929（昭和4）年4月2日「救護法（法律第39号）」が制定されたが，金融恐慌にはじまり世界恐慌の影響など経済不況と満鉄爆破事件，満州事変の勃発等の軍国化体制への移行のなかで施行は延期され，実際に実施されたのは1932年（昭和7）年1月1日のことである。その経緯を寺脇は詳細な審議会資料等により論じている[13]。それによると，予算規模の縮小し救護費予算は固定されるという厳しいものだったと言及している。また，救護法は，公的救護義務を規定した「近代的」な法ではあったが，いぜん救済は差別的，制限的なものであったと述べている[14]。

そのため，救護法（第1条）では，被救護者を「貧困ノ為生活スルコト能ハザルトキ」として，65歳以上の高齢者，13歳以下の幼者，妊産婦，さらに第4項「不具廃疾，疾病，傷病其ノ他精神又ハ身体ノ障碍ニ依リ労務ヲ行フニ故障アル者」と属性等で対象を選別する枠組みとなっている。

救護法　法律第三十九号　昭和四年四月二日
　第一条　左ニ掲グル者貧困ノ為生活スルコト能ハザルトキハ本法ニ依リ之ヲ救護ス
　　一　六十五歳以上ノ老衰者
　　二　十三歳以下ノ幼者
　　三　妊産婦
　　四　不具廃疾，疾病，傷病其ノ他精神又ハ身体ノ障碍ニ依リ労務ヲ行フ

ニ故障アル者
第二条　前条ノ規定ニ依リ救護ヲ受クベキ者ノ扶養義務者扶養ヲ為スコトヲ得ルトキハ之ヲ救護セズ但シ急迫ノ事情アル場合ニ於テハ此ノ限ニ在ラズ
第六条　本法ニ於テ救護施設ト称スルハ養老院，孤児院，病院其ノ他ノ本法ニ依ル救護ヲ目的トスル施設ヲ謂フ

　救護法では，居宅救護ができない場合の救護施設（第6条）として，貧困により生活に困窮した高齢者の入所施設として養老院の設置を規定していた。

　救貧者の保護施設としては，1873（明治6）年に「東京府下無告ノ窮民養育院ニ入ラシム（明治6年3月19日規則・東京府達坤第41号）」により家族・近隣者での保護が無く，生活に困窮している人（行路病人，保護者のいない児童・障害者・類焼者・高齢者等）の養育院での保護収容が始まっている。高齢者も一般窮民とともに保護していた。また，明治初期から民間の慈善団体や宗教的背景のある団体による高齢者を対象とした養老院等の施設が建てられていたとされている[15]。その後救護法（1929年）に基づく救護施設として，養老院は法律上明文化された[16]。このように，国の政策となっていない時期から実際には高齢者に対する生活支援は実践されていたこと，それらが養老院設置へとつながったことも忘れてはならない。しかし，救護法のもとでの養老院の運営は，実際は救護費のみでは難しく寄付金等によるところも大きく，国家的管理の政策として機能していたという指摘もある[17]。

　救護法で介護に関する記述がみられるのは，第1条第4項の「事由ノ範囲及程度」の内容について定めた「救護法施行令（昭和6年8月10日勅令第211号）」で被救護者の「事由の範囲及程度（第2条）」である。ここでは，生活が困窮した人で，心身の障害をもつことで介護を必要としている状況をもとに被救護の範囲を示している。

> 救護法施行令　勅令第二百十一号　昭和六年八月十日
> 第一章　被救護者
> 　第二条　救護法第一条第一項第四号ニ掲グル事由ノ範囲及程度左ノ如シ
> 　　一　不具癈疾ニシテ常ニ介護ヲ要スルモノ又ハ自用ヲ弁ズルニ過ギザルモノ
> 　　二　疾病又ハ傷痍ニシテ就床ヲ要シ又ハ長キニ亙リ安静ヲ要スルモノ
> 　　三　精神耗弱又ハ身體虚弱ノ著シキモノ

ここでは，身体的障害や不治の病のため日常生活の身辺動作ができなくて支援が必要な状況の人を法に基づき援護をするということである。ただし貧困に陥ったとき，支援をする扶養義務者か不在の人にかぎり国による援護をおこなうということである。

つまり，介護政策は救貧制度の枠組みのなかでわずかに保障はされているにすぎなかった。それは依然として家族による介護が前提とする社会規範によるものと考えられる。

これらのことは，社会福祉分野における救貧政策のなかで養老事業が展開し，生活困窮者で家族介護が得られないときの高齢者の生活保障としての「介護の源流」とする説にもなっている[18]。

3) 1950（昭和25）年「生活保護法」

さらに戦後，1950（昭和25）年「生活保護法（昭和25年5月4日法律第144号）」が制定され，救護法下の養老院は，養老施設に名称が変更され，「養老施設は，老衰のため独立して日常生活を営むことのできない要保護者を収容して，生活扶助を行うことを目的とする施設とする（第38条2）」となる。しかし，当時の養老施設は施設数172，定員9183名（厚生白書1957:23）と極めて少なく，その保護を受けられる高齢者は限られていたと言える。

そのため，全国組織である全国養老事業協会がつくられ，高齢者を対象にした法の制定の動きは「老人福祉に関する法律制定の請願の件」などにみら

れるように実践現場からの要望として示されている[19]。この試案には現場の養老施設での老人処遇問題として，生活保護法での保護施設の生活扶助費用は少なく高齢者の生活を保障できるものではないこと，その収容者の多くが心身の不自由な状態であるにもかかわらず寮母など介護の専門教育を受けていないため困難を極めていることが挙げられている。このような状況を踏まえ福祉実践の場から高齢者単独の福祉制度の要望と，病弱やねたきり，認知症のある人に対する老人ホームでは医療機能が不可欠であることが謳われていた[20]。このように，老人福祉法制定の動きのなかで，生活困窮している高齢者の生活保障と医療保障の要求が，具体的な生活支援である介護政策へも影響を及ぼしていたことは確かである。

(4) 社会保障制度での介護

1) 1963（昭和38）年「老人福祉法」

「老人福祉法（昭和38年7月11日法律第133号）」は，それまでの救貧制度の枠組みから高齢者福祉体系に高齢者福祉・介護政策を位置づけたものであった。

法律制定の趣旨をみると，当時高齢化社会を目前（高齢化率6.1%）にして，「老人の生活は，社会環境の著しい変動，私的扶養の減退等により不安定なものとなり，さらに老齢人口の増加の傾向と相まって一般国民の老人問題への関心が高まり，老人福祉対策の強化の要請がある」との状況に対応し，「老人福祉法を制定して，老人福祉に対する社会的責任を明確にすること」，「総合的に体系化した老人福祉対策の強化拡充を図る」必要があるとしている[21]。

老人福祉法　　法律第百三十三号　昭和三八年七月一一日
　第一条（目的）
　　この法律は，老人の福祉に関する原理を明らかにするとともに，老人に対し，その心身の健康の保持及び生活の安定のために必要な措置を講じ，もつて老人の福祉を図ることを目的とする。

(基本的理念)
　第二条　老人は，多年にわたり社会の進展に寄与してきた者として敬愛され，かつ，健全で安らかな生活を保障されるものとする。
　第三条　老人は，老齢に伴つて生ずる心身の変化を自覚して，常に心身の健康を保持し，その知識と経験を社会に役立たせるように努めるものとする。
　2　老人は，その希望と能力とに応じ，適当な仕事に従事する機会その他社会的活動に参与する機会を与えられるものとする。

　そのため基本的理念には，高齢者に対する社会的な原理として「多年にわたり社会の進展に寄与してきた者として敬愛され」，「健全で安らかな生活を保障されるもの」としている（第1条）。さらに高齢者の務めとして「心身の健康の保持」，「知識と経験を社会へ貢献する」（第2条）こと，「希望と能力とに応じ，適当な仕事に従事する機会」と「社会的活動に参与する機会」（第3条）の保障を謳っている。

　その具体的事業体系としては，健康診査（第10条），老人ホームへの収容措置（第11条），老人家庭奉仕員（第12条），老人福祉の増進のための事業，老人クラブの設置（第13条），老人福祉施設の種類（第14条）として，養護老人ホーム，特別養護老人ホーム，軽費老人ホーム，老人福祉センター，有料老人ホーム（第29条）などが設けられている。

　制定時の社会福祉法での介護政策をみると，「介護」の用語自体が用いられている条文は，特別養護老人ホームの対象要件（第11条第1項第3号）を"介護を要する程度"として示している部分だけである。つまり制定時の法令での使用は，それ以前の介護を用いている法令と同様に，日常生活での支障の程度により対象を限定する条文でのみ用いられている。

老人福祉法　　法律第百三十三号　昭和三八年七月一一日
　第十一条（特別養護老人ホームへの収容等）
　　　三　六十五歳以上の者であつて，身体上又は精神上著しい欠陥があるために常時の介護を必要とし，かつ，居宅においてこれを受けることが

> 困難なものを当該地方公共団体の設置する特別養護老人ホームに収容し，又は当該地方公共団体以外の者の設置する特別養護老人ホームに収容を委託すること。
> 第十二条　（老人家庭奉仕員による世話）
> 　市町村は，社会福祉法人その他の団体に対して，身体上又は精神上の障害があつて日常生活を営むのに支障がある老人の家庭に老人家庭奉仕員（老人の家庭を訪問して老人の日常生活上の世話を行なう者をいう。）を派遣してその日常生活上の世話を行なわせることを委託することができる。

2）老人福祉法制定過程での介護

　しかし，老人福祉法の制定過程をみると，高齢者の介護政策も本法での重要な課題であった。厚生大臣の諮問機関である中央社会福祉審議会「老人福祉施策の推進に関する意見」の意見書では，「精神上又は身体上著しい欠陥があるため常時の介護を要する老人については，これに適した処遇を効率的に行なうため，その他の老人と区分して収容するための対策を講じるべきであり，このための特別の老人ホームの制度化についても検討すべきである」との見解がしめされている。また家庭奉仕員の派遣については，「施設収容は要しないが，老衰，傷病等により日常生活に支障をきたす老人であって充分な介護を受けられない状態にあるものに対しては，家庭奉仕員を派遣しその家事，介護を行なう措置をとるべきである」としている。このように，「常時の介護を要する老人」，「介護を受けられない状態」，「家事，介護を行う措置」というように，老人福祉法制定の動きのなかに介護を要する高齢者へ生活支援施策が強く求められていたことがわかる。

　これらの介護政策の必要性は，1962（昭和37）年「養老施設調査（厚生省社会局施設課）」の報告でも明らかなところとなっていた。養老施設の収容者4万1353人のうち「健康」2万6492人（64.1％），「病弱」1万4861人（35.9％）で，さらに病弱のうち「臥伏中」3811人（9.2％），「慢性疾患」2377人（5.8％）身体障害596人（1.4％）と報告している。これは，養老施

設での高齢者のうち3分の1以上が何らかの医療を必要としている者であり，病弱やねたきりの高齢者に対する医療機能をもつ施設の必要性を行政自体も認識することとなる。この調査結果を踏まえ，厚生省は病弱な高齢者への医学的管理をする施設「看護老人ホーム」の新設を初めて取り上げ，「老人専門の看護婦」の必要性について議論している［昭和37年11月9日衆議院予算委員会］。この時点で発表された厚生省「老人福祉法大綱（昭和37年11月24日）」でも新しく「看護老人ホーム」の設置が示され，老人福祉法の老人ホーム体系のなかに位置づけていた[22]。小笠原が言及しているように，養老施設の実態から病弱な高齢者に対しての医療保障が求められ，その施設施策として想定された「看護老人ホーム」であった[23]。

　このように，老人福祉法制定までの審議及び予算折衝の過程でみえてくるのは，高齢者の特性から病弱になったとき，あるいは寝たきりになった場合に必要とされる医療ケアをあわせもつ生活を保障する構想であった。

　つまり，福祉施設の現場から高齢者の人権尊重の視点で，生活の保障としての医療機能の必要性を要望したにもかかわらず，十分な医療保障がなされない体制での特別養護老人ホームの設置となった経緯がある。

　これらのことから，老人福祉法制定時の高齢者福祉における介護政策の考え方は救貧制度での「劣等処遇」の影響が伺える最低基準の生活保障であり，高齢者の生活の質を支えるには不十分な施策であった。さらに実施段階での特別養護老人ホームや老人家庭奉仕事業の対象は低所得者と限定するものとなっていた。

　また，特別養護老人ホームに関する国会審議の議論にもあるように，ここでの生活支援を担う職種には適切な専門的知識，技術が必要であると認識していたにもかかわらず，非専門職の規定となった。その背景にはそれは，家族介護の補完的役割としての介護業務ととらえていたと考える。「介護」は，家族のおこなっている行為であり，つまり特別な教育や資格が必要のない生活の営みの範囲である業務としたのではないか。それは，当時の高齢者福祉においても「介護」は家族介護が前提であり，その家族介護を受けられない場合の高齢者の介護施策と限定した介護政策としての帰結であった。

しかし，老人福祉法以後，特別養護老人ホームや老人家庭奉仕事業での多様な実践やそれを担う介護職の教育体系など，生活の質を支える生活ケアに重点をおく《介護の特性》を育み，介護の専門性や介護政策を発展させる基盤となったと考える。

(5) 高齢期の生活保障のために

明治期に退役軍人の所得保障を権利と定めた恩給制度で，初めて「介護」が用いられた。それは，援護施策のなかで介護を必要として生活する人や家族介護への国による経済的保障であり，介護政策のはじまりでもあったと言える。さらに，疾病や障害をもつ人の「介護」は家族介護を基調に，医療専門職の「看護」との分化のなかで登場したことになる。そのため，その後の介護政策では，「介護」は家族機能としての「家族介護」を前提とし，関連する公的支援施策は，あくまでも家族機能を補完するものとしての位置づけが続くことになる。

明治期から戦前での高齢者の介護政策は，生活困窮者で介護する家族や身寄りのない高齢者を慈善的に救済した慈善事業や救貧政策としての救護法で養老院などの生存保障（生活扶助）として限定的におこなわれていた。それは，戦後の生活保護法による国家の生活保障としての養老施設へ受け継がれるが，戦後の社会保障制度での高齢者介護も救貧制度の原則である最低限度の生活保障の範囲にとどまっていた。

老人福祉法では，高齢者施策の原理を「健全で安らかな生活を保障される」とし，社会福祉体系の生活保障のなかで介護政策が位置付けられた。そのため，経済的な状況に係らず介護を必要とする状況で入所する特別養護老人ホームが老人ホーム種類のなかに新たに設けられた。つまり救貧政策の範疇ではなく高齢者の基本的人権としての生活保障の施策としての介護政策となるはずであった。しかし，実質的には低所得の高齢者のみに限定されての実施であった。さらに，医療と福祉の分化政策が反映されたことにより，医療保障が不十分な体制での生活支援となった。そして，医療分野での看護と区分する，福祉分野での生活を支援する介護職が誕生することになる。しか

し，介護が家族等によって担われることが前提であったため，介護職の専門性は担保されることはなかった。このように介護を必要とする高齢者への介護政策は社会保障や社会福祉制度の動向とは不可分であり，常に医療と福祉のあり方や制度枠組みの分断が反映されてきた。これらの介護政策の課題を残したまま，介護を取り巻く社会状況，とくに高齢社会への移行にともない，その後の介護保険制度へと進展した。

　国家による生活保障の政策体系のなかでは，人口構成や疾病構造の変化，社会の経済状況，国の財源等により介護政策は大きく変容することになる。その要因のひとつに高齢者介護政策は，高齢期における生活保障が権利として明確に規定されていないことがあると指摘されている。国際的に児童や障害に関する権利条約があるにもかかわらず，高齢者の権利条約は明確には定められていない。先に示した国際協定「高齢化に関する国際行動計画（1982）」や「高齢者のための国連原則（1991）」，「高齢化に関するマドリッド国際行動計画（2002）」，「Active Ageing: 政策の枠組み（WHO: 2002）」など国連の高齢者の人権に関する取り組みや高齢者ケアの動きに日本は連動しているとは言い難い。生活の質を保障する視点としても，基本的人権の保障からの介護政策ではなく社会的要請や政治システムの安定性を持続した経済的状況により変動する政策にとどまっていると言えよう。福祉先進国では，障害のある人と高齢者の介護政策（Long-term Care）を分離していないため介護を必要とする人や介護する家族・人材への支援体制は「障害者の権利に関する条約」のもと適切なケアを受ける権利とともに生活の質（Quality of life: QOL）の実現を重要視している。高齢社会で人生の最期までより豊かに生活していくことを保障するためには，介護政策を高齢期のみで政策枠組みを設定するのではなく，ライフステージを通じて生活の質を保障できる社会保障システムへの転換が求められるのではないだろうか。

3. 老人福祉法以降の高齢者福祉・介護政策のあゆみ

(1) 老人福祉法の成立と発展

1) 老人福祉法の成立

　第二次世界大戦後，高齢者を対象とした福祉は，1950（昭和 25）年に制定された生活保護法に位置づけられた。そこでは，生活扶助のほかに，戦前からあった養老院が「老衰のために独立して日常生活を営めない要保護者を収容し，生活扶助を行う」養老施設として位置づけられた。しかし，当時は，社会全体としてまだ貧しく，高齢者の生活については家族による扶養が前提であった。そのため高齢者福祉は，1人暮らしであり特に貧困な状況にある高齢者への救貧的支援が主な対象となっていた。

　その後，高度経済成長とともに 1959（昭和 34）年に国民年金法が制定され（1961（昭和 36）年から全面施行），1958（昭和 33）年に国民健康保険法が制定（1961（昭和 36）年に市町村国民健康保険事業が開始）されることで社会保障の環境整備が図られていった。一方で，高齢者には特有の精神上・身体上・社会上の特性に起因する生活上の課題があり，救貧的施策に留まらない高齢者福祉を体系化した法制定を求める声が高まった。

　こうして 1963（昭和 38）年に老人福祉法が制定された。老人福祉法には，「老人は，多年にわたり社会の進展に寄与してきた者として，かつ，豊富な知識と経験を有するものとして<u>敬愛される</u>とともに，<u>生きがいを持てる健全で安らかな生活を保障されるものとする</u>」（第 2 条：下線は著者による）とその理念が定められている。そこには，経済的援助のみの高齢者福祉から脱却し，高齢者が社会の中で尊敬を受けながら，生きがいと健康・安全な生活の保障をするという高次の生活の達成が理念として描かれている。

　具体的な支援としては，老人福祉施設として現在も継続している養護老人ホーム，特別養護老人ホームおよび軽費老人ホームが規定された。それまでの養老施設は養護老人ホームに引き継がれ，要保護者のための措置入所施設となった。一方，特別養護老人ホームは，心身の障害によって日常生活を営

めないことを入所要件とする介護施設としての位置づけがなされ，法律上は経済的要件が設けられなかった。しかし，実際には，高齢者介護は同居の家族が行うことが期待されており，福祉の対象としては，単身の高齢者への救貧施策から拡大することはこの時代には難しかったのである。特別養護老人ホームは，制度上は経済的要件に関わらず入居可能であるが，入所費用における自己負担は，家族を含む世帯の収入によって大きな傾斜を設けた応能負担（所得等に応じて負担額が変わる仕組み）が設定された。それによって，一定の所得がある扶養家族がいる場合には負担額は大きく，事実上利用が困難であった。このような極端な応能負担による措置制度は1999（平成11）年まで継続した。

在宅の高齢者に対する支援としては，養護委託，老人家庭奉仕員派遣制度，老人クラブへの助成等が規定された。とくに，現在の訪問介護（ホームヘルプサービス）の前身である老人家庭奉仕員派遣制度が，在宅における介護に対する支援として法的に位置づけられたのは大きな意味があった。しかし，派遣対象については，1人暮らし世帯を中心として，経済的要件について当初は生活保護世帯（その後，それに準じる低所得世帯に拡大）に限っており，やはり経済的支援から分離されてはいなかった。

このように当初の老人福祉法による介護に関する支援は経済的支援とは切り離されなかった。ただし老人福祉法による措置は，生活保護法に優先するため，高齢者を生活保護者としないで，高齢者福祉の範疇で支援するという意義はあった。しかしその背景としては，家族が介護を含む高齢者の扶養に全面的に責任を負うということが前提となっていた。

2）高度経済成長下における高齢者福祉

昭和40年代になると，日本は一層の高度経済成長によって，ますます生活水準が向上し，平均寿命が伸長し，高齢者人口が増加していった。また，都市労働者が急増し，核家族が増加することで，世帯構造が大きく変化した（平均世帯人数[24] 1960（昭和35）年：4.14人→1970（昭和45）年：3.41人）。

1968（昭和43）年に発表された「国民生活審議会調査部会老人問題小委員会」報告[25]では，高齢者人口の著しい増加が短い期間で進んだことと第二次世界大戦後の大きな社会的変革との時期が重複したことによって，高齢者問題が大きく変化したことが指摘されている。この報告では，高齢者の経済的問題について，年金制度は開始されたものの年金保険料の納付期間の短さによって給付水準はまだ低いことや当時の一般的定年は55歳であったことから，当時の厚生年金60歳，国民年金65歳の支給開始年齢までの空白期間の問題が生じていることが大きな問題として取り上げられた。すでにこの報告では，高齢者に対する家族による私的扶養の減退が生じてきたことが指摘されており，就労対策の重要性が提言された。家族関係については，親子中心から夫婦中心への家族意識の変化，扶養能力の低下，住宅難などによる子ども世帯と高齢者の別居形態の増加とそれによる家族との結びつきの希薄化による孤独感の増大を検討課題にすべきとしており，今日まで課題となっている家族と高齢者の関係性の課題は，すでにこの時期に始まっていたことが窺える。介護については，当時の状況として寝たきり高齢者数を全国で40万人と推定しており，一方それに対する特別養護老人ホームは64施設，定員4582名にすぎないため，著しく不十分であるとともに，さらに地域偏在があることが問題点とされていた。

1970（昭和45）年には，日本の老年人口比率は7％を超え，国際的な基準において「高齢化社会」となり，やがて来る高齢社会（老年人口比率14％：日本はこの24年後，1994（平成6）年に達した）への準備期間に入った。この時期の社会保障政策については，厚生省大臣官房企画室が1970（昭和45）年に発表した「厚生行政の長期構想」にその内容を見ることができる[26]。高齢者関連の政策としては，年金の充実策に多くのスペースを割いて述べられていたが，高齢者領域を含む社会福祉施設について，1975（昭和50）年に向けて，5か年計画で量的整備を図ることが盛り込まれた（社会福祉施設緊急整備5か年計画）。5か年計画では，特別養護老人ホームは1970（昭和45）年度末において全国の定員合計が1万3700名分であったのが，1975（平成50）年度末に5万2300名分にするという大幅な整備目標が

掲げられた。その後の実際の在所者数の推移をみると，養護老人ホームは，昭和45年6万453人，昭和50年6万7848人，昭和55年6万6395人と微増傾向であったのに対して，特別養護老人ホームは，昭和45年1万1537人，昭和50年4万3207人，昭和55年7万9499人と急激に整備が促進されていった[27]。

そのような社会情勢下で，1973（昭和48）年には，老人福祉制度に基づく老人医療支給制度による高齢者の医療費自己負担分の無料化が始まり，この年は「福祉元年」と呼ばれた。しかし，その結果，高齢者の医療費全体が急騰することとなり，とくに高齢者の加入率が高い市町村の国民健康保険は財政的な課題を抱えることとなった。しかもこの年には，中東戦争によるオイルショック不況が始まり，それまで 年率で10％程度の成長を続けていた経済成長が止まり，右肩上がりであった税収も停滞することとなった。こうして，高齢者の医療・福祉の必要性を認識しながらも，一方でそれを支える財政的問題にも目を向ける「日本型社会福祉」の構築に路線変更が行われる契機となった。なお，医療については，長年にわたり高齢者医療の負担のあり方について議論されてきた結果，1982（昭和57）年に老人保健法が制定された。その後，2008（平成20）年からの後期高齢者医療制度まで少しずつ改定が加えられながら，老人保健制度による高齢者医療が続いた。

3）日本型社会福祉の発展

経済人と社会保障の専門家等で構成された社会保障長期計画懇談会は，1975（昭和50）年「今後の社会保障のあり方」[28]として，オイルショック後に明らかになった経済的問題を踏まえて，年金や医療を中心とした提言を行った。高齢者福祉についても提言され，高齢者がなるべく家庭生活を営めるように，住宅の整備，在宅サービスの充実，まちづくり，地域住民による自主的福祉活動の基盤作りなどが提案され，施設介護から在宅介護への方向転換が提案された。

同年12月には社会保障制度審議会によって「今後の老齢化社会に対応すべき社会保障のあり方について（建議）」[29]が発表され，「単に福祉施設に収

容することだけでは老齢者の幸福とならない」として，福祉施設の整備は重要ではあるが，老齢者をかかえた家族や近隣との交わりの深い1人暮らしの在宅高齢者への援助の充実が提案された。さらに中央社会福祉審議会老人福祉専門分科会では，当時の老人ホームは，地域に対する閉鎖性が強かったことを指摘し，老人ホーム機能の地域への提供・開放が提言され，短期収容事業（ショートステイ），食事サービス事業（配食及び会食），機能回復訓練事業，入浴サービス事業，施設開放による地域との交流などの地域での福祉・介護サービスが提言された[30]。

このような提言を受け，昭和50年代は，居宅における寝たきり高齢者やひとり暮らし高齢者の増加と経済的課題を抱えながら，支援の方法が模索され，在宅介護サービスの創設の時期となった。例えば，ショートステイは1978（昭和53）年に，デイサービスは1979（昭和54）年に，市町村を実施主体とした国の補助事業が創設された。また，1981（昭和56）年には，食事・入浴・洗濯といった日常生活支援を提供する訪問サービス事業も創設された。さらに，先行していた老人家庭奉仕員派遣については，支援対象者の拡大が図られ，1982（昭和57）年には老人家庭奉仕員派遣の対象となる世帯の所得要件が撤廃され，経済的要件による利用制限を廃止し，世帯収入に応じた応能負担が設定された。しかし，全国的にみると，この時点では供給力は小さく，地域を網羅して在宅での介護支援を行える体制ではなかった。

4）昭和60年代―新たな時代への高齢者福祉への舵取り

昭和60年代に入ると，いよいよ人口の高齢化に対応するために国をあげて高齢者の医療や介護の問題に取り組む姿勢が明確にされた。社会保障制度審議会は，1975（昭和50）年の建議から10年後の建議を1985（昭和60）年に発表した[31]。重介護の高齢者向けの支援としての施設機能の整理（老人病院と特別養護老人ホームにおける利用者像や処遇の共通性への対応），在宅及び施設サービスにおける痴呆性老人対策[32]，重介護を要しない要援護高齢者への在宅サービスの充足，住宅対策の重要性，ボランティアや住民参加などのインフォーマル部門及び民間企業の活用などについて意見が述べ

られた。

　同年には　内閣に長寿社会対策関係閣僚会議が，厚生省（当時）に高齢者対策企画推進本部が設置され，政府全体の課題として高齢社会の課題についての政策議論が行われた。翌年（1986年）4月には，高齢者対策企画推進本部報告[33],[34]が示され，当時を長寿社会の過渡期と位置づけ，高齢者対策の基本原則として，(1) 自立自助と支援システムの構築（保護・収容から自立支援への転換），(2) 社会の活力の維持，(3) 地域における施策の体系化と家族への支援システムの強化（在宅福祉への転換と市町村中心の体制），(4) 公平と公正の確保，(5) 民間活力の導入（介護ニーズの増大に対応するための提供者の拡大）の5点が示された。

　また，老人保健法の1986（昭和61）年の改正によって，施設サービスと在宅サービスの中間的役割として，病状が安定期にある高齢者に対して，リハビリテーション等による在宅復帰を目的とする老人保健施設が制定され，モデル事業を経て1988（昭和63年）から本格実施された。昭和60年代は短い期間ではあったが，今日の高齢者福祉の基本となった施設中心からの脱却，在宅支援に移行することによる自立支援・家族支援の重視，在宅支援を中心にした市町村中心の体制，供給量の確保をするための民間活力の活用，といった方針が明確にされた重要な時期であった。

(2) 介護保険制度の制定に向けて

1) ゴールドプランによる介護基盤整備

　昭和60年代の政府における検討によって，高齢者福祉の施策は大きく転換された。とくに，在宅での生活を支援する介護サービスの量的整備は大きな政策課題であり，政府は1989（平成元）年に，大蔵・厚生・自治の3大臣合意で「高齢者保健福祉推進十か年戦略（ゴールドプラン）」[35]を発表した。財源としては，新たに導入された消費税が充てられ，1990年から1999年までの10年間をかけて，長期計画的に高齢者介護の基盤整備を進めることが示された。ゴールドプランの特徴は，全国的な規模で介護基盤の整備を進める国の方針が数値目標として明確にされたことにある。とくに，在宅福

祉対策の緊急整備として，ホームヘルパー（10万人），ショートステイ（5万床），デイサービスセンター（1万か所），在宅介護支援センター（1万か所：1990（平成2）年度から事業化）についてそれぞれ目標値が示され，とくに当時はまだ普及していなかったショートステイ，デイサービスセンター，在宅介護支援センターを全市町村に普及させることが大きな目標となった。ゴールドプランでは，「家庭奉仕員」は「ホームヘルパー」と改名され，翌年度から事業名も「ホームヘルプサービス」となり，明確に介護サービスと位置づけられた。施設についても，特別養護老人ホーム（24万床），老人保健施設（28万床），ケアハウス（10万人）等について，10年間の整備目標が示された。実際の整備状況をみると，特別養護老人ホームの定員は，平成2年においては16万1612名分であったのが，10年間の半ばにあたる平成7年には22万916人分となっており[36]，急速な整備が進んだことがわかる。在宅サービスは，平成2年度の時点では予算ベースの数値でも，ホームヘルパーは約3万5千人，デイサービスセンターは1780か所に過ぎず[37]，さらに急速な整備が必要であった。

　在宅介護サービスが量的に整備されていったことによって，家族同居の要介護高齢者（当時は要援護高齢者と呼んでいた）への支援も徐々に普及していった。利用時の自己負担は，デイサービスでは原材料費等の実費負担，ショートステイでは世帯所得に関わらず一定金額[37]（平成10年度：2230円[38]）となっており，量的な整備に伴い，同居家族がいて，かつ一定以上の世帯収入があっても利用可能な状況になっていった。ホームヘルプサービスは，応能負担が導入されていたが，一定所得以上では1時間当たり900円程度の負担であった（平成10年度）[39]。各サービスとも当時はまだ1週間に数日の利用が中心であったことを踏まえると，特別養護老人ホームの自己負担額に比べれば，十分に自己負担可能な金額であり，在宅サービスについては経済的要件による利用制限は小さいものとなった。しかし，在宅ではあくまでも家族が介護することを前提とした公的支援であった。また，これまでの高齢者福祉サービスにおける困窮者支援のイメージは根強く，在宅介護サービスを受けることへの抵抗感も残っていた。

2) 福祉八法改正による在宅サービス・地域主義の法制化

1990（平成2）年には，大規模な福祉関係法の改正（福祉八法改正）が行われ，老人福祉法についても大きな改正が行われた。この改正では，施設サービスから在宅サービス中心へ，市町村を中核とするという方針が明確にされた。主な改正内容としては，補助事業として制度化されてきたデイサービス，ショートステイなどの在宅サービスが老人福祉法における措置の対象として，正式に位置づけられたことである。また，在宅サービスの実施主体は市町村とされたが，その運営を地域の法人等に委託することで提供量を増やす施策が取られた。委託先の多くは社会福祉法人や社会福祉協議会であったが，他の法人（民法で定められていた特殊法人や営利法人など）にも委託できるように運営主体の対象拡大が図られていった。また，市町村の責務として介護サービスを中心とした市町村老人福祉計画の策定が義務づけられた。老人保健法においては，保健・医療領域の介護サービスと健康診査等の老人保健事業についての老人保健計画の策定が義務づけられ，両計画は一体のものとして市町村老人保健福祉計画として策定されることとなった。これによって市町村が高齢者介護サービスについて計画策定・基盤整備，措置（利用決定），在宅サービスの提供を一体的に行う体制が整った。

3) 新ゴールドプランの策定　介護保険の創設にむけて

市町村老人保健福祉計画は順次策定が進められ，1993（平成5）年度までには全国集計値が明らかになった。その結果，ゴールドプランを上回る介護整備の必要性が明らかになった。1994（平成6）年3月には，厚生大臣の懇談会として設置された高齢社会福祉ビジョン懇談会から「21世紀福祉ビジョン」が提出された[40]。この報告では，介護や子育てなど福祉重視型の社会保障制度への再構築の必要性が示されるとともに，高齢者福祉については，ゴールドプランの見直しを行い，目標の引上げと質的な充実を図り介護基盤の緊急整備を図っていく必要性について提言された。

そこで，ゴールドプラン以後に創設されたさまざまな施策や新しい課題を踏まえて，1994（平成6）年12月に，ゴールドプランの後半5年分を見直

した「高齢者保健福祉推進10か年戦略の見直し（新ゴールドプラン）」が策定された[41]。新ゴールドプランは，1997（平成9）年4月より消費税率が5％になることによる財源の確保を背景にしており，介護サービス基盤の整備目標の引き上げが行われるとともに，老人保健法において1991（平成3）年に創設された老人訪問看護などの新たなサービス種類が加えられた。また，新ゴールドプランでは，介護サービスの量的整備だけではなく，質的充実を施策の目標として掲げられたことが大きな特徴である。とくに，認知症高齢者対策（当時は痴呆性老人対策）が明確に示され，すでに始まっていた認知症専用のE型デイサービスの充実とともに，新たに認知症グループホームの充実が掲げられ，これは1997（平成9）年度から補助事業が開始された[42]。その後，サービスの種類によって目標の達成度にはやや違いがあったものの新ゴールドプランは着実に進められ，高齢者介護サービスの基盤整備は全国的な規模で進められていった（図表7-1）。

図表7-1　新ゴールドプランにおけるサービスの整備目標と達成状況

平均寿命	目標量	達成状況注1（平成11年度末）
在宅サービス		
・ホームヘルパー	17万人	90.7％
・ホームヘルパーステーション	1万か所	
・ショートステイ	6万人分	103.4％
・デイサービス・デイケア	1.7万か所	85.0％注2
・在宅介護支援センター	1万か所	87.7％
・老人訪問看護ステーション	5,000か所	
施設サービス		
・特別養護老人ホーム	29万人分	102.5％
・老人保健施設	28万人分	93.1％
・高齢者生活福祉センター	400か所	
・ケアハウス	10万人分	
マンパワー（人材）の養成確保		
・寮母・介護職員	20万人	
・看護職員等	10万人	
・OT・PT	1.5万人	

注1：文献19）の老人保健福祉計画の達成状況に掲載のものだけ。
注2：デイサービスのみの達成状況。

4) 介護保険制度の制定の議論

　介護サービスの整備と並行して，新しい公的介護システムの検討が着実に進められていった。1994（平成6）年には，厚生省に高齢者介護対策本部が設置され，その本部長（厚生省事務次官）の私的研究会として，高齢者介護・自立支援システム研究会が設けられた。1994（平成6）年12月には，研究会の報告書「新たな高齢者介護システムの構築を目指して」[43]が公表され，社会保険方式によって，自立支援を基本理念とした新たな介護制度を創設することが提言された。その提言では，介護に関する既存の制度を再編成して，高齢者自身がサービスを選択することを基本とし，そのためにケアマネジメントを導入することが提案された。

　翌年には，老人保健福祉審議会における検討が始まり，老人保健福祉審議会中間報告（1995（平成7）年7月）「新たな高齢者介護システムの確立について」，老人保健福祉審議会第二次報告（1996（平成8）年1月），「新たな高齢者介護制度について（第二次報告）」を経て，1996（平成8）年4月には，老人保健福祉審議会において「高齢者介護保険制度の創設について」が取りまとめられた[44]。この報告では，新たな高齢者介護制度として，社会保険制度，高齢者自らによるサービスの選択，高齢者の自立支援，現行制度の矛盾の解決，経済・財政とバランスといった今日の介護保険制度の基本要件が示された。

　この報告を受け，1996（平成8）年6月には，政府は「介護保険制度案大綱」を老人保健福祉審議会等に諮問し，答申を受けた。同年11月には，介護保険法案（および介護保険法施行法案）が国会に提出され，長時間の審議を経て，1997（平成9）年12月9日に可決され，同年12月17日に公布された。そして，2年余の準備期間を経て，介護保険法は2000（平成12）年4月1日に施行された。

5) 介護保険制度の概要

　介護保険制度では，保険料は所得段階別であるが，サービス利用における自己負担は制度開始当初は共通に1割負担であった。社会保険制度によっ

て，保険料の負担義務と給付の受給権の対応が明確になることもあり，福祉サービスの利用に対する抵抗感が払拭されることが期待されたが，現在までにこの点はほぼ達成されたと言えよう。また，それまでの福祉と保健・医療における介護サービスを一体のものとして利用できるようになり，ケアマネジメント（居宅介護支援）が導入されることで，在宅サービスの利便性や統合性は大幅に改善された。在宅介護サービスは，「居宅サービス」という名称となり，法人であって一定の要件を満たせば，都道府県知事の指定による指定事業者として参入可能となった。サービス基盤の公的整備も継続して行われたが，基本的には市場原理に基づきサービスが拡大していく手法が取られ，その結果，地域偏在はあるものの在宅介護サービスの量的確保がさらに進んでいった。また，制度開始時には，家庭で介護をしている家族への給付も議論されたが，介護保険制度では，家族が担っていた介護機能の「社会化」という理念が掲げられ，家族を（とくに女性を）介護に縛り付けるものとして反対が強く，採用されなかった。在宅での給付上限である区分支給限度基準額は要介護1であっても1万6580単位[45]となり，サービス種類や頻度によるが，毎日サービスを利用できる水準の給付額となった。これらのことによって，要介護者の在宅生活を継続する支援の基盤はかなり整い，在宅中心の介護という理念に近づくのではないかと期待された。しかし，制度施行後，明らかになったのは特別養護老人ホームの入所希望者の急増であった。特別養護老人ホームは措置制度における事実上の所得制限状態から，所得にかかわらず基本的に1割自己負担で入居できるようになったので，入居希望者の急増は当然生じることではあった。一方で介護保険の居宅サービスによって，介護を家庭から外部化しても，1人暮らしはもちろん，家族が同居していても，「生活」を支え切れない状況が多く生じているということが明らかになったということでもあった。

6）ゴールドプラン21の策定

時間軸を少し前に戻る。介護保険制度施行直前の平成11（1999）年12月に，新ゴールドプラン後の高齢者保健福祉施策の方針を示す「今後5か年間

の高齢者保健福祉施策の方向 ～ゴールドプラン21～」が発表された[46]。ゴールドプラン21には，市町村介護保険事業計画の集計に基づいた5年間の介護サービス等の整備目標が示された。介護保険制度開始時に「保険あってサービスなし」という指摘もあり，介護保険制度のスタートにあたって継続的に介護サービス整備の公的関与を明言したものであった。また，それまでの高齢者福祉施策の対象者は，市町村の実状に応じて決定していた「要援護高齢者」であったが，介護保険制度では要支援認定・要介護認定によって明確に給付対象が線引きされた。また，給付対象のサービス・支援の内容が法的に明確にされ，配食等の日常生活支援サービスが保険給付から除外されたことで，それまで高齢者福祉施策として実施していた支援の継続性に対する不安が多くの自治体から示されていた。そこで，ゴールドプラン21は，介護保険制度下における各市町村の高齢者保健福祉施策の方向性と課題について明確にしたものとなった。そこでは，元気高齢者づくり対策として「ヤングオールド作戦」と命名し，「介護予防」という概念が明確に示され，介護予防が介護サービスと「車の両輪」と表現され，介護保険の認定を受ける前の高齢者への支援の根拠とされた。平成12年度からは，国の補助事業として「介護予防・生活支援事業」が創設され，介護保険以外の施策を国庫補助事業として担うこととなった。介護予防や地域生活支援を理念として，介護保険外の支援を継続的に行うことの意義が明確化されたものといえる。しかし，要支援認定の判定基準は低めに設定され，実際には多くの要援護高齢者が介護保険の枠組みに吸収された。また，市町村の高齢者施策が介護保険制度の運営に強くシフトしたこともあり，この事業の実施は低調であった。その後，「介護予防・地域支え合い事業」に名称が変更されたが，2006（平成18）年度から介護保険制度内に設けられた地域支援事業に再編された。しかし，地域支援事業の中心は介護予防と地域包括支援センターの業務に置かれ，生活支援や地域支え合いの支援は各自治体の施策として残されたところもあったが，国の政策としてはほぼなくなった。しかし，2015（平成27）年から，地域支援事業の介護予防事業は，要支援者も含めた「介護予防・日常生活支援総合事業」に統合され，訪問や通所による介護予防は地域での互

助への移行が進められ，地域生活を支える支援として配食や移送が改めて包含され，「生活支援」や「地域支え合い」が高齢者施策のなかに再登場することになった。そして，将来的には要介護者の生活支援も互助型支援で担うことを念頭に置いて，地域での互助型支援を開発する生活支援体制整備事業も始まった。

(3) まとめ　高齢者福祉・介護施策の変化

　公的な福祉や介護は有限な社会的資源であり（その資金投入の総量に関する議論はあるが），その時代において最も公的支援が必要と考えられている要因に対して，優先して投入されていると考えられる。したがって，政策史を見ていくことはその時代において高齢者のQOL（Quality of Life; 生活の質）を阻害する要因として，どのようなものが重視されていたのかを知る手がかりとなる。

　当初，経済困窮者に対する支援からスタートした高齢者福祉は，やがて，介護を中心とした支援に変化していった。しかし，福祉における介護の支援は経済的支援と切り離されなかったということと，介護を含めて高齢者の生活を支えることは，家族の責任と考えられていたことによって，家族がおらず困窮している高齢者を対象とした介護が公的支援の主な対象であった。しかし，家族がいても高齢者介護を全面的に担うという負担は大きいものであり，国の経済的課題を契機に始まった在宅サービスでは，デイサービスやショートステイといったレスパイト型のサービスにおいて，家族がいても経済的要件に関わらないで利用可能な支援と位置付けられた。当初は量的に貧弱な状況であり普及したとは言えなかった。1980年代以降，長寿化とともに高齢者を取り巻く環境は大きく変化したが，まだ在宅の介護サービスは量的にも補完的なものにすぎず，自宅・地域での高齢者の介護は，やはり家族によるものという大前提は継続していた。

　ゴールドプラン・新ゴールドプランによる介護サービスの大整備期を経て，2000年に介護保険制度が施行されることで，介護サービスの自己負担は一律1割負担となり経済的条件に関わらず普遍化された。このことによっ

て，特別養護老人ホームは所得に関わらず，要介護認定を受ければ入居可能な施設になり，老人福祉法の理念通り，所得や家族の有無に関わらず，要介護であるということだけを要件とした施設となった。一方で，在宅での介護サービスについては，制度施行前と比べ，給付範囲内で利用可能なサービス量は増え，それに伴い事業者が増え，サービスの供給量も大きく伸びた。しかし，いわゆる特別養護老人ホームの「待機者問題」によって，従来の在宅介護サービスだけでは地域での生活を支えきれないことが多いことも明らかになった。また，独居高齢者が増えていることによって，独居であっても，要介護即施設入所ということは難しい状況にある。また 2015（平成 27）年には，特別養護老人ホームの入所要件は原則要介護 3 以上となった。

　そこで地域での生活を支える介護サービスとして，通所・訪問・宿泊の多様な形態のサービスを 1 事業所内に用意し，ケアマネジメントも内部に持つことで，統合的に個別的に柔軟な利用を可能とした小規模多機能型居宅介護が 2006（平成 18）年に登場した。そこでは，家族と別居生活をしている中重度者の地域生活の継続に対する支援に成果をあげている事例も報告されている[47]。その支援事例の多くで，事業所からの柔軟な支援が行われるとともに，別居している家族や近所の人との関係を調整して，それぞれが実現可能な役割を明確にした上で参加を求め，社会的な関わり合いの中で居宅・地域での生活を継続する支援を構築している。地域での生活を継続するためには，医療や介護以外の支援として，生活支援や人間関係の継続等が必要となっているのである。

　しかし，高齢の親とその子どもとの同居率は減少したというものの，国際的には高い水準であり，絶対的に少数とは言えない。また，世帯類型の分布は，地域によって異なっており，3 世代同居が多い地域もある。子供と同居していない世帯が多くを占めたということとともに，世帯類型が多様化したととらえることができるのである。一定の家族像を想定して共通的支援を描ける状況ではないことを前提に，「専門的な」支援である介護や医療以外に，従来は家族が担っていた「生活支援」や「人間関係」等について，家族との同居・別居に関わらず，必要に応じて地域で支援することが必要な時代に

なったということである。要介護・要医療であっても地域での生活を継続していくことを目指す地域包括ケアの成否は，それぞれの地域において生活支援や地域助け合いといった互助型の支援活動をどの程度作り出せるかということにかかっているということができる。

注

1) Anthropology (2005), The earliest toothless hominin skull/Nature434, 717-718 (7 April).
　三井誠 (2005),『人類進化の700万年：書き換えられる「ヒトの起源」』講談社現代新書。
2) 藤田尚 (2006),「縄文時代人の骨折の病態から推測される看護・介護の状況」『新潟県立看護大学学長特別研究費平成17年度研究報告』。
　鈴木隆雄・峰山巌・三橋公平 (1984),「北海道入江貝塚出土人骨にみられた異常四肢骨の古病理学的研究」『人類誌』。
3) 国際連合 (1982)『高齢化に関する国際行動計画（高齢者問題行動計画）: The Vienna International Plan of Action on Ageing』
　全国社会福祉協議会 (1982)「高齢者問題国際行動計画」『社会福祉関係施策資料集2』国立社会保障・人口問題研究所。
4) 小笠原祐次 (1995),「高齢者の特性と福祉課題」『高齢者福祉論』放送大学。
5) 上之園佳子 (2004),「介護概念の起源に関する一考察―明治期の陸軍省通達を中心として―」『社会学論叢』第151号，日本大学社会学会。
6) 内閣官報局編 (1979),「明治25年陸達第96號」『明治年間法令全書, 25-2』原書房。
7) 上之園佳子 (2014),「介護という用語の誕生」『介護福祉学事典』ミネルヴァ書房。
　上之園佳子 (2014),「法令にみる介護概念と社会保障の史的研究」『社会・人口・介護からみた世界と日本』時潮社。
8) 亀山美知子 (1983),「日本赤十字社と看護婦」『近代看護史Ⅰ』ドメス出版。
9) 菅谷章 (1976),『日本医療制度史』原書房。
10) 桑原洋子 (1999),『社会福祉法制要説』有斐閣。
11) 吉田久一 (1994),『日本社会事業の歴史』勁草書房。
12) 井上光貞 (1976),「日本律令の成立とその注釈書」『律令日本思想大系3』岩波書店。
13) 寺脇隆夫 (1998),「救護法の成立と施行をめぐる経緯（上）」『長野大学紀要』第19巻第4号。
　寺脇隆夫 (2002),「救護法の施行状況と法改正までの経緯―国庫補助規定の欠陥を露呈させた施行状況の進展―」『長野大学紀要』第23巻第4号。
14) 寺脇隆夫 (2004),「救護法の施行状況と地方別データの検討―全国概況と道府県別の各種救護統計数値―」『長野大学紀要』第25巻第4号。
15) 岡本多喜子 (2011),「明治期に設立されたキリスト教主義養老院の研究」『研究所年報』明治学院大学社会学部付属研究所。
16) 鳥羽美香 (2008),「養護老人ホームの今日的意義と課題」『文京学院大学人間学部研究紀要』Vol.10, No.1。
17) 井村圭壯 (2005),『日本の養老院史―「救護法」期の個別施設史を基盤に―』学文社。
18) 上之園佳子 (2004),「介護概念の起源に関する一考察―明治期の陸軍省通達を中心として」『社会学論叢』151：29頁。

19) 中央社会事業協会（1975），「日本社会事業概要」『日本社会事業年鑑』文生書院．
20) 小笠原祐次（1998），『介護の基本と考え方―老人ホームのしくみと生活援助―』中央法規出版．
21) 「老人福祉法の施行について」（昭和 38 年 7 月 15 日発社第 235 号厚生事務次官通達）．
22) 上之園佳子（2005），「老人福祉法制定過程での介護の概念に関する一考察」『社会学論叢』第 154 号．
23) 20) 再掲．
24) 総務省統計局，国勢調査，時系列データ．http://www.e-stat.go.jp/SG1/estat/GL02100104.do（2016 年 5 月 25 日閲覧）
25) 国民生活審議会調査部会老人問題小委員会（1968），「深刻化するこれからの老人問題」（昭和 43 年 9 月 15 日）．
26) 厚生省大臣官房企画室（1970），「厚生行政の長期構想」（昭和 45 年 9 月 29 日）．
27) 山崎豊子（1985），「社会福祉施設調査にあらわれた老人施設の背景と実態」『季刊社会保障研究』21，81-90 頁．
28) 社会保障長期計画懇談会（1975），「今後の社会保障のあり方について」昭和 50 年 8 月 12 日．
29) 社会保障制度審議会（1975），「今後の老齢化社会に対応すべき社会保障のあり方について（建議）」昭和 50 年 12 月 1 日．
30) 中央社会福祉審議会老人福祉専門分科会（1977），「今後の老人ホームのあり方について」昭和 52 年 11 月 21 日．
31) 社会保障制度審議会（1985），「老人福祉の在り方について（建議）」昭和 60 年 1 月 24 日．
32) 本章では，「認知症」について，歴史的記述については当時使用されていた「痴呆」という語を用いている．なお，本章ではスペースの都合上書ききれないが，認知症介護の歴史は高齢者介護施策の理念の発展と深く関係している．
33) 厚生省高齢者対策企画推進本部（1986），「高齢者対策企画推進本部報告」昭和 61 年 4 月 8 日．
34) 日本国政府（1986），「長寿社会対策大綱」（昭和 61 年 6 月 6 日閣議決定）．
35) 厚生省（1989），「高齢者保健福祉推進十か年戦略（ゴールドプラン）」平成元年 12 月．
36) 厚生省，「平成 7 年　社会福祉施設等調査の概況」．http://www1.mhlw.go.jp/toukei/sfs/htm/sfs04-3.html　2016 年 5 月 25 日閲覧．
37) 厚生省老人福祉計画課・老人福祉振興課（1998），「老人福祉の手びき」長寿社会開発センター．
38) ショートステイについては，利用する理由として，家族等の社会的理由（疾病，出産，冠婚葬祭，事故，災害等）と私的理由（休養や旅行）のどちらでも利用可能であったが，費用徴収基準は生活保護世帯では社会的理由で無料であったが，生活保護世帯の私的理由とそれ以外の世帯の社会的理由・私的理由はすべて同一金額が設定されていた．
39) 高齢社会福祉ビジョン懇談会（1994），「21 世紀福祉ビジョン～少子・高齢社会に向けて～」平成 6 年 3 月 28 日．
40) 厚生省（1994），「高齢者保健福祉推進 10 か年戦略の見直しについて（新ゴールドプラン）」平成 6 年 12 月 18 日．
41) 認知症グループホームは介護保険制度では「認知症対応型共同生活介護」として，制度開始当初は居宅サービスとして，平成 18 年度からは地域密着型サービスに位置付けられた．グループホームの登場は認知症ケアだけではなく，高齢者介護・ケア全体の理念や方法に対して大きな影響を与えることとなった．
42) 厚生労働省老健局（2001），「全国高齢者保健福祉・介護保険関係主管課長会議資料」平成 13

年 2 月 14 日。
43) 高齢者介護・自立支援システム研究会 (1994),「新たな高齢者介護システムの構築を目指して」平成 6 年 12 月。
44) 老人保健福祉審議会 (1996),「高齢者介護保険制度の創設について」平成 8 年 4 月 22 日。
45) 1 単位は地域によって設定が異なるが約 10 円に相当する。この基準額は施行当初の設定であり,現在の要介護 1 の区分支給限度基準額は 16692 単位である。
46) 厚生省 (1999),「今後 5 か年間の高齢者保健福祉施策の方向〜ゴールドプラン 21〜」平成 11 年 12 月 19 日。
47) 介護人材キャリア開発機構 (2016),「地域包括ケアにおける介護人材に求められる資質とその養成に必要な教育課程に関する調査研究報告書」平成 27 年度厚生労働省老人保健健康増進等事業　http://www.s-care.jp/nursingcareer/report.html　2016 年 5 月 25 日閲覧。

第 8 章

超高齢社会における孤立死

1. はじめに

　現在，日本の高齢化率は25%を超え，「超高齢社会」と呼ばれる段階に入っている。本章では，この超高齢社会でおこっている現象の1つである「孤立死」を取り上げ，その経緯と背景について述べる。「孤立死」という問題の背景には，人口構成の超高齢化だけでなく，家族形態の変化と独居高齢者の増加といった要因がある。1980年には，65歳以上の高齢者がいる世帯の半数以上が3世代世帯であったが，2013年には3世代世帯が13.2%にまで減っている。その一方で，高齢者が1人だけで暮らす単独世帯は25.6%と，30年前から約2倍に増加している。例外はみられるが，「孤立死」は高齢者が人生の最期に1人で暮らしていた結果であることが多い。その意味で，「孤立死」は全体の高齢者数の増加とともに1人で暮らす高齢者の増加を背景とした現象といえるのである。

2. 「孤立死」という問題

　「孤立死」あるいは「孤独死」は，2000年代後半以降の日本で社会的な関心を集めている問題である。「ある人が1人で亡くなり，ある程度の時間がたってから他の人に発見されること」を「孤立死」や「孤独死」と呼ぶ。現在はどちらの用語も使われるようになっているが，明確に区別されて使用されているわけではない。結城康博が述べるように，歴史的には「孤独死」という言葉のほうが昔から用いられており，厚生労働省など行政機関は主に

「孤立死」という言葉を用いる傾向にある（結城 2014）。字義的にみると，「孤独死」は寂しく思いながら亡くなったという当事者の主観を含むような印象を与えるため，以下，引用部分以外ではおもに「孤立死」という用語を用いるが，そこには「孤独死」という言葉を用いて語られてきた事柄も含んでいる。

　黒岩亮子が指摘するように，「孤独死」という言葉は1970年代から存在し，孤立死が日本で社会問題化したのは，1970年代初頭，阪神・淡路大震災後（の仮設住宅），2000年代後半以降の3期に分けることができる（黒岩 2012）。

　1969年9月12日の読売新聞朝刊には，「病死の老人，白骨に　1人暮らし，だれも気づかず」という見出しで，東京都葛飾区で1人暮らしの高齢者が病死したニュースが報道されている。記事には，「家は商店街に面していたのに，近所の人は1か月以上も老人の死に気づかず，死体はすでに白骨化していた」とある。その後，70年代の初頭に高齢者を含む多くの人たちの「孤独の死」が新聞紙面で報道され，73年には全国社会福祉協議会が「孤独死老人ゼロ運動」や「1人ぐらしで死亡した老人の実態調査」を実施している。

　新聞報道を振り返ると，「孤立死」という言葉が現れるのは概ね2000年代以降のことであり，それまでは「孤独の死」や「孤独死」という言葉が用いられていた。また，かつては孤立死が発生したことがそれだけで記事になっていたが，2000年代以降はそれだけで記事になることは少なく，孤立死がある場所で多発していることや孤立死を防ぐための地域住民の活動が紹介されることが多いという傾向がある。

　孤立死は日本国内だけの問題ではなく，フランス，イギリス，ドイツ，韓国など諸外国でも社会的な問題となっている。なかでも，2003年の猛暑で約1万5千人の死者が出たフランスでは，その犠牲者の多くが1人暮らしの高齢者だったことから，高齢者の社会的孤立と孤立死にたいする関心が高まり，解決のためのさまざまな取り組みがなされている（河合 2009）。

3. 団地での孤立死

　さて，2000年代後半以降の第3期について，その経緯をおってみよう。この時期には，とくに住宅団地での孤立死が大きな関心を集めている。

　新聞報道では，2000年代の前半から孤立死が再び注目され始める。2000年3月5日の読売新聞朝刊には，「柏市，新年度に『孤独死ゼロ』事業を実施へ」という見出しで，同年に開始された千葉県柏市・豊四季台団地での「孤独死ゼロ」推進事業について紹介されている。この事業の背景には「大規模団地で孤独死する1人暮らしのお年寄りが増えていること」があると記されている。また，2002年7月には，千葉県松戸市の常盤平団地で「孤独死を考えるシンポジウム」が開かれているが，その様子を報じる記事には，「独り暮らしの住民の孤独死が問題になっている松戸市の常盤平団地」（2002.7.18　朝日新聞朝刊）と記されており，すでに団地での孤立死の発生が知られるようになっていることがほのめかされている。

　同じく2002年には，団地を管理する都市基盤整備公団（当時。以下，「公団」）による孤立死の集計結果が報じられている。記事内容は次のとおり。

　　「公団で孤独死，過去3年で690人　高齢化進み年々増加」（2002.10.16　読売新聞夕刊）
　　都市基盤整備公団（都市公団）の住宅団地で家族らにみとられずひっそり死んでいく「孤独死」が，一九九九年度から昨年度までの三年間で計六百九十人に上っていたことが，十六日，同公団の調べで分かった。孤独死は年々増えており，過半数は六十五歳以上の高齢者。「住宅供給が本格化した一九六五年以降の入居者の高齢化が始まっている。今後も孤独死は増えるのでは」とみている。
　　公団では，孤独死が目立ち始めた九九年度から，全国で管理する一千七百三十の全団地を対象に集計を始めた。それによると，同年度に二百七人だった孤独死は，二〇〇〇年度に二百三十五人，昨年度は二百四十

八人に達した。昨年度はこのうち百三十五人が六十五歳以上の高齢者だった。

都市公団の団地は，全国で約七十五万四千戸。同公団の抽出調査では，入居高齢者の割合は20％となっており，総人口の高齢化率（17％）を上回っている。

写真8-1　常盤平団地（筆者撮影）

ここでは，団地住民の孤立死が増加傾向にあること，それがとくに高齢者の問題となっていること，その背景に団地住民の高齢化，とくに1965年以降に入居が始まった団地の高齢化があることが指摘されている。また，この記事でも団地での孤立死が目立ち始めたのが1999年ごろであると明記されている。

このように，団地での孤立死は90年代の終わり頃や2000年代の前半には，すでに一部で問題として認識されていたのだが，より広く社会的な関心を集めるようになったきっかけは，2005年に放映されたNHKスペシャル「ひとり　団地の一室で」で常盤平団地での孤立死の事例と当地での住民による孤立死防止活動が取り上げられたことである。この番組の反響は大きく，その後団地での孤立死を扱う新聞・テレビ・雑誌の報道が増加することになる。

4．2000年代後半の動き

2007年には，厚生労働省が「高齢者等が1人でも安心して暮らせるコミュニティづくり推進会議」を立ち上げ，「孤立死防止推進事業（孤立死ゼロ・プロジェクト）」を開始する。2010年には，やはりNHKスペシャルを発端として広まった「無縁社会」という言葉が流行語大賞のトップテンに選

図表 8-1　団地での孤立死発生状況（2010 年度高齢社会白書より）

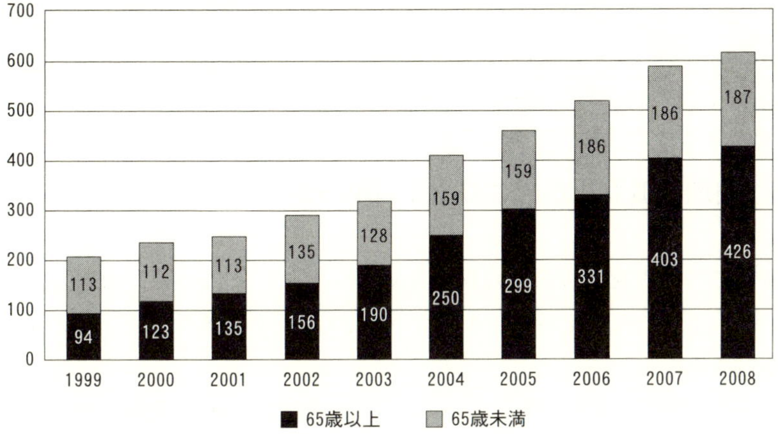

年	65歳以上	65歳未満
1999	94	113
2000	123	112
2001	135	113
2002	156	135
2003	190	128
2004	250	159
2005	299	159
2006	331	186
2007	403	186
2008	426	187

出所：筆者作成。

ばれている。同じく 2010 年度の高齢社会白書では「高齢者の社会的孤立と地域社会～「孤立」から「つながり」，そして「支え合い」へ～」というタイトルの節が組まれ（内閣府 2010），同年 6 月の管直人首相（当時）の所信表明演説にも「孤立化という新たな社会リスクに対する取り組み」という文言が登場している。

図表 8-1 は 2010 年度の高齢社会白書に掲載された賃貸の公団住宅での孤立死発生数をまとめたものである（内閣府 2010）。集計の始まった 1999 年から全体としての孤立死数が増加しているが，とくに 65 歳以上の高齢者でその増加率が目立つ。65 歳未満の人では，99 年の 113 件から 2008 年の 187 件へと 1.7 倍の伸び方なのにたいし，65 歳以上の人では 99 年の 94 件から 2008 年の 426 件へと 4.5 倍もの増加率を示している。

さきの新聞記事が取り上げていたのは，この図の 99 年から 2001 年までの 3 年間の数値であるが，その後の増加傾向から考えるとこの 3 年間はそれほど変化がないように見えてしまう。ただし，「今後も孤独死は増えるのでは」という予測はまさに的中したことがわかる。

2008 年にはさらに，孤立死していた住民から公団が死後も家賃を徴収し

ていたことが話題となる。当時の新聞記事には，例として「足立区の花畑団地で昨年10月に病死した男性（76）のケースでは，毎月3万円前後の家賃徴収が続いている」(2008.7.7 読売新聞朝刊) ことを挙げ，このほかにも同様のケースがあることが指摘されている。

5. 団地は孤立死が起こりやすい場所か

　団地での孤立死が社会的な関心を集めてきたことについて概観してきたが，仮に団地で孤立死が起こりやすいとして，どのようなことがその原因と考えられるだろうか。
　その1つ目は団地の高齢化である。つまり団地では他の地域に比べて高齢化率が高く，たくさんの高齢者が暮らしているため孤立死も起こりやすいのではないかということだ。また，加齢にともない外出や地域活動への参加が減少することで，高齢者の多い団地では，地域として孤立死を防ぐ機能が低下しているのではないかとも考えられる。
　2つ目は高齢者の独居率の高さである。団地では他の地域よりも高齢者の独居率が高いため，高齢者のなかでも1人暮らしの高齢者がとくに多く，そのため孤立死も起こりやすいのではないかということである。例外はあるが，これまで孤立死は独居者の問題と捉えられてきた。実際の事例でもその大部分は独居世帯において発生している。
　3つ目は低所得者の多さである。NHKスペシャル「ひとり　団地の一室で」をもとにした書籍には，常盤平団地の現状について次のように述べられている。

　　　初期から住んでいた住人の高齢化に加え，建物自体の老朽化が常盤平団地の変容に拍車をかけた。設備の整った集合住宅がほかにも次々に建ち，団地の築年数が重なるにつれて，家賃が相対的に下がっていったのだ。大卒初任給額で換算すると現在の7万7000円に相当していた2DKの家賃が，今では4万5000円前後である。1DKでは，6万3000円相

当だったのが3万4000円台になった。また，家賃の5.5倍必要だった月収は，今では4倍あればよいことになっているため，2DKで月18万円，1DKで14万円程度の収入があれば入居可能だ。毎月の収入がこれ以下でも，一定額の預貯金があれば入居できるし，60歳以上の人や障害のある人，母子世帯などは規定の半額以下の月収でも入居可能だ。そのため，かつて"高嶺の花"だった団地は，年金生活の高齢者など，所得の少ない人たちでも入りやすい住宅となった（NHKスペシャル取材班・佐々木とく子 2007, p.41）

　かつては中流階級の人を対象として建設された公団の団地であるが，建設から長い時間のたった団地では，所得の少ない住民も多くなっていることが予想される。低所得による生活困窮が孤立死につながるのではないかということである。

　しかしながら，本当に他の場所に比べてとくに団地で孤立死が多発していることを示した調査研究はこれまでにない。そもそも孤立死の定義が集計される時々によって異なることもあり，住宅の種類ごとに孤立死の発生数を比較することは困難である。2010年度の高齢社会白書には，賃貸の公団住宅での孤立死発生数とともに東京23区内の自宅で死亡した独居高齢者数の推移も示されている。それによれば，2002年に1346人であったのが2008年には2211人とこちらも増加しており（内閣府 2010），孤立死が増加しているのが団地に限らないことが示唆されている。

　また，2000年代以降に高齢者の孤立死が増加した原因として，2000年の介護保険制度の導入も指摘されている。行政が介護サービスを決定する措置制度から，被保険者がサービスを積極的に受ける権利を持つ社会保険になったことで，行政による高齢者問題の把握力の低下や自分から声を挙げない人と制度の間の距離が広がったことが孤立死の増加をもたらしているということである（河合 2015）。

6. 孤立死の前提としての社会的孤立

　孤立死の前提には，高齢者が社会的に孤立していること，つまり周囲の人とあまり関わらずに生活しているという問題がある。この問題については，社会学や社会福祉学の領域でそれなりの研究の蓄積がある。河合克義は，高齢者の孤立，あるいは社会的孤立という概念が中心に据えられた研究は，イギリスのピーター・タウンゼントが行った調査研究以降のものではないかと述べている（河合 2009）。タウンゼントは，概念として「孤独」と「社会的孤立」の区別を行い，社会的孤立を「家族やコミュニティとほとんど接触がないこと（タウンゼント 1957＝1974, p.227)」と定義づけている。

　河合によれば，日本において高齢者の孤立問題が注目された時期は2つあり，1つは1970年代の前半，もう1つは1990年代以降の現在だという（河合 2009）。

　　前者の時期は，高度経済成長過程で生み出された家族・地域の変化により，ひとり暮らし高齢者の孤立や孤独が問題とされ，それらに関する調査が一部でなされたが，研究についてはあまりなかった。他方，後者の時期については，孤独死，餓死が社会問題化し，それへの取り組み活動が展開され始めている（河合 2009, p.14)

　この区分は，さきにみた孤立死が社会問題化した時代区分とも重なるものである。

7. 孤立を測る

　河合は自身の調査研究のなかで，「親しい友人・知人がいない」「子ども，親せき等誰ともほとんど行き来がない」「社会参加活動をしていない」など，孤立の基準となりうる事柄を複数検討しているが，孤立状況にあるかどうか

がもっともわかりやすく，孤立していると誰もが認めることができるような明確な指標として，「病気など緊急時に誰も来てくれる人がいない状態」をあげている（河合 2009）。

一方，斉藤雅茂らは，タウンゼントの定義をもとに「別居家族や親戚，友人・知人や近所の人など同居家族以外の人との接触が乏しい状態」を孤立としている（斉藤ほか 2010）。そして，孤立しているかどうかを判定するうえで，高齢者本人と他者との接触回数の総量に着目し，一部の続柄との接触に特別な重みを付与せず，別居親族と友人・近所の人，および，対面接触と非対面接触を同等に扱っている（斉藤ほか 2010）。ここで「対面接触」とは，他者と会ったり，一緒に出かけたりすることであり，「非対面接触」とは，電話で話したり，手紙・FAX・電子メールなどでやり取りしたりすることを意味している。同居家族以外の人（別居家族・親戚および友人・近所の人）との対面接触がいずれも少なく，それらの人々との非対面接触も少ない人を孤立としているのだが，そこで用いている頻度の基準は，対面接触と非対面接触がどちらも週1回未満の状態である（斉藤ほか 2010）。

河合と斉藤らの指標を比べると，河合の指標がソーシャルサポートの有無という点により着目しているのにたいし，斉藤らの指標は日常的なソーシャルネットワークの点により着目しているといえよう。ただし，河合の指標は，彼の調査がもともと独居高齢者のみを対象としていたことも反映している。「病気など緊急時に誰も来てくれる人がいない状態」という指標は，同居者がいないことを前提としたものである。それにたいして，斉藤らの指標は同居者がいる高齢者と独居高齢者の両方に対応し得るものである。

8. 孤立の要因と影響

これまでの高齢者の社会的孤立に関する研究は，その要因を探ることとその影響を探ることの2つを主要なテーマとしてきた。つまり，どういった人が孤立しやすいか，あるいはどういった状況が孤立を引き起こすかという問題と，孤立が個々人や社会にどのような悪影響をもたらすかという問題である。

高齢者の孤立の要因について，後藤広史は背景要因，ライフイベント，個人／文化の特性の3点からまとめている（後藤 2009）。背景要因は，年齢，性別，収入，教育，民族性，生活環境といった事柄を，ライフイベントは配偶者の喪失，失業，転居，罹災，病気や障害といった出来事を含む。個人の特性としては，内気で内向的な性格やソーシャルスキルの欠如があげられ，文化の特性とは，たとえば日本人の集団の特性などといったことである（後藤 2009）。

 斉藤らは2007年に板橋区の独居高齢者を対象に実施した調査から，孤立に陥りやすい人の特徴として，男性，未婚者，子どもがいない人，収入が少ない人を挙げている（斉藤ほか 2009）。これらの特徴は，2008年に埼玉県和光市の同居者がいる人を含む高齢者を対象とした調査でも浮上しており，さらにそこではより高齢であることや，移動能力に障害があることも孤立の要因として指摘されている（斉藤ほか 2010）。

 河合は，港区と横浜市鶴見区の独居高齢者を対象に実施した調査から，経済的不安定層ほど孤立している人が多いとして，孤立の最大の要因に貧困をあげている（河合 2009）。後藤も孤立の主たる要因は，失業とそれにともなう貧困だと仮定できると論じている（後藤 2009）。生活が苦しくなると人との交際にかけられる費用も少なくなり，親族ネットワークや地域ネットワークの希薄化が進むという考え方である（河合 2015）。2014年9月28日放送のNHKスペシャル「老人漂流社会」に登場した港区の男性の例は，貧困からの孤立というプロセスをよく表していた。以下はその方の発言。

　　貧乏の何が辛いってね，それは周りの友だちがみんないなくなっちゃうことなんですよ。どこに行こう，何かしようといってもお金がかかるでしょ。それがないために，断らなければいけない。そのうちに，誘われないようにしようとする。それが辛いんですよ（NHKスペシャル取材班 2015, p.52）

 河合によれば，日本で高齢者の孤立にかんする研究が開始された80年代

初頭には，貧困が孤立の要因になるという視点からの研究がなされていた。しかしながら，それ以降は貧困問題と切り離されたネットワークからの孤立を基軸にしたものが多くなった。たとえば介護保険制度の「介護予防」事業との関連から孤立を研究するものや，孤立問題の解決のために地域での見守り活動のあり方を研究するものが中心となったのだという（河合 2015）。

社会的孤立が高齢者に及ぼす影響として，2010年度版の高齢社会白書では，孤立死，犯罪，消費契約上のトラブルといった顕在化する問題のほかに，生きがいや尊厳といった高齢者の内面にも深刻な影響をもたらすことが指摘されている（内閣府 2010）。高齢者の孤立は，たんに孤立死につながるから問題なだけではないということだ。

小林江里香らは，孤立状態にある高齢者が周囲からのサポートを得にくいこと，抑うつ傾向や将来への不安が高いことを指摘しており（小林ほか 2011），斉藤は高齢者の孤立に関する多くの研究をレビューしたうえで，孤立状態が精神的な健康に悪影響をもたらし，自殺の危険因子となることや，身体的な健康に悪影響をもたらし，死亡率を高めていることを示す研究成果が多いことを紹介している（斉藤 2013）。

9. 孤立の主観的な要因

このように孤立死の前提となるだけでなく，高齢者に多様な負の影響を及ぼす社会的孤立であるが，筆者が斉藤らの指標を用いて，2012年に和光市で調査したところ，高齢者の約3割が孤立状態にあった（小池ほか 2014）。

以上のように孤立の要因として述べられてきたことを概観したが，それに付け加えて，ここでは高齢者の孤立の主観的な要因について考えてみたい。加齢に伴い，健康状態や経済状況が悪化すると，「人と関わること」が次第に「人に助けてもらうこと」になっていく。人に助けてもらうことは，その人にとってありがたい経験であると同時に，自分自身の能力が助けてくれる人よりも低いことの証拠にもなる。

アーヴィング・ゴッフマンは，他人に知られてしまえば信頼を失うことに

なる自分についての情報を操作することを「パッシング」と呼んだ（ゴフマン 1963＝2001）。加齢に伴って，自身の社会的地位が下がり，それを隠すために他人と関わらなくなる，いわば「パッシングとしての孤立」が孤立死の1つの要因となっているのではないだろうか。

　ここまで，高齢者の孤立死と社会的孤立について論じてきた。次節からは，孤立死を防止するために，ある団地で取り組まれている活動の例を紹介したい。

10. 孤立死防止活動の例―横浜市公田町団地―

　孤立死の防止やコミュニティの再生といった理念のもと，団地で取り組まれることが多い活動に，「高齢者の居場所づくり」と呼べるものがある。団地の集会所などを利用し，ほかの団地住民と世間話ができたり，喫茶ができたり，食事が取れたりする。場合によっては，体操をしたり歌を歌ったりすることもある。また，そこで高齢者自身がスタッフとして働くことで，その人にとっての「居場所」となることもある。「サロン」，「コミュニティカフェ」など，同じような内容でいろいろな呼ばれ方をしている。

　横浜市栄区・公田町団地の入居開始は1964年。住居棟は33棟あり，戸数は全1160戸を数える。2010年の国勢調査では，1100世帯1895人が居住し，そのうち高齢者は680人（高齢化率35.9％）であった。横浜市の南端に位置し，鎌倉市に近接するロケーションである。丘陵地頂上付近に造成されており，JR東海道線・京浜東北線の大船駅には，バスで15分ほどかかる。団地周辺は住宅地であり，商店がない。団地の中心部にあったコンビニエンスストアが閉店したことにともない，高齢の住民が「買い物難民」となってしまったことでも関

写真 8-2　公田町団地（筆者撮影）

心を集めた。

公田町団地は，2008年に栄区の「孤独死予防モデル事業」のモデル地区となり，同年に栄区役所と団地住民が協働して「お互いさまねっと公田町団地」が発足した。2009年にはNPO法人となり，団地内での買い物支援事業である週1回の「あおぞら市」や高齢者向けの相談事業を行っていた。2010年にはコンビニエンスストアの空き店舗を利用して，高齢者の居場所とするための交流拠点「いこい」を開設し，運営している。

写真8-3 あおぞら市の様子（筆者撮影）

「いこい」は，月曜から土曜までの毎日開いており，喫茶ができるほか，日用品の販売，ゆうパックの取り扱い，昼食の提供も行っている。

写真8-4 「いこい」（筆者撮影）

また，ヨガや麻雀といった介護予防教室や子育て支援のイベントなども定期的に開催している。地域ケアプラザ（地域包括支援センター）や周辺のクリニックが協力し，健康や介護の相談も受け付けている。スタッフはNPO職員がボランティアでつとめているが，彼らも団地の住民である。

11. 公田町団地での調査から

この公田町団地を対象として，2012年から2013年にかけて独居高齢者の「いこい」の利用と団地内での人間関係をテーマに調査を行った（小池・安藤 2014）。調査の方法は，公田町団地に暮らす独居高齢者を対象とした質問紙調査と「いこい」利用者への聞き取りである。

2013年2月に実施した質問紙調査は，住民基本台帳上2012年12月末時点で65～84歳の公田町団地に1人暮らしする250人を対象とした。配布は郵送，回収は郵送および訪問により行った。有効回答は139票（回収率55.6%）であった。このうち11人は実際には家族と同居しており，分析対象者から外している。

質問紙調査とともに，2012年の12月から2013年の2月にかけて，「いこい」を利用していた12名の人に聞き取りを行った。お話を伺ったのは，いずれも「いこい」を頻繁に利用していた人たちである。このうち男性は2名，女性は10名であり，全員が70歳以上（最高齢は91歳）だった。

質問紙調査において，「いこい」を利用したことがあると答えた人は，全体の55.5%だった。このような「居場所」の利用率としては非常に高い印象を持つが，これは「いこい」が単なる交流の場としての側面だけでなく，買い物や日常的な用事を済ますための機能をもった場所であることが大きいだろう。

図表8-2は，「いこい」を利用したことがある人とない人を比較した結果である。利用者のうち女性は62.1%であるのにたいし，非利用者のうちでは

図表8-2 「いこい」利用の有無による分析対象者の比較

	カテゴリー	利用者	非利用者
性別	女性	62.1%	47.2%
年齢	（平均値±標準偏差）	75.0±5.6	72.1±5.2
外出頻度	ほとんど外出しない	3.1%	0.0%
	週1～2日	13.8%	23.1%
	週3～4日	36.9%	32.7%
	週5～6日	16.9%	21.2%
	ほぼ毎日	29.2%	23.1%
婚姻歴	有り	77.3%	69.8%
近距離別居子	有り	43.5%	30.0%
健康度自己評価	よくない	0.0%	3.8%
	あまりよくない	19.7%	11.3%
	まあよい	50.0%	58.5%
	よい	30.3%	26.4%
最終学歴	高等教育修了以上	21.5%	32.1%
団地居住年数	（平均値±標準偏差）	19.3±16.3	15.3±14.4

出所：筆者作成。

47.2％と，男性よりも女性で利用者が多い傾向にある。「高齢者の居場所」に訪れる人の多数が女性であることは，多くの事例で語られてきたことであるが，「いこい」では利用者の4割近くは男性であり，決して男性にあまり利用されていないとはいえないだろう。男性の利用に関しても，やはり「いこい」が交流の場だけでなく，生活の必要のために訪れる場所でもあることが要因となっていると考えられる。

そのほか，利用者のほうが平均年齢は高く，婚姻歴のある人，近距離別居子がいる人が多かった。利用者では高等教育修了以上の最終学歴を有する人は少なめであった。公田町団地での居住年数をみると，利用者のほうが長いことがわかるが，実際の利用者への聞き取りからは，居住年数の短い人にも利用されていないわけではないことがみえてきた。

図表8-3には，「いこい」で聞き取りをした12名の「性別」「年齢」「来る頻度・時間帯」「来る目的」「居住情報」を示しているが，Bさん，Cさん，

図表8-3 「いこい」での聞き取り対象者

	性別	年齢	来る頻度・時間帯	来る目的	居住情報
A	女	70	毎日・昼食時	昼食・買い物	独居。3〜4年前に入居。
B	男	80	ほぼ毎日・12時前後，夕方	昼食・暇つぶし・買い物	独居。36年前に入居。
C	女	74	週2回・13:30〜14:30	買い物・郵便・おしゃべり	姉と二人暮らし。40年前に入居。
D	女	83	毎日・13:30〜16:00	昼食・おしゃべり・買い物	息子と二人暮らし。7年前に入居。
E	男	74	毎日・11:00〜12:00	昼食・カラオケ・麻雀	独居。2年前に入居。
F	女	87	毎日 13:30〜15:30	おしゃべり・体操・買い物	20年前に入居。
G	女	81	昼食時	昼食・おしゃべり・買い物	独居。39年前に入居。
H	女	82	昼食時	昼食・おしゃべり	独居。30年前に入居。
I	女	75	昼食時	昼食・おしゃべり	独居。1年前に入居。
J	女	91	昼食時	昼食・体操・おしゃべり	半年前に入居。
K	女	79	週3回・昼ごろ	昼食・おしゃべり・買い物	独居。30年前に入居。
L	女	82	毎日	昼食・買い物・おしゃべり	30年前に入居。

出所：筆者作成。

写真8-5　ある週の「いこい」の昼食メニュー（筆者撮影）

Gさん，Hさん，Kさん，Lさんなど30年以上団地に暮らしている人が多いなか，Aさん，Eさん，Iさん，Jさんのように最近団地に入居してきた人たちもいた。後述するように昔から団地で暮らしている人と最近入居した人では，「いこい」への評価や利用の仕方が異なるのである。

　12名のうち，1人暮らしをしているのは7名であった。ここからも「いこい」をとくによく利用しているのが独居高齢者であることがうかがい知れる。ほとんどの人が来る目的に昼食を挙げており，彼らにとって「いこい」は，ほぼ毎日のように昼食をとりにくる場所となっていた。

　日常的に昼食をとるために来て，ついでにそこにいる知人とおしゃべりをしていく。ときには，簡単な買い物を済ませ，麻雀や体操が行われる日は，それに参加することもある。彼らはそんなふうに「いこい」を利用しており，この居場所について次のように話してくれた。

　昔から団地で暮らしている人たちは，「暇つぶしになっていい。ちょっとした買い物が便利」（Bさん），「いこいができて，人間関係がずいぶんかわったように思う。声をかける相手，顔見知りが増えた」（Gさん），「他の食堂とちがって，長時間いられて嬉しい」（Kさん）など，昔からの団地内の知人と交流したり，新しい知り合いを増やしたりしているようであった。一方，最近団地に入居した人たちは，「会った時に話す程度の知り合いができた」（Aさん），「だいたいの団地の知り合いは，ここでできた」（Eさん），「ここにいると安心できる」（Jさん）など，住み慣れない環境のなか，「いこい」に来ることを契機として知り合いを作り，彼らにとってそこが安心して過ごせる場所となっていた。

12.「いこい」の利用と知り合いの数

「いこい」利用者への聞き取りから見えてきたこととして、とくに最近団地に入居した人で、「いこい」の利用を契機に団地内の知り合いを作っていたということがあった。つぎに、質問紙調査の結果から「いこい」の利用と団地内での知り合いの数の関係について紹介する。

図表 8-4 は、「いこい」の利用者と非利用者の間で、それぞれの知り合い数の平均を比較したものである。こうしてみると、「住所と名前を知っている人」「名前だけ知っている人」「住所も名前も知らない顔見知り」のすべての種類において、利用者のほうが非利用者よりも知り合い数が多いことがわかる。「住所と名前を知っている人」は、利用者の平均が 6.8 人で非利用者は 3.0 人。「名前だけ知っている人」は、利用者の平均が 9.0 人で非利用者は 3.5 人。「住所も名前も知らない顔見知り」は、利用者の平均が 13.0 人で非利用者は 6.0 人である。いずれも利用者のほうが 2 倍以上の人数となっている。

図表 8-4 「いこい」利用の有無と知り合い数

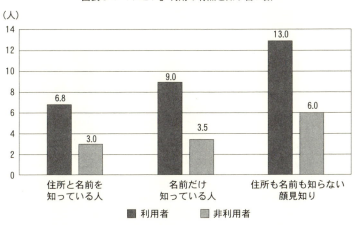

出所：筆者作成。

しかしながら、この結果には昔からこの団地に暮らしている人たちも含まれている。居住年数の長い人の場合、もともと知り合いが多かった人、団地内での交流が活発だった人ほど、「いこい」を利用しているということも考えられる。そこで5年以内に団地に入居した人だけに限って、同じ比較をしたのが図表8-5である。

5年以内に入居した人では、「住所と名前を知っている人」は利用者と非利用者の間でほとんど差がなかった。一方、「名前だけ知っている人」と「住所も名前も知らない顔見知り」においては、利用者のほうが非利用者よりも人数が多くなっていることがわかる。とくに差がはっきりしているのが「名前だけ知っている人」で、利用者の平均が4.5人なのにたいし、非利用者は1.5人である。

団地での孤立死の防止のためにも、最近引っ越してきた高齢者でも気軽に立ち寄れ、そこで自然と知り合いや顔見知りができるような場所や機会があることが求められる。公田町団地の「いこい」は、住所も名前も知っている「友人」と呼べるような人を増やすきっかけにはならなくとも、顔と名前だけは知っていて、会えば挨拶をしたり立ち話をしたりする程度の知り合いを

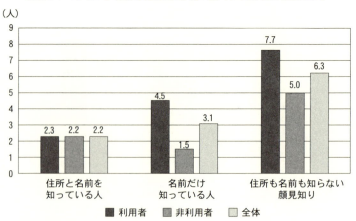

図表8-5 「いこい」利用の有無と知り合い数（5年以内に入居した人）

出所：筆者作成。

増やすきっかけにはなっているといえるだろう。

「いこい」は単なる交流の場なのではなく，食事をとれる場所，日用品の買い物やちょっとした用事を済ませられる場所でもある。そのことが住民にとっては間口の広さとして捉えられているのではないだろうか。多様な機能を持つ場所であるがために，男性，独居高齢者，最近入居した人などを含む多様な層が気軽に利用できる。日常的にそこに訪れるようになれば，それが他の団地住民との交流へと発展する可能性もあるだろう。

参考文献
後藤広史（2009），「社会福祉援助課題としての「社会的孤立」」『福祉社会開発研究』2，7-18 頁。
河合克義（2009），『大都市のひとり暮らし高齢者と社会的孤立』法律文化社。
河合克義（2015），『老人に冷たい国・日本「貧困と社会的孤立」の現実』光文社。
小林江里香・藤原佳典・深谷太郎ほか（2011），「孤立高齢者におけるソーシャルサポートの利用可能性と心理的健康―同居者の有無と性別による差異―」『日本公衆衛生雑誌』58(6)，446-456 頁。
小池高史・安藤孝敏（2014），「団地に暮らす独居高齢者の周縁的社会関係」『応用老年学』8，23-30 頁。
小池高史・鈴木宏幸・深谷太郎ほか（2014），「居住形態別の比較からみた団地居住高齢者の社会的孤立」『老年社会科学』36(3)，303-312 頁。
黒岩亮子（2012），「地域福祉政策―コミュニティの活性化による孤独死対策の課題」中沢卓実・結城康博編『孤独死を防ぐ―支援の実際と政策の動向』ミネルヴァ書房，154-185 頁。
内閣府（2010），『平成 22 年度版高齢社会白書』。
NHK スペシャル取材班（2015），『老後破産；長寿という悪夢』新潮社。
NHK スペシャル取材班・佐々木とく子（2007），『ひとり誰にも看取られず；激増する孤独死とその防止策』阪急コミュニケーションズ。
斉藤雅茂・冷水豊・山口麻衣ほか（2009），「大都市高齢者の社会的孤立の発現率と基本的特徴」『社会福祉学』50(1)，110-122 頁。
斉藤雅茂・藤原佳典・小林江里香ほか（2010），「首都圏ベッドタウンにおける世帯構成別にみた孤立高齢者の発現率と特徴」『日本公衆衛生雑誌』57(9)，785-795 頁。
斉藤雅茂（2013），「高齢期の社会的孤立に関連する諸問題と今後の課題」『老年社会科学』35(1)，60-66 頁。
結城康博（2014），『孤独死のリアル』講談社。
ゴッフマン，アーヴィング（1963＝2001），『スティグマの社会学；烙印を押されたアイデンティティ』（石黒毅訳）せりか書房。
タウンゼント，ピーター（1957＝1974），『居宅老人の生活と親族網；戦後東ロンドンにおける実証的研究』（山室周平訳）垣内出版。

第 9 章

少子高齢化と地域開発

1. はじめに

　わが国における第二次世界大戦後の国土計画は，荒廃した国土の再建と経済の復興を目的としてはじまり，やがて経済が復興し成長する過程で，国土開発法にもとづく全国的な総合開発計画として，数次の改正を経ながら進められてきた。その開発方式は，全国の拠点に産業地域を整備し，交通・通信網などのインフラを拡充してそれらを結びつけ，日本経済全体の継続的な発展を目指すものであった。確かにこれら一連の国土開発計画は，この間，経済活動を担う労働力人口の増加を背景に，日本経済のめざましい成長の実現に貢献した。しかしながら，政府主導で全国に同様な開発手法を推進した結果，人口と産業は，より一層大都市圏に集中することになり，中央と地方における地域間格差はむしろ拡大した。

　地域間格差の解消は，当初から国土計画における基本的な目標のひとつであったが，改めてそれが看過できない緊急課題とされたことは，1998年の「21世紀の国土のグランドデザイン」において「4つの国土軸」の概念が示されたことや，2008年の「国土形成計画」で「全国計画」とともに「広域地方計画」が掲げられたことでも明らかである。今日，少子高齢化と人口の減少は，日本社会全体の問題となったが，地方各地では以前から顕在化しており，地域社会の持続性を脅かす根源的な問題として取り沙汰されてきた。また，地方においてより顕著な，産業の衰退や自治体財政の厳しい状況なども，もとより人口にみられるこのような実状を反映していることに鑑みれば，地方社会の現状は，わが国全体の明日の姿を先取りしているに過ぎない

ことを認識しなければならない。少子高齢化，人口減少の進行は，日本の経済成長を阻害する要因であるとの議論は喧しいが，これらの問題がすでに深刻化している地方社会で，仮にその立て直しを図る開発方式を確立することができるとすれば，それは，わが国全体が今後進めていくべき開発構想を見定めるための試金石となるのではないだろうか。

ただし，地方各地が抱える人口や産業に関わる問題は，必ずしも同様ではなく，それぞれの詳細は，自然環境や交通条件，歴史，伝統など，個々の地域がもつ特性によって大きく異なっている。したがって問題を解消するための開発手法は自ずと異なるものになるはずで，全ての地域に通用するような万能な開発方式は，残念ながら存在しないと考えるべきであろう。まずは地域個々の特性を把握し，その上でそれらに配慮し，あるいはそれらを積極的に活用出来るような独自の開発を進めることが，無理なくその地域の問題を解消していくための近道になると考えられる。

そこで本章では，まず，わが国の開発の流れを日本社会の変容の過程と関連づけながら概観し，現代日本が抱える開発の課題を整理して，地域開発が目指すべき持続的な社会とはどのようなものであるかを理解する。その上で，地方都市を中心とした地域開発の事例をあげながら，個性ある地域社会の持続性と開発のあり方との関係について考えてみる。

2. 国土計画と地域開発の方針転換

(1) 「全総」から「四全総」までの開発方式

第二次世界大戦後，国土総合開発法（1950年制定）のもとで進められた開発によって，日本経済は戦後の荒廃から復興し，新たな成長をはじめた。ただし発展の中心は首都圏などの大都市地域にあり，産業や人口の偏在も進んだ。そこで，1962年に策定された全国総合開発計画（全総）では，地域間格差を是正すべく大都市圏以外の地方においても「新産業都市」や「工業整備特別地域」を認定して開発拠点とする，「拠点開発方式」の開発が進められた。1969年に改めて策定された新全国総合開発計画（新全総）も「大

規模開発プロジェクト方式」を謳い，全国の産業拠点を高速交通，通信網などによって結びつけるという基本構想において全総の理念を引き継ぐものであった。この計画のもと，わが国空前の高度経済成長を追い風に，時の田中内閣が掲げて支持を得た政策綱領「日本列島改造論」に勢いを得て，産業施設とインフラの建設は急速に進んだ。しかしながらこの間，経済成長を牽引した事業の中枢は一貫して大都市圏にあり続け，地方から大都市圏への生産年齢人口の移動は，それまでにも増して進行していった。

　その後，1973年の第1次石油危機は日本経済の画期となり，低迷する景気の中で，それまでの重化学工業化を偏重する開発方式は見直しを迫られた。そのため，1977年の第三次全国総合開発計画（三全総）では，人間居住の総合的環境の形成をはかることを眼目とした「定住構想」が示される。むろんこの開発計画でも地方の振興は変わらぬ重要課題であり，大都市圏への移動が沈静化をみせたことに乗じて地方に人口を定着させるべく，全国の各都府県にそれぞれ「モデル定住圏」を設定し，居住環境の拠点整備を進めた。しかしながら，経済の低成長時代の中で進んだ産業構造の転換は都市的な産業の拡大を指向するものであり，産業と人口の首都圏への一極集中はやまずに，むしろ地方との格差は拡大していった。

　そのため，1987年の第四次全国総合開発計画（四全総）でも地域間格差の是正は優先課題とされ，その基本理念にも「多極分散型国土の形成」が掲げられた。交通インフラの整備は拡充され，バブル景気の進展も相まって，地方にあってそれまで開発から取り残された地域でも，リゾート施設の整備をはかるような大型の開発プロジェクトが進められた。これらの計画において積極的に投資を行い開発に中心的役割を果たしたのは，大都市に本拠を置く大手ディベロッパーであった。しかしながら1990年代に入ってバブル景気が終焉を迎えると，そうした企業の業績は悪化して資金繰りが厳しくなり，もう一方の開発推進者である行政も財政難に陥ったため，リゾート開発計画の多くは頓挫してしまった。地方活性化の起死回生策と目された事業の数々は，はかなくも潰え去ったのである。

　全総から四全総までの国土開発計画は，日本の経済をインフラや産業施設

の整備によって下支えし，成長へと導いた点で成果をあげたともいえるが，一方の大きな目標として掲げていた地域間格差の是正についてはほとんど実現出来なかった。大都市に本拠を置く政府や企業が構想し，全国に同様な手法を展開する国土開発計画では，地方の活性化達成は困難であることが次第に理解されるようになっていった。

(2) 「五全総」から「国土形成計画法」による開発へ

その後の国土開発計画として「五全総」に位置づけられる1998年策定の「21世紀の国土のグランドデザイン」は，「4つの国土軸」の概念を掲げ，開発のあり方の多様化を模索する構想を打ち出している。4つの国土軸とは「北東国土軸」「日本海国土軸」「太平洋新国土軸」「西日本国土軸」であり，各々は気候風土や地理的特性が共通する地域として括られるものである。つまり大枠の区分ながら地域性の違いが意識され，それぞれに応じた異なる開発計画を進められる可能性が示されたことになる。また，この国土開発計画では，国と地方それぞれの役割分担が必要であるとして，住民や諸団体など多様な主体による地域づくりを提唱し，地方分権に向けた改革への対応を目指している。いわば，国土開発計画が大きく方針を転換したことになるが，これは，それまでの全国総合開発計画が，中央主導で地方の個性に配慮しなかったため地域間格差を是正出来なかったことの反省に基づいている。

わが国の20世紀後半における経済・社会の発展は，都市化進展の過程でもあるが，それが先行した大都市圏の動向をもって開発の指針とし，本来大都市圏とは異なる発展をさせるべき地方の各地に，同じ手法を展開したことには無理があった。国主導による全国一律的な開発方式の限界を理解したことが，この方針転換へとつながったわけである。

また，20世紀の終盤には，経済のグローバル化が進展し，日本では以前のような輸出型工業に大きく依存して経済成長を達成することが，困難になってきていた。加えて，21世紀間近の1990年代後半には，急速な少子高齢化と生産年齢人口の相対的な縮小が，経済発展に向けた取り組みの足枷になるとの見方も強まってきた。国や地方財政の赤字も増大し，もはや，拡

大・成長路線の国土開発計画の継続は,現実的ではなくなった。

21世紀に入り2005年には,それまでの国土総合開発法が改正され,名称も新たに「国土形成計画法」となった。この法律に基づいて2008年には「国土形成計画(全国計画)」も閣議決定され,国土政策の方針が大きく転換された。この計画では,国土交通省及び国土審議会による「全国計画」と,広域地方計画審議会による「広域地方計画」それぞれが,計画推進の重要な柱として位置づけられている。前代の国土開発計画では不十分であった地方の計画策定に関する権限や国との役割分担が明確化され,計画策定に地方自治体や民間の参加を求めるなど,国と地方との対等な関係が示されている。国土計画は,国の主導により全国を同一の開発方式でまとめあげていくものから,地方それぞれの独自の開発を結びつけて国土を形成していくものへと,その姿勢を大きく変えた。地方にとっては,個別の事情に即した独自の計画・施策を実現する道筋が開かれたということになる。

(3) 現代日本の開発が抱える課題

高度経済成長期以降の半世紀近くに及ぶ期間,日本各地で進められてきた開発の多くは,国土総合開発法にもとづく一連の全国総合開発計画の枠組みの中に位置づけられていた。国主導の画一的な開発理念・方式を前にして,自然環境や景観,固有の産業や伝統文化といった地域の個性の中には,地域の発展を妨げる旧弊であると見なされて,改変されてしまったものもある。しかしながら地域の個性は,本来その地域が他地域と連携・交流を図る上で,その特長として誇り,他と差別化出来る要素であって,経済的活動では,その地域の競争力を高める存在にもなる。しかるに,そうした個性が開発の中で,無個性なものへ入れ替わってしまったのである。

各地を結ぶ交通・通信体系の拡充は,流通に革新をもたらし,全国的に生活様式の平準化を進めた点で,確かに大きな功績を残したといえるかも知れない。しかしその半面,地方と大都市圏との物理的・精神的な距離を縮め,地方から都市への人とモノの流出を促して,地方の中央依存の傾向を深めてしまったのもまた事実である。

一方で，かつての開発により整備されたインフラや産業施設も，今日では老朽化が進み，その補修や維持管理にかかる費用だけでも膨大だと試算されている。財政規模が小さく赤字を抱える地方の自治体は，それら費用の負担すらままならず，地域の活性化に向け新たな開発を進めるような余力はない。

　21世紀も十年余を経た今日，わが国の少子高齢化は著しく進行し，人口が減少する社会に突入しているが，こうした人口問題も，地方が大都市圏に先行してきており（図表9-1），地域間格差の根源はまさにここにある。とりわけ，地方圏の老年人口割合は1965年に7％を超え，1990年には14％近くに達して，2005年の時点ですでに21％を超えている。農林漁業が主役となる地方自治体の中でも中山間地域などでは，65歳以上の人口が地区の半数以上を占める「限界集落」が増加している。また，地方圏では2000年から2005年の間にすでに人口は減少に転じている。こうした人口構成の変化が早くに進行したことで，産業の空洞化と経済活動の停滞，自治体財政の悪化もまた，地方で早くから顕在化してきたのである。増田寛也（2014年）の「地方消滅」は，こうした地方の実態をセンセーショナルに取り上げて物議を醸したが，むろん，山下祐介（2014年）のいうとおり，地方自治体が消滅に追い込まれるような事態は是認されるべきではない。たとえば，小田切徳美（2014年）や『季刊地域』編集部（2015年）らが紹介する事例のような「田園回帰」の流れを推進する農山漁村活性化の取り組みは，地方においても自立的な再生が可能であることを示すものである。

　ただし，地方の集落や自治体がそれぞれに抱える深刻な問題は，各々個別の集落・自治体の中だけで生じたわけではない。したがって，森川（2015）がいうとおり，地方における中心地とその周辺との関係性は維持，再整備されるべきである。そして，周辺の集落や市町村の特色を理解し，それらと関連づけた広域的な圏域の中で地域の再生・活性化の施策を議論・検討する必要がある。そこでつぎに，地方の再生の単位となるであろう，この生活圏について考えてみたい。

図表9-1 年齢三大区分別人口の推移

注：本図においては，三大都市圏を便宜上，東京大都市圏（千葉県，埼玉県，東京都，神奈川県）および愛知県，京都府，大阪府，兵庫県の各都府県とし，地方圏をその他の道県とした。
出所：各年度『国勢調査報告』により作成。

3. 地方における生活圏と都市

(1) 生活圏の概念と形態

生活圏とは，人々が日常生活の中で行動する圏域（地表面における空間・

範囲）のことである。つまり，地域の居住者が通勤や通学，業務，購買，レジャーなど普段の生活の中で頻繁に行うような活動において移動し関係する空間であり，その範囲は，自治体などの行政区画を越えて拡がっている。たとえば，近隣に位置する市町村間には，それぞれに居住する者が相互に移動することで，各々の社会に強い結びつきが生じており，この場合それらの自治体は1つの生活圏を構成するものとされる。総務省では複数自治体にまたがる広域的な行政施策を実現していく区割りとして，「広域行政圏（広域市町村圏）」を設定しており，同様な概念として国土交通省は「地方生活圏」の語を用いている。三全総において各地に設定されたモデル定住圏も，それぞれこの範囲を想定しており，平成の大合併で誕生した自治体の中には，市町村域が実質的に生活圏と同等の範囲に拡がったものもある。

　生活圏は，便宜的にある特定の行動を指標にして範囲を設定することが多いため，その指標となる行動により通勤圏や購買圏などと呼ばれることがある。また，地域の中心都市の影響が及ぶ圏域（都市にある財貨やサービスが供給され，到達する範囲）を中心都市の都市圏と呼ぶこともある。

　生活圏の空間的拡がりの中には，一般に様々な特色を持つ地域が含まれている（図表9-2）。山地や湖沼，川，海などの自然環境があり，農地や森林が拡がる中には，農業や林業を主たる生業とする集落が点在し，海岸に港があれば，そこには漁業を中心に生活する集落もある。集落の中でも，ひときわ多くの人口が集中し，あわせて諸機能の集積をみるのが都市である。都市の集落には，住宅や商店，産業施設，公共施設などが高い密度で立地し，それらが連続することで市街地が形成される。都市には，その市街地内部はもとより周辺の農村地域などからも通勤・通学や購買などを目的として日々多くの人々が流入してくる。そうした都市は，圏域内にいくつか存在することもあるが，その中でも圏域最大のものは，より多くの人を引きつけ，圏域内における中心的な役割を果たしている。いわばそれが，その圏域における中心都市（中心市街地）である。中心都市の市街地は比較的狭小な範囲に土地利用が高密度化するため，その機能の一部はその外側に立地することになり，新しい住宅地や工業団地などを形成する。ただし中心都市は，一方的に

図表 9-2　地方における生活圏の概念図

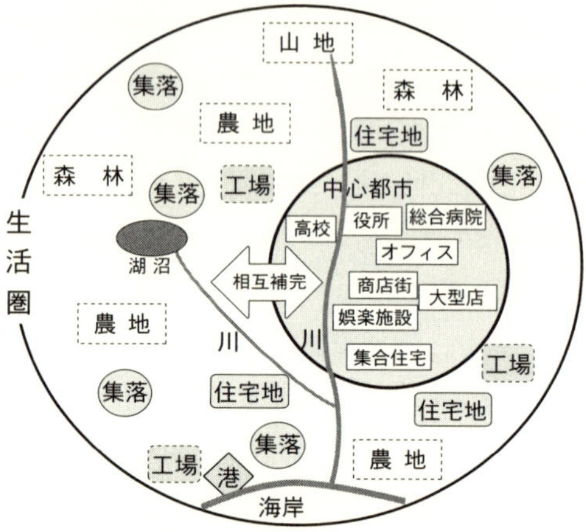

出所：筆者作成。

人を引きつけサービスなどを提供する存在ではなく，レジャーなどの人の流れは中心都市から周辺地域へとむかい，中心都市で消費される物資は周辺の農村や漁村などからもたらされることも多い。つまり，中心都市と他の周辺地域は，それぞれ異なる機能を有して，相互に連携し補完する関係にある。こうして生活圏は両者の強い関係性の中で一体的な地域を形成している。

(2)　地方における生活圏の今日的諸問題

　生活圏において中心的な役割を担う地方都市は，商業施設やオフィス等の事業所，公共施設などが中心市街地に集積することで，諸活動の拠点になり，周辺から人々の集まる中心地として機能してきた。しかしながら，こうした地方都市の中心市街地も，1990年代のはじめ頃から衰退が目立つようになった。中心市街地の衰退は，居住機能の郊外への拡散にはじまり，商業その他の中心地機能まで郊外に移転してしまったことによる。市街地の諸機能の中でも多くの人々を引き付け，賑わいを創出していたのが商店街であったが，その衰えは著しい。新雅史（2012）は日本における商店街の成立と発展，凋落の過程を社会，政治，経済史的に分析・整理しているが，その中

で，商店街の小売店は，戦後，諸制度により保護されてきたがゆえに，規制緩和にともなう大規模小売資本の出店戦略に対して適切に対応できず，商店街の衰退を招いてしまった，と述べている。大規模小売資本が基本的にその本拠を置くのは大都市圏であり，それに抗えなかった事情は，地方都市が大都市圏の開発方式を無批判に受け入れてきてしまった経緯と同様な問題点として捉えることが出来るかも知れない。諸機能の郊外移転は大都市で先行し地方都市へも波及したものであるが，中心市街地の衰退は，地方都市においてより顕著に問題となっている。大都市の場合は，中心市街地である都心の中心地機能が高度に専門的であり，例えば都心にある商業機能は，郊外に立地する商業施設などよりも専門性が高く，それらと差別化をはかることで存続できる。また，大都市圏は，その郊外も含めた広い圏域に都心の高次機能を支えられるだけの人口を有し，公共交通機関の充実によって郊外から都心への移動の利便性も確保されている。これに対して地方都市の中心市街地は規模が小さい。もとより商業機能にしても高次の要素が少なく，商店街は日用品を扱う商店が高い割合を占めていた。その顧客には近隣に居住する市街地の住民が多かったが，住民が郊外へと転居しはじめ，郊外に立地するようになった商業機能を利用するようになると，中心市街地の商店は顧客の多くを失うことになったのである。中心市街地と周辺地域とを結ぶ公共交通機関は，路線の密度や運行頻度が低く利便性も悪かったが，それでも中心市街地に商業や業務機能が集中していた時代は，通勤・通学や買物，あるいはその他の用向きで，それらが利用されることは少なくなかった。しかしながらモータリゼーションの進展によって自家用車に依存する傾向が強まると，住民が日常生活において公共交通を利用する機会は減り，その路線や運行頻度は縮小して利便性はさらに低下した。一方で，中心市街地の込み入った土地利用や狭隘な道路は，郊外から中心部に自家用車で入ることをためらわせ，買物客は郊外に立地した大きな駐車場を備えた大型店やショッピングセンターを利用することが多くなる。周辺地域から中心市街地に買物に出向く機会は激減した。それでも，市役所や総合病院などといった公共施設が中心市街地にあれば，それらを訪れる機会は少なからずあったが，これらでさえも

郊外に移転すると，人々は中心市街地を訪れる理由を失ってしまったのである。

商店街を利用する買物客は途絶え，店舗は相次いで閉鎖して，商店街はシャッター通りと称されるようになった。このようにして地方都市の中心市街地は衰退してきたのである。

中心市街地では人口の流出によって従来のコミュニティが崩壊し，そこに居住する高齢者には生活を支えてくれるはずの近隣住民とのコミュニケーションの機会が失われつつある。シャッター通りと化した近くの商店街では日用品の入手が困難になったが，公共交通機関の利便性が悪いため，自家用車を運転しない，あるいは利用出来ない高齢者は郊外の商業施設への移動もままならず，日常生活にも支障を来している。交通の問題は中心市街地から離れた場所に居住する高齢者にとっても同様に深刻である。

さらに中心市街地衰退と連動し，地方都市では市街地の無秩序な拡大が，もう1つの大きな問題となっている。諸機能の郊外化による市街地の拡大は，かつて市街地の周辺に拡がっていた農地や林業地，あるいは原野などの自然を改廃していった。すなわち長年にわたり保たれてきた伝統的な景観や自然環境といった生活圏内の個性は，大都市圏の郊外ならばどこにでも見られる個性のない景観に置き換えられるようにして失われてきたのである。そこにみられた農林業や地場産業は衰退することになり，それらによって暮らしてきた人々の生活様式や行事など地域固有の貴重な文化も存続が難しくなっている。市街地の拡大はインフラを整備・維持するための費用の拡大にもつながったが，地方経済の衰退によって，財政状況が厳しい地方自治体にさらなる負担を強いることになった。かつて人口の増加と地域経済の発展が期待出来た時代に拡大した市街地は，人口減少時代に入った今日，面積的拡がりと施設数において必要な規模をはるかに超えてしまっている。

(3) 地方都市を要としたまちづくり

地方都市において市街地を拡大し都市的生活様式を定着させるよう進められてきた開発によって，地方都市とその周辺地域とからなる生活圏は，本来

あるべき相互補完的な一体性を失いつつある。また，かつて長きにわたって地方においてそれぞれの地域が継承してきた環境や産業・社会の特質，伝統文化といった地域の個性も存亡の岐路に立たされている。しかしながら今日，「ビジット・ジャパン・キャンペーン」などで海外向けに紹介される日本の魅力は，その多くが地方各地の個性の中にある。すなわち，「地域らしさ」は地方の持続性に必要不可欠な要素であり，これを核に地方各地の生活圏を再生することが喫緊の課題になっているということである。全国一律に同様な生活様式を広めていくような開発理念から脱却し，個別の事情に即した自立的・個性的な開発のあり方を検討する必要があり，その地域の現状を理解しながら，その地域の存続に適した本来の姿を取り戻すことが求められている。地方の生活圏の中で，中心的役割を果たすのが，中心市街地を含む地方都市であり，生活圏の再生に向けては，地方都市の中心市街地を適正な規模にまとめ，生活圏の核心部として人々の集まる賑わい空間とするような開発を指向する必要がある。そして地方都市における市街地をこのような姿に再生することは「コンパクトシティ」[1]の概念を実現することに他ならない。

コンパクトシティの概念を導入したまちづくりは，衰退しつつある中心市街地を再び繁栄させるため，生活に必要な諸機能を中心市街地内部に近接して立地させて市街地の外延化を抑制しつつ，求心力のある都市構造の実現を目指すものである。これは，地方都市の中心市街地を生活圏の結節点として再生することでもあり，人口が減少し高齢化の進む社会にも対応するものである。そこでつぎに，このコンパクトシティの概念に沿うような，地方都市の地域活性化に向けた開発の実情を紹介し，そのあり方について考えてみる。

4. 中核市における地域活性化

ここでは，地方都市の中でも比較的規模の大きな中核市の事例として富山市の開発，活性化事業について紹介する。

現在の富山市は，富山県全域の約3割におよぶ1241.85km²の面積を有し，2015年末の人口（住民基本台帳による）は，41万9123人で，富山県全体の4割近くを占めている（図表9-3）。

「富山市中心市街地活性化基本計画」は，「中心市街地活性化法」にもとづくものとして，2007年，青森市とともに全国で初めて国により認定されたものである。以来，富山市はコンパクトシティの実現に向けた政策を推進してきており，OECDの「コンパクトシティポリシーに関する報告書」でもコンパクトシティ政策の先進都市とされ，その政策が高い評価を受けている。

富山市の基本計画は，第1期計画（2007年2月から）で「公共交通の利便性の向上」，「賑わい拠点の創出」，「まちなか居住の推進」の3つの基本方針を掲げており，2012年からの第2期計画でも，これを踏襲して，「公共交通や自転車・徒歩の利便性の向上」，「富山らしさの発進と人の交流による賑わいの創出」，「質の高いライフスタイルの実現」を目指している。こうした方針の中でも「公共交通の利便性向上」は富山市が重点的に施策を実現してきたもので，「公共交通指向型開発（TOD: Transit Oriented Development）」の典

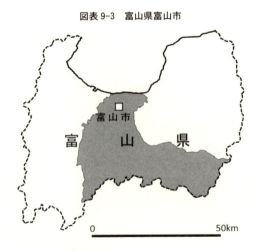

図表9-3　富山県富山市

出所：筆者作成。

型的な事例である。

　富山市は中核市にも指定されている県庁所在都市であり，もとより地方都市としては公共交通機関である鉄道路線が充実していた。北陸本線（2015年の北陸新幹線開業にともない，現在は「あいの風とやま鉄道」），高山本線の拠点となる富山駅から，富山地方鉄道の本線，および不二越・上滝線がそれぞれ東，南へと延び，同じく富山地方鉄道が運行する路面の市内電車が上滝線南富山駅から富山駅前を通り，神通川左岸の大学前との間を結んでいる。これらに加え 2006 年には，かつて富山港線だった専用軌道の大部分を活用し，新駅の設置や富山駅に近い一部に路面の軌道を延伸・敷設することで，富山駅北と岩瀬浜の間を結ぶ富山ライトレールが開業している。また，2009 年には市内電車の丸の内と中町（西町北）の間に路面の軌道（富山都心線）を敷設し市内電車の環状線化も完了している。さらには，北陸新幹線の乗り入れにあわせた富山駅周辺の連続立体交差化事業により，富山駅高架下で駅北の富山ライトレールと，駅南の市内電車とを接続させることが予定されており，市内電車はすでに，高架下に開業した富山駅停留場に乗り入れている。富山市ではこのように充実したライトレール・路面電車の利用率を高めるために，新規の低床車両を導入，運行本数を増やすことで市街地における移動の利便性向上を図っている（写真 9-1）。

　市内電車環状線の運行される市街地は，富山駅や富山市役所，富山県庁，富山城址，中心商店街など，人々が集まる施設・拠点が集中する富山市の中枢部であり，富山県中部の生活圏において，文字通り中心都市として機能してきた街区である。したがって中心市街地活性化基本計画の計

写真 9-1　市内電車環状線の新型車両 CENTRAM
　　　　（筆者撮影）

図表9-4 富山市の中心市街地

出所:筆者作成。

画区域はこの街区を中心とした436haの区域に設定されている(図表9-4)。つまり,富山市の基本計画が公共交通を充実させる施策に重点を置いてきたのは,生活圏内周辺地域からこの区域へのアクセスの利便性,そして区域内における人々の流動性を高めるためであった。むろん,長い距離の移動では機動性の高い公共交通に負うところは大きいとしても,人々が区域内に滞留し回遊する際の移動では徒歩や自転車が主役となる。富山市の施策ではその利便性を向上させるため,歩行者空間や自転車市民共同利用システム「アヴィレ」の整備を進めてきた(写真9-2)。また,「賑わい拠点の創出」のため,その核となる施設として,中心商店街のある総曲輪地区に,2007年,

複合商業施設の総曲輪フェリオと全天候型多目的広場のグランドプラザをオープンさせた（写真9-3）。「まちなか居住の推進」でも、計画区域内に共同住宅を建設する事業者や、この区域に住居を取得する、もしくは転居してくる市民に対して支援事業を実施している。

このように、富山市では、中心市街地活性化基本計画に基づく事業によって、富山駅周辺とその南側にひろがる市街地中心部を、人々が集まり、暮らし、賑わう空間として再び発展させ、コンパクトシティ政策の要となる中心市街地として再生することを目指している。

ただし、富山市が掲げるコンパクトシティ構想は、富山市の全域がこの中心市街地の一点のみを指向するような、いわば、一点集中型の構造を目指すものではない。合併により拡大した現在の市域は、旧富山市の都市圏、すなわち富山市中心市街地を要とした広域的な生活圏のひろがりに相当するものであり、そこには現実に、合併前は各市町村の中心地に位置づけられていたまちや、その他の集落などの核が点在している。富山市では、これら大小それぞれの核をいわば「お団子」に、それらを結びつける鉄道やバスなどの公共交通機関を「串」になぞらえて、核が公共交通機関を介

写真9-2　自転車市民共同利用システム「アヴィレ」
（筆者撮影）

写真9-3　総曲輪（そうがわ）フェリオ（左）とグランドプラザ
（筆者撮影）

して有機的に結びつく状態を「お団子と串の構造」と表現している。これは，富山市の中心市街地はもとより市域内に点在する他の中心地や集落を，それぞれコンパクトな生活拠点として成り立たせつつ，それらが規模に応じた役割をもって階層的に結びつくような構造をイメージしたものである。したがって，この構造が有効に機能するように富山市では，富山市全域に展開する都市整備事業の中で，公共交通や徒歩・自転車の利便性向上の基本方針にもとづく諸施策を推進している。

たとえば，生活拠点の核のあいだを結ぶ公共交通の利便性を向上させる政策として，富山地方鉄道不二越・上滝線やJR高山本線の運行本数を増やし，パークアンドライド施設の設置を進めるなどの対策を行っている（写真9-4）。もちろん公共交通に関わる政策は鉄道のみならずバス交通の充実，利用状況の改善にも向けられており，コミュニティバスの運行支援や乗車料金割引定期券の発行なども同時に進めている。加えて，公共交通利用の結節点となる駅・バス停といった施設を改善し，それらの周辺を日常生活に必要な機能の立地する核とするような事業も，進めるべき課題として掲げている。このようにしてそれぞれの核

写真 9-4-1　婦中鵜坂駅のホームからパークアンドライド駐車・駐輪場を望む（筆者撮影）

写真 9-4-2　駅前のパークアンドライド駐車・駐輪場（筆者撮影）

の中は徒歩や自転車で,そして核と核の間は公共交通機関によってスムーズかつ効率的に移動できるようなシステムを構築し,相互補完的な強い結びつきを再生することが,富山市の目指すコンパクトシティの姿である。

5. 小規模都市における地域活性化

つぎに,地方都市の中でも比較的規模の小さな都市の事例として高山市の市街地整備計画について紹介する。

岐阜県高山市は,岐阜県北部飛騨地方の中央に位置し,市域の9割は山岳地域で,市域面積2177.61k㎡は,全国の市町村の中で最も広い(図表9-5)。2015年12月の人口(住民基本台帳による)は,9万813人であり,そのおよそ3分の2は,旧高山市域に居住している。

高山市の中心市街地は,市域のほぼ中央部にある高山盆地に位置し,宮川が市街地を縦断するように南から北に向かって流れている。なお,この宮川の下流が,前節で紹介した富山市を流れる神通川となる。中心市街地は,近

図表9-5 岐阜県高山市

出所:筆者作成。

世に金森氏の城下町として形成されたまちなみの残る宮川右岸と，金森氏転封後に幕府直轄支配の拠点となった高山陣屋や本町などの商店街，市役所，JR高山駅のある宮川左岸とにひろがっている。2015年，国により認定された「高山市中心市街地活性化基本計画」の計画区域は，これらの街区を含む177haに設定されている（図表9-6）。

　高山市中心市街地活性化基本計画は，その基本方針に1．美しさと快適性が調和した「住みやすいまち」，2．楽しさと利便性が充実した「にぎわいのあるまち」，3．ふれあいといきがいを大切にした「やさしさにあふれるま

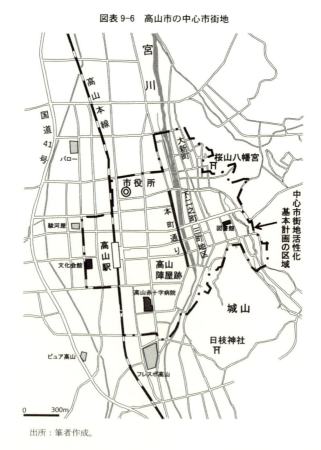

図表9-6　高山市の中心市街地

出所：筆者作成。

ち」の3つの柱を掲げている．1．では，まちなか居住の促進，安全・安心で快適な居住環境の整備をうたっており，観光地づくり，交流施設，商業施設等の整備によって生業を継続しながら定住できる環境を整えていく，としている．2．では，空き店舗の利用や既存店舗の機能強化，観光客のニーズへの対応によって商業機能を活性化し宮川を挟む両岸の街区に来街者をふやして，その回遊性を高めることを目指す，としている．3．では，中心市街地に従来から存在する商業，教育文化，社会福祉，医療，公共サービスなどの諸機能を充実させ，その利便性とサービスを向上することで，そこに集う市民や観光客が安心してそれらを利用できる仕組みを構築する，としている．

中心市街地活性化は，一般的に，まちなかに居住人口を定着させ，まちの機能の利便性や魅力を高めて来街者を増やし，そこに滞留・回遊する人々によりにぎわいを取り戻すことを目指している．前節で紹介した富山市の計画も基本コンセプトはここにある．高山市の計画も，この基本コンセプトに沿ったまちづくりが目標になっているが，基本方針の中に，その特徴として登場するキーワードが「観光」である．これは，高山市が国内外に知られる観光都市として年間400万人を越える観光客を受け入れているが故である．高山観光の最大の魅力は「飛騨の小京都」と称されるその中心市街地にある．江戸時代の風情をそのままに継承する商家の家並みは，その文化財としての価値が高く評価され，「三町地区」（昭和54年選定；4.4ha）および「下二之町大新町地区」（平成16年選定；6.6ha）の2区域が重要伝統的建造物群保存地区に選定されており，観光客を魅了する重要な観光資源にもなっている（写真9-5）．また，両地区がそれぞれ位置する上・下各々の旧市街地で繰りひろ

写真9-5　重伝建地区に選定されている三町地区
（筆者撮影）

げられる春・秋の高山祭は，日本3大曳山祭の1つに数えられ，近年は外国人も多く訪れるようになった（写真9-6）。また，宮川沿いと高山陣屋前の朝市は，観光客が多く集まるスポットである（写真9-7）。こうした魅力にあふれる中心市街地へと集まる観光客は，今や，まちのにぎわいの主役であり，観光業は高山の中心市街地活性化を推進する上で最も重要な産業である。

したがって，高山市の中心市街地活性化基本計画を推進する具体的な事業には，観光客が市街地を回遊する際の利便性を確保するものが多い。観光客を受け入れる玄関口としての高山駅とその周辺における利便性とサービスの向上を目指す事業（駅舎修景整備事業，駅自由通路・駅前広場・観光案内所整備事業，駅東口の駐車場・駐輪場整備事業，駅周辺土地区画整理事業など）や，まちなみの景観整備，建物の修理・修景事業（景観重要建造物等修景事業，歴史的町並保存事業，景観にふさわしい看板設置補助事業など）はもとより，本来は圏域内住民のために進められる，まちなかに憩いの場・交流拠点を整備する事業や道路施設等のバリアフリー化，冬季の消雪施設の整備，駐車場の整備等の事業も観光客を意識したものになっている。

写真9-6　秋の高山祭（鳥居は桜山八幡宮）（筆者撮影）

写真9-7　宮川朝市（筆者撮影）

高山の中心市街地を訪れる観光客の大半は，宮川右岸にある旧市街のまちなみを目指

す。観光バスで訪れる団体旅行者をのぞけば、鉄道や長距離バスを利用して高山を訪れる多くの観光客にとって、市街地観光の起点となるのは高山駅である。ここからは主に徒歩で東に向かい、宮川をわたって目的地の旧市街地を訪れる。したがって、高山駅と宮川とのあいだにひろがる市街地にも、多数の観光客が往来する。

この街区の宮川寄りにあるのが本町通り商店街である。ここは従来から、飛騨地方の中心都市高山を代表する中心商店街であり、商店の建ち並ぶ道路両側にアーケードのかかる歩道も整備されている（写真9-8）。一時期、この商店街も空き店舗が目立つなど衰退し、その活性化が課題となっていた。現在も完全に問題が払拭されたわけではないが、回遊する観光客の興味を引くような店舗も増え、にぎわいを取り戻しつつある。このほかにも宮川左岸には飲食店や物販店などで観光客対応に特化する店舗が立地し、宮川を挟み両岸に拡がる計画区域全体に、観光対応による中心市街地の活性化が進んでいる。

写真9-8　本町通り商店街（筆者撮影）

このように高山市における中心市街地の活性化は観光客の入込み数増加によって賑わいを創出することに重点が置かれている。一方で計画の中には、市街地を、広域的な生活圏の住民が集うまちとして

写真9-9　ショッピングセンター「フレスポ高山」
（筆者撮影）

再生するための具体的事業が，少ないようにもみえる。しかしながら中心市街地に観光関連産業に関わる事業所が増加し，それらが安定的に成長していけば，事業者が住民として定着し，周辺から通ってくる就業者も増加して，生活圏の中心核になっていくことも期待できるのである。未だなお，本町通りなど中心商店街では，生活圏内の住民向け商業機能が十分再生するには至っていないが，計画区域内もしくはそれに隣接する比較的近距離に，スーパーや大型店，ショッピングセンターが立地するなど，買物の拠点もみられる（写真9-9）。これらが市街地内居住者の日常的な購買行動の受け皿になっており，その利便性も高いようである。加えて，市役所をはじめとした公共施設や総合病院なども中心市街地の計画区域内にあり，この点では中心市街地に中心地機能が維持されているということが出来る。

6. 地方生活圏の持続的発展に向けて

今日，日本全体が共通に抱えることになった人口減少，少子高齢化に関わる諸問題も，地方では大都市圏に先立ち以前から，深刻な事態となっていた。それにともなう産業の衰退は，経済に関する大都市圏との格差を拡大させた。一方で，全国に同一規格とも言えるような開発手法を展開し，生活の平準化を目指した開発構想は，地域間格差を是正するというその理想からはかけ離れ，地域性を無視した無秩序な開発行為が，地方再生の切り札ともなるべき地域の貴重な個性を失わせる方向に作用した。

ところが，21世紀に入って国土形成計画の中にあらわれた地方分権的な開発の構想は，一転して地方が，個別の事情に配慮した独自の開発計画・施策を実現しやすい道筋を示した。これを受けて地方自治体の行政も，地域の個性をあらためて認識し，地域を本来あるべき姿に再生して持続的な地域社会を目指すため，その地域の個性を活かす開発の構想を練り，具体的な施策を検討するようになった。地方に比べて人口問題が深刻化するのに猶予のあった大都市圏も，近い将来急激に問題が拡大することは，予測されている。そして地方ではすでに表面化して久しい，経済，社会の諸問題も，早

晩，大都市圏の中に生じるであろうことを思えば，地方の課題を，大都市圏は自らの課題として捉えなければならない。

　第4節の富山市，第5節の高山市の事例で見てきたように，地方の生活圏において核となるべき地方都市は，それぞれに中心市街地の活性化を通じて，生活圏全体の持続的発展を目指している。そして具体的な活性化策の柱にもなっているのが，その地域を特徴づけている個性である。これは，いわば地域資源といえるものでもある。富山市の場合は，それが近年まで比較的よく維持されてきた公共交通機関の路線網であり，これを積極的に活用することで，中心市街地内部における移動手段を充実させ，生活圏内の他の核と中心市街地とを有機的に結びつけて，生活圏全体を，相互補完的な一体性のある空間として再生しようとしている。高山市の場合は，中心市街地の景観を構成する歴史的・伝統的な文化財が観光に役立てられる地域資源として脚光を浴びていることから，観光客を誘致し，その滞留によって創出される賑わいを，町の活性化に結びつけようとしている。中心市街地を観光産業に特化させながらも，そこに居住や就業の機能を拡充し，比較的小規模な市街地の拡がりの中に存在する住民のための商業機能や公共施設を活用して，生活圏内の中心地として，その役割を高めようとしている。

　両者に共通するのは，地域のもっとも特徴的な地域資源を，地域活性化策の重要な柱に据えている点である。地方都市はいずこも中心市街地活性化のために解決しなければならない課題が多いため，活性化のための開発計画では，それぞれの課題に対処すべく総花的に様々な施策を掲げたくなるところである。むろん他の地域に抜きんでて特徴的な地域資源は限られてはいる。しかしながらそれこそが地域性を際立たせ，活性化策を成功に導くのに相応しいものでもある。したがってまずはその特徴的な地域資源を有効に活用する施策を軸に開発計画を推進していくべきである。そして他の課題もそこに関連づけることで，自ずと適切な解決策が導き出されていくと考えられる。

　両者ともにその中心市街地は，広域をカバーする生活圏の中心地として機能してきた歴史がある。したがって，その役割を再生していくことが活性化の重要な目標でもある。これは本質的にコンパクトシティの構想を実現して

いくことに他ならないが，公共交通機関にしろ，観光資源にしろ，1つの大きな特色を際立たせることは，賑わいと求心力を取り戻す上での近道なのかも知れない。

　富山市も高山市も，それぞれ特色ある地域資源に恵まれ，地域活性化の方向性を定めやすい事例ではある。地方都市の中には，特徴的な地域資源を見出しにくく，地域活性化に向けた開発の明確な路線を打ち出すのに苦心する例も少なくない。しかしながら，いずれの地方都市もかつてその市街地は周辺地域の中で中心地としての役割を担っていた時期があり，そこには，周辺地域を率いるだけの特色があったはずである。あるいは中心都市に限定せずに，その生活圏域全体に視野を広げれば，必ずや，他地域とは異なった特色，すなわち地域資源を見出すことは可能だと考えられる。そしてそれを有効に活用する手立ては，きっと見つかるはずである。

注

1) 1973年George B. DantzigとThomas L. Saatyがその著『Compact City』において提唱した概念。都市的な土地利用の郊外への拡大を抑制し，中心市街地を，文字通りコンパクトな適正規模に維持してその活性化をはかるという都市政策を象徴的に表現した概念であり，それを実現する都市そのものを指す。

参考文献

新雅史（2012），『商店街はなぜ滅びるのか　社会・政治・経済史から探る再生の道』光文社。
小田清（2007），「国土総合開発法の改正と国土計画策定の問題点―国土形成計画法の制定に関連して―」『開発論集』79，1-17頁。
小田切徳美（2014），『農山村は消滅しない』岩波書店。
落合康浩（2014），「高齢社会における国土利用と地域振興」大塚友美 編著『少子高齢化―21世紀日本の課題―』文眞堂。
『季刊地域』編集部（2015），『シリーズ田園回帰2　総力取材 人口減少に立ち向かう市町村』農山漁村文化協会。
鈴木浩（2007），『日本版コンパクトシティ 地域循環型都市の構築』学陽書房。
高山市（2015），「高山市中心市街地活性化基本計画」。
富山県富山市（2012），「第2期富山市中心市街地活性化基本計画」。
富山市都市整備部中心市街地活性化推進室（2013），「コンパクトシティの実現に向けた中心市街地活性化」『地域開発』580，25-29頁。
増田寛也（2014），『地方消滅』中央公論社。
森川洋（2015），「人口減少時代の地域政策」『経済地理学年報』61(3)，22-38頁。
山下祐介（2014），『地方消滅の罠―「増田レポート」と人口減少社会の正体』筑摩書房。

第10章

環境破壊と成長の限界

1. はじめに—アントロポセン（人新世）—

　地理学では人間と自然との関係は，環境可能論を基礎に語られる。環境可能論において自然とは，人間にとって利用可能な環境で，人間生活の可能性を準備している場所であるとする。この言葉通り，人間は自然資源を徹底的に利用して生きてきた。自然資源の利用は，人口が少ないうちは，問題とはならなかった。次第に人口が増え，その人口を養うため，さらに多くの自然資源を利用しなければならなくなった。そして人間は産業革命以降，とくに急速な工業化を推し進めてきた。しかしこのような工業化は，自然環境にひずみやごみを蓄積させ，環境破壊となってやがて人間の前に立ちはだかるようになった。アメリカの生物学者 Carson (1962) は，『Silent Spring (沈黙の春)』のなかで，農薬などの化学薬品による多様な生物の死滅の連鎖を衝撃的に語っている。

　人間によるこのような環境破壊を目のあたりにして，Crutzen & Stoermer (2000) は，第四紀の完新世に続く新しい地質時代として，『Anthropocene (アントロポセン)』を提唱した。地質学では，地球が約46億年前に誕生してから現在までの期間をいくつかに時代区分している。その最後の地質時代が，およそ1.1万年前に始まる完新世である。完新世は，最終氷期が終わって地球が急速に温暖化し，現在と大きく変わらない自然環境が成立した時代である。私たちの主要な生活舞台である沖積平野やそれを構成する地質は，この地質時代に作られた。この完新世の後に，人間の自然環境への影響が著しく強く，本来の自然環境を変えてしまった時代として，アントロポセンを追加しようというのだ。

環境破壊の中でもっともグローバルな問題は，地球温暖化であろう。近頃，頻繁にこの用語を耳にする。国連気候変動に関する政府間パネル（Intergovernmental Panel on Climate Change）[1]の最新の報告書（IPCC, 2013）によると，地球の平均気温は1880～2012年の間に0.85℃上昇したという。そして，2081～2100年の平均気温は，現在よりも最大で4.8℃上昇する可能性があるとする。このような地球温暖化の主原因は，工業化に伴って大気圏に大量排出された温室効果ガス（GHG: greenhouse gas）の濃度上昇である。そこでGHG削減に関する取り組みが，すでに先進国・発展途上国を問わず始まっている。しかし，国連気候変動枠組み条約（United Nations Framework Convention on Climate Change）事務局による最新の報告書（UNFCCC, 2015）は，各国がGHGの削減目標[2]を提出したものの，それが達成されても2020年以降の平均気温の上昇を2℃未満に押さえ込むことは難しいとする。

地球温暖化の影響は，すでに様々な国や地域に表れている。そして，地球温暖化に由来する極端な気候変化によるリスクとして，海面上昇や高潮，豪雨と洪水，海洋・陸上生態系の損失，水不足，食糧不足，インフラ機能停止，熱中症などの健康被害が考えられている。地球温暖化は，人間生活の可能性を準備している自然を脅かしているだけでなく，将来活躍する人間の生活舞台をも奪おうとしているのかもしれない。本章では，はじめにグローバルスケールで生じている地球温暖化とそれがもたらす気候システム及び雪氷圏の変化について紹介する。その後メソスケール，ローカルスケールなどの空間スケールを基準として，環境破壊の実態を見ていく。

2. 地球温暖化とその影響（グローバルスケール）

(1) 地球温暖化

地球46億年の歴史の中で，気候環境はこれまで幾度となく温暖化と寒冷化を繰り返してきた。このような気候変動の自然的要因は，おもに地球が太陽から受け取る放射量の周期的変化に由来する。

地質時代最後の寒冷期は，今からおよそ1.8万年前に終わった最終氷期である。最終氷期以降の地質時代を後氷期と呼び，自然環境は急速な温暖化を背景にドラスティックに変化してきた。図表10-1に示すように，最終氷期

図表10-1 南極氷床コアによる9,000〜22,000年前の水素同位体比（δD），二酸化炭素（CO_2）およびメタン（CH_4）濃度の変化

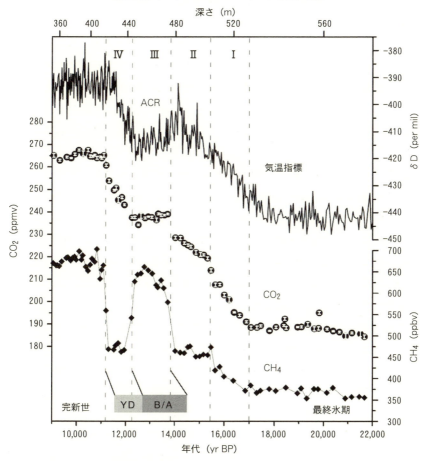

注：YD：ヤンガードライアス期（亜氷期），B/A：ベーリング・アレレード期（亜間氷期），ACR：Antarctic Cold Reversal, I〜IV：二酸化炭素とメタンによる時期区分。
出所：Monnin et al.（2001）による。

から現在にかけて水素同位体比（δD），二酸化炭素（CO_2）濃度およびメタン（CH_4）濃度は，いずれも上昇傾向が認められる。気温指標となる水素同位体比をみると，気温はおよそ 1.2 万年前に一時的に低下（ヤンガー・ドライアス期）したが，その後再び上昇し，およそ 1.1 万年前からは小さい振幅を伴いながらもほぼ一定している[3]。

人間活動が不活発な時代でも，太陽放射量の変化などからこのように地球規模の気温変化は生じてきた。しかし，近年の地球温暖化の原因は，温室効果を加速させる人為起源の二酸化炭素，メタン，亜酸化窒素（N_2O）などの GHG 濃度の上昇である。とりわけ CO_2 濃度の上昇には，おもに産業革命以降の化石燃料の大量消費が深く係わっている。図表 10-1 に示したように，過去 2 万年間 CO_2 はおおむね 180～270ppm の幅で変動してきた。しかし産業革命以降，人為起源による GHG 排出が加わり，自然状態の GHG 濃度を上回っているのである。とくに 1950 年から最近までの CO_2 上昇速度は異常に速く，2013 年の気象庁の観測[4]によると，綾里・南鳥島・与那国島などにおける平均値はおよそ 400ppm に達している。CO_2 濃度が 400ppm 近くまで上昇したことは，過去 40 万年間で一度もなかった。

人為的に付加された GHG の増加に伴って，1880～2012 年の期間に陸域と海上をあわせた世界平均の地上気温は，0.85（0.65～1.06）℃上昇した（図表 10-2）。加えて雪氷の量は減少し，海面水位が上昇した。この期間の気温変化の特徴として，気温上昇は 1950～60 年代にかけて停滞したものの，1970 年代以降 2000 年あたりまで上昇し続けた。その後，気温の一時的な停滞が生じたが，これは海洋の温暖化などのためとされる[5]。気温上昇の地域性をみると，それが大きい地域は，北半球では北米や欧州から極東にかけての広い範囲で確認される。気温上昇は，南半球ではブラジルでも顕著であるが，おもに工業化の進んだ北半球で広い範囲にわたっている。

わが国における 19 世紀以降の気温の変動傾向は，図表 10-3 に示す通りである。図表 10-3 は，都市化の影響が少なく，長期観測が行われている気象観測所 15 地点のデータをもとに作成された（気象庁 2015b）。1981～2010 年の 30 年平均値を基準に 1898～2013 年の変化を見ると，気温は上昇のトレ

2. 地球温暖化とその影響

図表 10-2　地上気温の偏差と分布

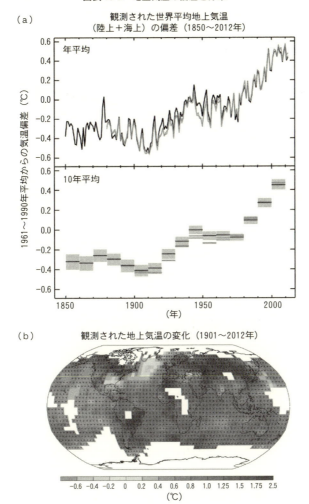

注：(a) 3つのデータセットによる 1850～2012 年までに観測された陸域と海上とを合わせた世界平均地上気温の偏差。上図：年平均値，下図：10 年毎の平均値（不確実性の推定を含む）。1961～90 年平均からの偏差。(b) 図 a のデータセットから線形回帰で求めた気温の変化傾向による 1901～2012 年の地上気温変化の分布。変化傾向は，データが有効で確実な推定が可能である場所（すなわち，70% 以上の完全な記録がそろっており，かつ期間の最初の 10% と最後の 10% においてそれぞれ 20% 以上のデータが利用可能な格子のみ）について計算されている。それ以外の領域は白色。危険率 10% の水準で変化傾向が有意である格子点を＋の記号で示す。
出所：IPCC（2013）の気象庁訳（2015a）をもとに作成。

図表 10-3　1898～2013 年の日本における年平均気温偏差の変化

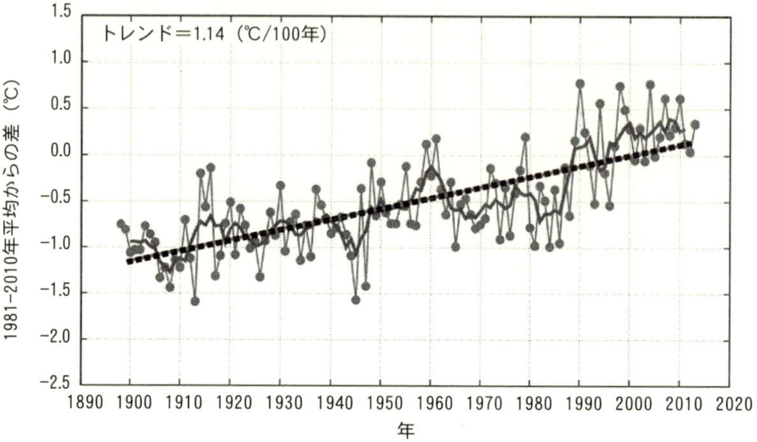

注：基準値は 1981～2010 年の 30 年平均値。黒い細線は各年の基準値からの偏差。グレーの太線は偏差の 5 年移動平均，破線の直線は長期変化傾向。
出所：気象庁（2015b）による。

ンドを持つことが明らかである。その気温上昇率は，1.14℃／100 年である。日本の気温上昇は世界全体のトレンドに類似しており，そのおもな原因も GHG 濃度の増加による地球温暖化と考えられる。

(2) 気候システムの変化

1）強大化する台風－集中豪雨と洪水，深層崩壊

　地球温暖化に伴って，気候システムが変化し始めている。不確実性を伴うものの，気候システムの変化が強い台風や熱帯低気圧の発生頻度に影響を与えていることは認識されている（気象庁 2015b）。2013～2014 年にかけて，わが国で強大な台風の襲来が続いたことは，このようなシステム変化の兆しであるかもしれない。

　台風・低気圧の発生頻度や強度の変化（増加）は，ただちに降水量の増加に結びつく。気象庁（2007）によると，日降水量 100mm 以上および 200mm 以上の日数は，過去 106 年間で有意な増加傾向があると指摘している[6]。とくに，最近 30 年間（1977～2006 年）と 20 世紀初頭の 30 年間

(1901〜1930年）とを比較すると，100mm以上日数は約1.2倍，200mm以上日数は約1.4倍の出現頻度であるという。

　気候システムの変化は，集中豪雨による河川洪水，内水氾濫や斜面崩壊などの自然災害にも結びついている。2015年9月には，台風18号による大雨で国内のいくつもの河川が氾濫する事態となった。とくに鬼怒川では中流部の人工堤防が決壊し，約40km²におよぶ広汎な地域が浸水被害（写真10-1）を被った[7]。この前年の2014年8月には，広島県広島市で発生した集中豪雨によって生じた土石流が，75名の死者を出した例もある。このような山地における土砂災害では，深層崩壊も警戒されている。深層崩壊は，山地の斜面表層部だけでなく，風化した深層の岩盤も崩れ落ちる現象である。第四紀の隆起量が大きい地域や付加体のような特定の地質が分布する地域などで

写真10-1　茨城県常総市の浸水状況（2015年9月11日撮影）
注：右の河川が鬼怒川，左が小貝川。破堤地点は鬼怒川左岸（写真右中央）。
出所：国土交通省　関東地方整備局ホームページ（www.ktr.mlit.go.jp/honkyoku/kikaku/data/photo/kinki/02/DSC01844.jpg）による。

発生している。深層崩壊の発生頻度は,表層崩壊によるがけ崩れなどより低い。例えば,1885～2010年に確認された深層崩壊は,1953年の「有田川水害」(和歌山県)など188件で,頻度自体は高くない[8]。しかし,深層崩壊は大きい被害を及ぼすため,気候システムの変化に伴う発生頻度の増加に注意が必要である。

2) 乾燥するオーストラリアの大地

オーストラリアでは,おもに乾燥化の進む夏季や冬季に,しばしばブッシュファイヤーと呼ばれる林野火災が発生する(図表10-4)。また,ブッシュファイヤーが頻発する年は,オーストラリアではおおむね旱魃に見舞われている[9]。旱魃は,エルニーニョの発生とも関連しているようであるが,オーストラリアのブッシュファイヤー・旱魃は,近年その頻度が増し,規模も大きくなっている。これは,もともとオーストラリア大陸が降水量の少な

図表10-4　シドニー周辺のブッシュファイヤー(2013年10月17日)

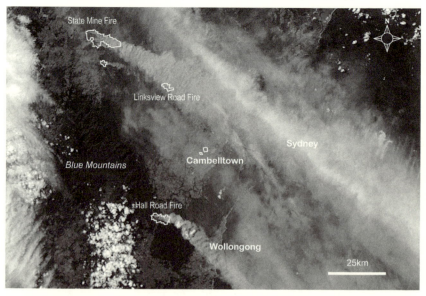

出所：NASA, Earth Observatory (http://eoimages.gsfc.nasa.gov/images/imagerecords/82000/82189/Australia_amo_2013290_lrg.jpg) から作成。

い乾燥大陸であることに加え,近年の気候システムの変化が関係している。

近年のオーストラリアでは,1970～2013年にかけて平均気温が南東部で上昇著しく,内陸では10年あたりの気温上昇速度が0.4℃を超える地域も存在する。一方,年降水量は大陸東部の広い範囲で低下速度が大きい(図表10-5A)。とくに沿岸から内陸部にかけては,10年あたり30mm以上の速度で降水量低下が生じている。このような気温上昇と降水量低下の著しい地域は,オーストラリアでは小麦栽培や牧牛飼育の盛んな地域となっている(図表10-5B, C)。このため,旱魃を伴うこのような気候変化は,小麦や牧牛

図表10-5 近年のオーストラリアにおける降水量の変化速度と小麦,牧牛生産地域

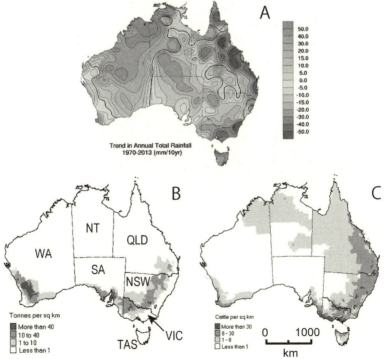

注:A:1970～2013年の降水量変化(mm/10年)。オーストラリア気象庁による。B:1996～97年の小麦生産量(トン/km²)。C:1996～97年の家畜頭数(頭数/km²)。
出所:BとCはAustralian Bureau of Statics (2003) による。

の減産につながる大きい問題である。同時に，これら農畜産物を大量に輸入する日本にとっても，減産は大きい影響を与えることが懸念される。

(3) 雪氷圏の変化とその影響

地球の水の97.2％は海洋に，残り2.8％の大部分（2.15％）が，固体の水（雪氷）として氷床や氷河に賦存する。このように地球全体では，雪氷圏に固定化された水の量は僅かであるが，地球温暖化は雪氷を融解してその量を縮小させ，氷河湖決壊洪水や海面上昇をもたらすと懸念されている。

1）縮小するヒマラヤの山岳氷河とGLOF

1970年以降，質量収支の観測されている173氷河の変化をみると，氷河は一部の例外[10]を除き縮小傾向にある（藁谷 2011）。とくに，ニュージーランドのアイボリー氷河は，年間2.4mの速度で縮小しているという。地上最大級の山岳氷河が存在するヒマラヤ山脈でも，多くの氷河が表面高度を低下（すなわち氷河の縮小）させている（図表10-6）。一方，ヒマラヤ山脈の

図表10-6　2つの衛星から求めた2003～08年のヒマラヤ山系における氷河表面の高度変化速度（m/年）

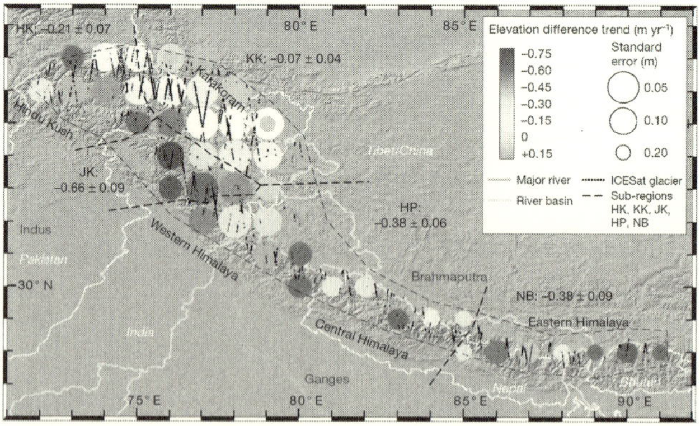

注：HK: ワハン回廊南部のヒンドゥークシ地区，KK: カラコラム地区，JK: ジャンム・カシミール地区，HP: ヒマーチャルプラデシュ，ウッタラカンド，西ネパール地区（HP），NB: 東ネパール・ブータン地区．すべてのセルのトレンドは，セルの中心が灰色で示されるカラコラム地区の3セルを除いて統計的に有意．標準偏差は±1σ．利用した衛星は Ice, Cloud and land Elevation Satellite (ICESat) と Shuttle Radar Topography Mission (SRTM)．
出所：Kääb et al. (2012) による．

内陸側に位置するカラコラム山脈では,氷河の表面高度が増加(すなわち氷河の成長)している。地球温暖化が進む中で,カラコラム山脈の氷河に見られるこの特殊性は,カラコラム・アノマリー(Hewitt 2005)と呼ばれている。氷河の縮小は,単に気温上昇だけで説明できない。氷河涵養域における降雪量の減少が生じていないか,についても検討が必要だからである。したがって,地球温暖化と氷河変動との関連性については,まだ不明確な点も残されている。しかし,観測された173氷河のうち約83%の氷河が縮小していることを考えれば,これは地球温暖化がもたらした気候システム変化のサインとみなすことができる。

縮小傾向にある氷河の末端部では,しばしば氷河湖が発達する(写真10-2)。これは,終堆石堤[11]を土手としてその上流側に融氷水が集まって形成された。氷河を抱える山岳地域では,このような融氷水は農業用水として利用で

写真10-2 2010年10月14日におけるイムジャ湖
出所:ICIMOD(2011)による。

きるため，集落や耕地はおおむね氷河下流の谷底部に立地している。地球温暖化によって氷河の融解が急速に進むと，氷河湖は拡大を続ける。しかし，湖水の溢流や終堆石堤の崩壊が生じると，下流に大規模な洪水をもたらすこととなる。これが氷河湖決壊洪水（GLOF: glacier lake outburst flood）である。

ヒマラヤやカラコラム山脈などでは，氷河は人間にとって水がめとして貴重な存在であるが，しばしばGLOFが発生して多くの人間や集落などが被災してきた。ネパールでは，1960～2000年にかけて14回のGLOFが発生した（山田 2000）。最近では，標高4,500mに位置する幅500m，長さ3kmのツォロルパ（Tsho Rolpa）氷河湖でGLOFの発生が懸念されている。また，標高5,000mに位置するイムジャ湖は2002年時点，3,600㎡の水量を抱えている。試作的なハザードマップ（Bajracharya *et al.* 2007）によると，GLOFによる被害想定は家屋60軒，水力発電所2箇所，橋梁2箇所に達すると予想される。

2）海面上昇で沈む島

気候環境の温暖－寒冷による氷河の消長に伴って，海面水位はこれまで上昇と低下を繰り返してきた。氷床・氷河が拡大した最終氷期の海面水位は，現在よりおよそ120mも低下していた。一方，近年の地球温暖化によって，1900～1905年の平均海面と比較して2010年の海面は19cm上昇したとされる（図表10-7）。この海面上昇に大きく寄与したのは，海洋の熱膨張とグリーンランド・南極氷床を除く氷河の縮小である。平均海水位の上昇率でみると（図表10-8），世界平均の上昇率2.84mm/年のうち，前者が1.1mm/年，後者が0.76mm/年となり，合わせて全体の60％以上を占める。氷河縮小の寄与は全体の27％程度であるが，温暖化によって氷床の融解も進めば，海面水位の上昇に大きく係わるものと考えられる。

このような海面水位の上昇は，標高の低い土地が大半の島や沿岸部にとって，高潮や海岸侵食などをもたらす脅威となっている。例えば，南太平洋のエリス諸島に位置するツバル・フナフティ環礁（Dickinson 1999）やマーシャル諸島共和国マジュロ環礁にある「マイルセブンティーン」などでは，

2. 地球温暖化とその影響

図表 10-7　世界平均海面水位の変化

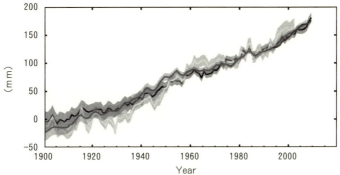

注：1900～05 年平均を基準とした世界平均海面水位（全データは，衛星高度計データの始めの年である 1993 年で同じ値になるように合わせてある）。時系列（濃度の異なる 3 種の線はそれぞれ異なるデータセットを示す）は年平均値を示し，不確実性の評価結果がある場合はそれぞれの陰影によって示している。
出所：IPCC（2013）をもとに作成。

図表 10-8　世界平均海面水位の上昇率（mm/年）

要因	1901 年～1990 年	1971 年～2010 年	1993 年～2010 年
海洋の熱膨張	—	0.8 ［0.5～1.1］	1.1 ［0.8～1.4］
氷河の変化（グリーンランドと南極の氷河を除く）	0.54 ［0.47～0.61］	0.62 ［0.25～0.99］	0.76 ［0.39～1.13］
グリーンランドの氷河の変化注	0.15 ［0.10～0.19］	0.06 ［0.03～0.09］	0.10 ［0.07～0.13］
グリーンランド氷床の変化	—	—	0.33 ［0.25～0.41］
南極氷床の変化	—	—	0.27 ［0.16～0.38］
陸域の貯水量の変化	-0.11 ［-0.16～-0.06］	0.12 ［0.03～0.22］	0.38 ［0.26～0.49］
合計	—	—	2.8 ［2.3～3.4］
観測	1.5 ［1.3～1.7］	2.0 ［1.7～2.3］	3.2 ［2.8～3.6］

注：グリーンランドの氷河の変化による寄与は，グリーンランドの氷床の変化による寄与の見積もりに含まれているため，合計には含まれない。角括弧の範囲は，90%の信頼区間。
出所：IPCC（2013）より気象庁（http://www.data.jma.go.jp/kaiyou/db/tide/knowledge/sl_trend/sl_cont.html）作成。

海面水位の上昇による海岸侵食が懸念されている。またスバ・フィジーでは，1972～2011 年にかけて 6.3mm/年の速度で海面水位が上昇してきた（図表 10-9）ことは，一刻の猶予もない。しかし海面上昇は，ひとつの国では解決できない複雑な問題である。

図表10-9 1972〜2011年のスバ・フィジーにおける月平均海水位の変化

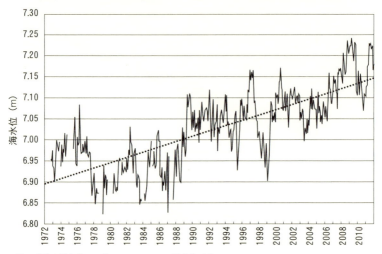

注:破線は傾向線で,約6.3mm/yearの速度を示す。
出所:Permanent service for mean sea level の SUVA-A (Station ID:1327, Latitude:-18.135678, Longitude:178.422839) から作成。

3. 越境汚染(メソスケール)と開発途上国の環境問題(ローカルスケール)

(1) 越境しはじめた中国の PM2.5

　ヨーロッパはいち早く工業化が進められたため,古くから越境する汚染物質が問題となっていた。特に,酸性降下物[12]によるイギリス,ドイツ,オランダ,北欧・東欧諸国などの環境悪化は,1950年代以降,森林および湖沼の生態系破壊,建造物および文化財の劣化,健康被害など深刻な問題を引き起こしてきた(藁谷 2003)。1991年時点のヨーロッパの湿性降下物のpHは,旧東ドイツ,チェコ,ポーランドなどでpH 4.4以下を示し,とくに低くなっていた。この低いpH地域は「黒い三角地帯」と通称され,ヨーロッパにおける酸性降下物問題の中心地であった。これらに対して,ポルトガル・スペイン・イタリア・旧ユーゴスラビアなど,地中海に面するヨーロッ

パ南部の諸国では，酸性降下物はpH5以上を示し，北部諸国に比べて比較的高いのが特徴である。これは酸性降下物の拡散が，おもに偏西風やアルプス山脈などの気候的，地形的制約を受けていることによると推測される。

周囲が海洋に囲まれたわが国では，これまで大陸起源の越境物質といえば黄砂ぐらいのもので，環境問題とは認識されていなかった。しかし近年，北京における汚染物質（PM2.5）の越境問題が生じ，これによる環境悪化に対する関心が高まってきた。PM2.5は，粒子の大きさが $2.5\mu m$（2.5/1000mm）以下の浮遊粒子状物質である。人為起源のPM2.5はトルエン，キシレン，酢酸エチルなどの揮発性有機化合物（VOC: volatile organic compounds）の光化学反応によりつくられて光化学スモッグを引き起こし（図表10-10），とくに呼吸器系の疾患を招くとされる。

北京におけるPM2.5の排出源は自動車由来（22%），発電所・ボイラー等の石炭燃焼（17%），粉塵（16%）などとされ，2014年10月では濃度300 $\mu g/m^3$ をしばしば超えていた。わが国の指針では，PM2.5の濃度が日平均 $70\mu g/m^3$（環境基本法に基づく環境基準は $35\mu g/m^3$ 以下）を超えると，

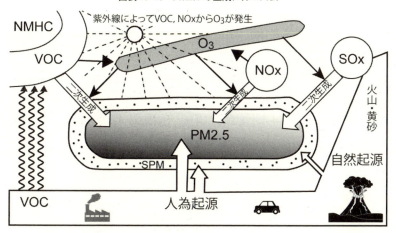

図表10-10　PM2.5の生成メカニズム

注：VOC：揮発性有機化合物。
出所：国立環境研究所（2002）をもとに作成。

「不要不急の外出や屋外での長時間の激しい運動をできるだけ減らす」とされている[13]。このような健康アドバイスは中国でも行われているが,如何に北京の濃度が高いかがわかる。わが国ではすでに,VOC排出抑制のため法的規制や自主的な取り組みが行われている。中国でも2013年以降PM2.5の観測が強化され,その濃度を抑制するために大気汚染防止に取り組み始めている。

(2) 破壊の進むカンボジアの熱帯林

硫化物や窒素酸化物の降下は,ヨーロッパでは森林破壊となってあらわれた。しかし,このような汚染物質によらずとも,人間は森林破壊の実行者である。その実態の一例は,カンボジア・クーレン山(Phnom Kulen)では,楕円形の森林伐採跡としてパッチ状に広がっている(図表10-11)。

クーレン山の標高約350mに位置するPopel村には,およそ83家族が暮らす。この村の農民は乾季(12〜3月)に森林をおよそ直径300mほど切り開いて農地を作り出し,そこでコメ,イモ,豆,バナナやゴマなどの栽培を行い,薪を取る。この農地が,図表10-11では楕円形の伐採跡として認識さ

図表10-11 クーレン山に見られる森林伐採跡

注:南部に位置するPopel集落のおよその位置は,北緯13度35分8.6秒,東経104度7分56秒。
出所:Google earthの画像をもとに作成。

れる。農民に聞くと，このような森林伐採は，自分（家）の所有する土地で行っていると答えるが，クーレン山はほぼ全域の3万7,500haが国立公園（Kulen national park）に指定（1993年）されている。巨木は家具や装飾品としての利用価値が高いこともあり，違法伐採[14]の可能性は濃厚だ。作物栽培は，森林伐採後の土地に火を入れた約1箇月後から始める。しかし，砂岩を母岩として風化した土壌には養分がほとんどなく，コメの生産には地下水と雨水を利用している。このため土地生産性は低く，コメの収穫量はシェムリアップ周辺の平野部の約半分程度（1.5t/ha）であるという。

カンボジアにおける森林伐採は，このような農地転用のほかに商業伐採，違法伐採，森林火災などによる（志間 2006；森林総合研究所 2012）。その背景には，生活維持を森林資源や伐採地の農地化に頼らざるを得ない経済的現実（貧困）がある。加えて，近隣諸国における森林伐採禁止措置や国内における1990年代の森林伐採権の発行などが大きい（全国木材組合連合会 2007）[15]。これらの結果，1973年時点に約1,310万haあったカンボジアの森林面積は，年を追うごとに減少し，2014年には約866万haとなってしまった[16]（図表10-12）。この41年間で実に約34％の森林が失われた。こ

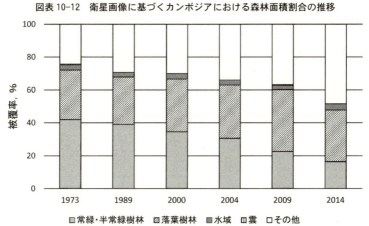

図表10-12　衛星画像に基づくカンボジアにおける森林面積割合の推移

出所：Open Development（http://www.opendevelopmentcambodia.net/briefing/forest-cover/）の資料から作成。

のような状況から脱却するため，今では森林伐採権は取り消され，森林管理を地域コミュニティが担っている地域も出てきた[17]。

(3) 酸性化するタイの土壌

陸の森林に対して，マングローブは海と陸地との境界部に成立する森林といえる。マングローブ林は，熱帯・亜熱帯の沿岸や河口の潮間帯に見られる塩生樹木群落である。一般にマングローブと呼ばれるが，これはヒルギ科のヤエヤマヒルギ・オヒルギ・メヒルギ，クマツヅラ科のヒギギダマシ，ハマザクロ科のハマザクロなどの多様な樹種によって構成される。マングローブ林は干潟を伴うため甲殻類・貝類・魚類なども多く，多様な生物の生息環境を提供する。

1980年における世界のマングローブ林の面積はおよそ1,879万haとされるが，1990年に1,693万ha，2000年に1,574万ha，2005年に1,523万haまで減少した（FAO 2007）。とくにアジアにおける変化は著しく，1980年から2005年にかけて191万haのマングローブ林が失われた。東南アジアでは製炭材やエビ養殖，あるいは農地転用を目的としてマングローブ林の伐採が進められてきたのである（加藤ほか 2006）。

このようなマングローブ林の伐採は，酸性硫酸塩土壌（ASS: acid sulfate soil）の生成とも結びついている。マングローブ林は，おもに細粒なシルトや粘土などを底質とし，嫌気性の環境に置かれている。すなわち，マングローブ林の土壌には，海水中に大量に存在するSO_4^{2-}と還元条件下で生成されたFe^{2+}とが反応して硫化鉄（FeS）が沈殿している。この硫化鉄は，海底堆積物中に普遍的に存在するS^0（斜方晶系の元素状イオウ）と反応してパイライト（pyrite, FeS_2）を生成する。ところが，マングローブ林が伐採を伴って開発されたり，その場所が陸化したりすると，パイライトの酸化が生じて，土壌の酸性化が進行することになる。酸性化が進み，pH3未満（pH(H_2O)＜4.0かつpH(H_2O_2)＜3.0）の土壌になったものがASSである[18]。

ASSの分布は，おもに沖積平野の沿岸部を中心に，世界でおよそ2,400万haもの広がりを有している[19]。東南アジアでは，人工的な土地改変を伴

う農業・内水面漁業の進展によって，このASSは主要な環境問題のひとつとなってきている。乾季と雨季の交替する気候環境と後氷期の海水準変動によって形成されたデルタを背景に，細粒の海成堆積物の酸性化が，土地の劣化に結びついているためである。タイ中央平原南部における土壌pHの分析によると（藁谷 2008），ASSの分布は，標高4m程度の中期完新世高海水準（MHH：Mid-Holocene sea level highstand）期の海岸線とおおむね一致する（図表10-13）。MHHの時（7,000～8,000yBP），現在のデルタは古アユタヤ湾の海底下にあったが，当時の海岸線に沿ってマングローブ湿地やソルトマーシュなどがタイダルフラット上に発達していた。これらの堆積物

図表10-13 チャオプラヤ・デルタにおける酸性硫酸塩土壌の分布

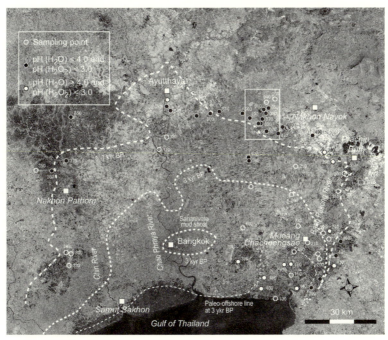

注：●はpH（H_2O_2<3.0）が低い酸性硫酸塩土壌の分布する地点。破線は完新世の最大海進時以降の汀線の位置。
出所：藁谷（2008）による。

は，有機物に富んだシルトや粘土などの細粒物質であったと考えられ，パイライトの形成は容易におこなわれたものと推測される。その後の海面低下と人工的地形改変を伴う農地転用や養殖池造成などが，このような土壌の酸化を促し，ASSの形成に結びついたと考えられる。

4. メメント・モリ―成長の限界と持続可能性―

メメント・モリ（*Memento mori*）とはラテン語で，人にも必ず死が訪れることを忘れてはならない，という警句である。上述してきたように，人間はアントロポセンに自らの欲求によって自然環境を都合よく変え，破壊してきた。そのスケールは，グローバルスケールからローカルスケールに至るまで様々な空間スケールで進行してきた。果たして，このような愚行が何時までも続けられるのであろうか。地球の自然環境は無尽蔵に利用可能ではなく，何時までも人間社会に寛容という訳にはいかないだろう。既に人間は，自然環境を不可逆的な臨界点にまで破壊してしまったのであろうか。あるいは環境破壊をこのままのペースで進めると，われわれ人間の将来に成長の限界が訪れるのであろうか。地球の歴史が物語るように，人間は永遠に生き続けることは不可能であるが，近い将来，人間社会は成長の折り返し地点に差し掛かってしまうかもしれない。

(1) 温暖化した2100年の自然環境とリスク

IPCC（2013）は，1880～2012年の間に地上の平均気温が0.85（0.65～1.06）℃上昇したとしている。そして1950～2100年までの気温上昇は，3.7～4.8℃と予測する（図表10-14a）。

このような気温上昇の影響は，気候システムの変化，雪氷域の縮小，海面水位の上昇および生態系へのストレスなど，自然環境に広範囲に及ぶであろう。とくに雪氷圏における予測では，北極の海氷面積が極端に減り，やがて2060年頃にはそれがゼロになる可能性があるという（図表10-14b）。また，海面水位の上昇については，2070年までに世界の主要な港湾都市の住民1

図表 10-14　1986〜2005年平均に対する世界平均地上気温(a)と北半球における9月の海氷面積（5年移動平均）(b)の変化予測

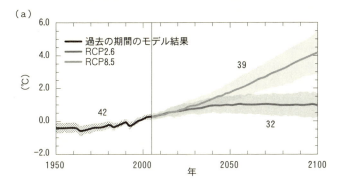

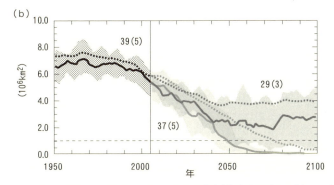

注：(a)では，予測と不確実性の幅（陰影）の時系列を，代表的濃度経路 (RCP) 2.6（濃いアミ）と RCP8.5（淡いアミ）のシナリオについて示す。黒（と周囲の陰影）は，復元された過去の強制力を用いてモデルにより再現した過去の推移。全ての RCP シナリオに対し，2081〜2100 年の平均値と不確実性の幅をアミがけした縦帯で示す。数値は，複数モデルの平均を算出するために使用した第 5 期結合モデル相互比較計画 (CMIP5) のモデルの数。
　(b)では，北極域の海氷の気候値と1979〜2012 年における傾向を現実にかなり近く再現したモデルについて，予測の平均値と不確実性の幅（最小と最大の範囲）を示す（括弧内はモデルの数）。完全を期すために CMIP5 全モデルの平均値も点線で示す。破線は海氷がほとんど存在しない状態（つまり，海氷面積が少なくとも 5 年連続で 10^6km^2 未満）であることを示す。
　RCP8.5：高位参照シナリオ。2100 年における GHG 排出量の最大排出量に相当するシナリオ。RCP2.6：低位安定化シナリオ。将来の気温上昇を 2℃以下に押さえるための最小 GHG 排出量の目標を達成するシナリオ。CMIP5 のシミュレーションの大半は，2100 年までに二酸化炭素換算濃度が，475ppm（RCP2.6 シナリオ），630ppm（RCP4.5 シナリオ），800ppm（RCP6.0 シナリオ），1313ppm（RCP8.5 シナリオ）となるような，あらかじめ規定された濃度で実行されている。
出所：IPCC (2013) の気象庁訳 (2015a) をもとに作成。

億5,000万人と,世界の総生産の9％に当たる35兆ドルの資産が危険にさらされると,経済協力開発機構が警告した(ティム 2013)。このような,地球温暖化に伴う将来の人間社会に対するリスクについて,IPCC(2014)による報告書では,次の8項目(環境省 2015)を主要なものとして挙げている。

　ⅰ)高潮,沿岸域の氾濫及び海面水位上昇による,沿岸の低地並びに小島嶼開発途上国及びその他の小島嶼における死亡,負傷,健康障害,生計崩壊のリスク。

　ⅱ)いくつかの地域における内陸部の氾濫による大都市住民の深刻な健康障害や生計崩壊のリスク。

　ⅲ)極端な気象現象が,電気,水供給並びに保健及び緊急サービスのようなインフラ網や重要なサービスの機能停止をもたらすことによるシステムのリスク。

　ⅳ)特に脆弱な都市住民及び都市域又は農村域の屋外労働者についての,極端な暑熱期間における死亡及び罹病のリスク。

　ⅴ)特に都市及び農村におけるより貧しい住民にとっての,温暖化,干ばつ,洪水,降水の変動及び極端現象に伴う食料不足や食料システム崩壊のリスク。

　ⅵ)特に半乾燥地域において最小限の資本しか持たない農民や牧畜民にとっての,飲料水及び灌漑用水の不十分な利用可能性,並びに農業生産性の低下によって農村の生計や収入を損失するリスク。

　ⅶ)特に熱帯と北極圏の漁業コミュニティにおいて,沿岸部の人々の生計を支える,海洋・沿岸生態系と生物多様性,生態系の財・機能・サービスが失われるリスク。

　ⅷ)人々の生計を支える陸域及び内水の生態系と生物多様性,生態系の財・機能・サービスが失われるリスク。

　これらリスクは,自然地域によって影響の程度が異なるだろう。また,人間社会の差(貧困度,性別,年齢,民族など)によっても変化する。

(2) 持続可能性

このような事態に対処するため，EU は産業革命（1750 年）以前と比べて，気温上昇を 2100 年時点で 2℃に抑制することが必要と主張している（RSBS 2005）。そしてこれを高い確率で達成するためには，GHG 濃度を CO_2 換算で 400ppm 以下に安定させる必要があるという。しかし，すでに CO_2 濃度が 400ppm となっている現在，地球温暖化対策は先進国と途上国が一丸となって GHG の排出を抑制するという，緩和策だけで十分とはいえない。人間社会の持続可能性を保障するためには，温暖化の影響に対して自然や社会のあり方を調整する，適応策もあわせて実行する必要がある。すなわち大気，海洋，陸域，生態系など自然環境の変化に由来する被害を最小限にとどめる社会，これら環境変化に強い社会が求められている。気候システム，エネルギー消費，森林変化などのモニタリング強化（高田・横内 2003）による迅速な環境変化の把握は，環境破壊に対する安全保障の一対策である。また，アグロフォレストリーやマングローブの沿岸林再生なども適応策の一例としてあげることができる。

いっぽう，環境変化という事象の発現スケールを考えると，地球〜地域規模に到る環境管理という考え方が必要である。先述した環境問題，例えば浸水被害，深層崩壊，干害，GLOF，海岸侵食などは，各地域で実際の被害をもたらしているが，それらの発生はグローバルな環境変化（温暖化）に根ざしていると考えられるからである。そこで，自然環境が将来に向かって変化（悪化）するなかで人間社会の持続可能性を考えるには，グローカル（Glocal）という見方が有効である。

グローカルとはグローバル（地球規模）とローカル（地方）をあわせた造語で，グローバルな視点を持ってローカルな課題に取り組むことを含意している。人間社会の持続可能性は，身近で生じている，すなわちローカルな環境変化に対する対策の実行が，CO_2 濃度の増加という目に見えないグローバルな現象の抑制に結びつくことを意識することによってもたらされるであろう。

注

1) 人間による気候変化やその影響，緩和策，およびこれらの評価などを行う組織である。数年間隔で作成される報告書は，3つの作業部会（第1～第3作業部会）の報告書とこれらを統合した統合報告書の4つの報告書から構成される。

2) 報告書は，2015年10月1日までに147カ国・地域（2010年の排出量で全世界の86％を占める）が提出した削減目標を分析した。削減目標として，EUは1990年比で2030年までに少なくとも40％減，アメリカは2005年比で2025年までに26～28％減，インドは2005年比で2030年までに国内総生産あたりの排出量を33～35％減，ロシアは1990年比で2030年までに25～30％減，日本は2013年比で2030年までに26％減，中国は2030年までに減少に転じるとする（http://www.asahi.com/articles/ASHBZ4FH9HBZULBJ00G.html）。2015年12月18日閲覧。

3) 約6,000年前には温暖化のピークを迎えた。これは気候最適期と呼ばれ，現在より気温は2～3℃温暖であったとされる。

4) 気象庁の観測値（http://www.jma.go.jp/jma/press/1405/26a/2014co2.html）による。2015年11月6日閲覧。

5) およそ2000年以降に現れた世界平均気温の横ばい傾向は，英語で停滞を意味するhiatus（ハイエイタス）と呼ばれる。この要因は，気候システムに蓄積された熱の海洋への再分配や放射強制力の変化によるものである（気象庁，2015b）。

6) 気象庁（http://www.data.jma.go.jp/cpdinfo/riskmap/heavyrain.html#3-1）による。2015年11月27日閲覧。

7) 国土交通省台風18号による大雨等に係る被害状況等について（9月17日9:00時点）（http://www.mlit.go.jp/common/001104369.pdf）による。2015年11月27日閲覧。

8) 土木研究所『過去の深層崩壊事例について（～平成22年度）』（http://www.pwri.go.jp/team/volcano/tech_info/study/h23_fy2011/past_dscl-list20120117.pdf）による。2015年12月18日閲覧。

9) オーストラリアにおける旱魃被害は，1864～66，1880～86，1888，1895～1903，1911～16，1918～20，1939～45，1963～68，1972～73，1982～83，1991～95，2002～03などの期間に生じた（Drought in Australia, http://www.jaconline.com.au/downloads/sose/2004-11-drought.pdf）。2016年1月8日閲覧。

10) 例えば，氷河拡大の最大値は，ノルウェーのEngabreen氷河で年0.64m拡大した。

11) 氷河によって削り取られた岩屑が，氷河の末端部に集まって形成した三日月状の小丘。末端部に形成されたものをエンドモレーンという。

12) 酸性雨・酸性雪・酸性霧などの湿性降下物と固体・気体の酸性物質である乾性降下物とからなる。酸性雨の発生は，硫黄酸化物（SOx）や窒素酸化物（NOx）の酸化による硫酸や硝酸への変化，硫酸イオン，硝酸イオンへの変化を経て生じるものと考えられている。酸性雨の指標となるのはpHで，pH5.6より低いものを酸性雨という。一般に，酸性降下物のpH5～4になると生態系への影響が出はじめるとされる。

13) 環境省，微小粒子状物質（PM2.5）に関する情報（http://www.env.go.jp/air/osen/pm/info.html#GUIDELINE）による。2015年11月2日閲覧。

14) Archaeology and Development FoundationによるPhnom Kulen Program（http://www.adfkulen.org/environment.html）による。2015年12月31日閲覧。

15) フォレストパートナーシッププラットフォーム（http://www.env.go.jp/nature/shinrin/fpp/communityforestry/index4.html）による。2015年12月31日閲覧。

16) Open Development Cambodiaのデータ（http://www.opendevelopmentcambodia.net/

briefing/forest-cover/) によると，1973 年時点における森林面積は 13,096,148ha。その後 1989 年 12,333,880ha，2000 年 12,104,868ha，2004 年 11,450,927ha，2009 年 10,929,062ha，2014 年 8,660,152ha と減少した。2015 年 11 月 6 日閲覧。

17) 例えば，カンボジア南西部キリロム国立公園と隣接するチョンボック町では，2003 年から森林の保全や地域住民の生活向上を目的としたコミュニティ密着型エコツーリズム (CBET: Community-Based Eco-Tourism) が行われている (http://chambok.org/)。日本語の紹介は，http://www.env.go.jp/nature/shinrin/fpp/communityforestry/index9.html。2015 年 12 月 31 日閲覧。

18) FAO (http://www.fao.org/soils-portal/soil-management/management-of-some-problem-soils/acid-soils/en/) による。2015 年 12 月 31 日閲覧。

19) ASS は沿岸域だけでなく，マングローブ林下でパイライトを含む堆積物が陸化した内陸でも見られる。

参考文献

Australian Bureau of Statistics (2003), *Year Book Australia* 2003, No.85, Commonwealth of Australia, p.974.

Bajracharya, S.R., P.K. Mool and B. Shrestha (2007), *Impact of climate change on Himalayan glaciers and glacial lakes: case studies on GLOF and associated hazards in Nepal and Bhutan*. International Centre for Integrated Mountain Development, p.119.

Carson, R. (1962), SILENT SPRING, 青木簗一訳 (1987)『沈黙の春』新潮社, p.394。

Crutzen, P.J. and E.F. Stoermer (2000), The 'Anthropocene', *IGBP Newsletter* 41, pp.17-18.

Dickinson, W.R. (1999), Holocene sea-level record on Funafuti and potential impact of global warming on central pacific atolls, *Quaternary Research* 51, pp.124-132.

FAO. (2007), *The world's mangroves 1980-2005*, FAO Forestry Paper 153, Food and Agriculture Organization of the United Nations, p.77.

Hewitt, K. (2005), The Karakoram anomaly? Glacier expansion and the 'elevation effect,' Karakoram Himalaya, *Mountain Research and Development* 25, pp.332-340.

ICIMOD. (2011), *Glacial Lakes and Glacial Lake Outburst Floods in Nepal*, International Centre for Integrated Mountain Development, p.99.

IPCC. (2013), *Climate Change* 2013: *The Physical Science Basis. Contribution of Working Group I to the Fifth Assessment Report of the Intergovernmental Panel on Climate Change* (Stocker, T.F., D. Qin, G.-K. Plattner, M. Tignor, S.K. Allen, J. Boschung, A. Nauels, Y. Xia, V. Bex and P.M. Midgley, eds.) Cambridge University Press, p.1535.

IPCC. (2014), Summary for policymakers. In: *Climate Change 2014: Impacts, Adaptation, and Vulnerability. Part A: Global and Sectoral Aspects. Contribution of Working Group II to the Fifth Assessment Report of the Intergovernmental Panel on Climate Change* (Field, C.B., V.R. Barros, D.J. Dokken, K.J. Mach, M.D. Mastrandrea, T.E. Bilir, M. Chatterjee, K.L. Ebi, Y.O. Estrada, R.C. Genova, B. Girma, E.S. Kissel, A.N. Levy, S. MacCracken, P.R. Mastrandrea, and L.L. White, eds.) Cambridge University Press, pp.1-32.

Kääb, A., Berthier, E., Nuth, C., Gardelle, J., Arnaud, Y. (2012), Contrasting patterns of early twenty-first-century glacier mass change in the Himalayas, *Nature* 488, pp.495-498.

Monnin, E., A. Indermühle, A. Dällenbach, J. Flückiger, B. Stauffer, T. F. Stocker, D.

Raynaud, J. Barnola (2001), Atmospheric CO_2 concentrations over the last glacial termination, *Science* 291, pp.112-114.

UNFCCC (2015), *Synthesis report on the aggregate effect of the intended nationally determined contributions*, United Nations Framework Convention on Climate Change, p.66.

環境省 (2015),『気候変動 2014　影響，適応及び脆弱性，気候変動に関する政府間パネル　第 5 次評価報告書第 2 作業部会報告書，政策決定者向け要約』環境省訳，p.39 (http://www.env.go.jp/earth/ipcc/5th/pdf/ar5_wg2_spmj.pdf)。

加藤　茂，Panichart, S., Boonming, S., Teratnatorn, V., 堀　雅文, 小島紀徳, 斉藤則子, Aksornkoae, S. (2006),「マングローブ植林「緑の絨緞作戦」による沿岸生態系の修復」『地球環境』11(2), pp.255-266。

気象庁 (2007),『気候変動監視レポート 2006：世界と日本の気候変動および温室効果ガスとオゾン層等の状況について』気象庁，p.88。

気象庁 (2015a),『気候変動 2013　自然科学的根拠，気候変動に関する政府間パネル　第 5 次評価報告書第 1 作業部会報告書，政策決定者向け要約』気象庁訳，p.31 (http://www.data.jma.go.jp/cpdinfo/ipcc/ar5/ipcc_ar5_wg1_spm_jpn.pdf)。

気象庁 (2015b),『異常気象レポート 2014：近年における世界の異常気象と気候変動～その実態と見通し～（VIII）』気象庁，p.253。

国立環境研究所編集委員会編 (2002),『環境儀』No.5, p.6.

RSBS（サステナビリティの科学的基礎に関する調査プロジェクト編）(2005), 第 2 部サステナビリティの 5 つの側面，第 1 章気候システム p.44,『サステナビリティの科学的基礎に関する調査報告書 Science on Sustainability 2006』イースクエア，p.286。

志間俊弘 (2006),「カンボジアの違法伐採と土地問題」『熱帯林業』65 号，pp.17-24。

森林総合研究所　REDD 研究開発センター (2012),『REDD プラスへの取り組み動向—Country Report カンボジア王国—』森林総合研究所，p.16。

高田邦道・横内憲久編 (2003),『環境と資源の安全保障　47 の提言』共立出版，p.256。

ティム・フォルジャー (2013),『加速する海面上昇』。ナショナルジオグラフィック日本版, 19(9), pp.36-61。

藁谷哲也 (2003),「環境の持続性にかかわる分析のあり方」高田邦道・横内憲久編『環境と資源の安全保障　47 の提言』共立出版，pp.94-97。

藁谷哲也 (2008),「タイ・中央平原南部における酸性硫酸塩土壌の分布とそれを規定する地形条件」『21 世紀 COE プログラム　環境適応生物を活用する環境修復技術の開発　最終報告書』日本大学大学院生物資源科学研究科，pp.21-24。

藁谷哲也 (2011),「地球の気候変動と温暖化問題」大塚友美編『経済・生命・倫理—ヒトと人の間で—』文眞堂, pp.131-153。

山田知充 (2000),「ネパールの氷河湖決壊洪水」『雪氷』62(2), pp.137-147。

全国木材組合連合会 (2007), 合法性・持続可能性証明木材供給事例調査事業『主要木材輸出国森林伐採関連法制度調査報告書』(社) 全国木材組合連合会，p.170。

第 11 章

トランス・サイエンスのための科学・技術倫理

1. はじめに

　科学・技術の持つ性質は，20世紀から21世紀の現代までの間に，大きく変化してきているのではないか。歴史家のエリック・ホッブズボームは，20世紀を3つの時代に分けて，その変化を以下のように分析している。1) 科学・技術が戦争により発展した「破局の時代」(1914〜1945)，2) 経済成長と結びついた「黄金の時代」(1945〜1970)，3) 地球温暖化に代表される科学・技術の負の側面が明らかになってくる「解体と不確実と危機の新しい時代」(1970〜) の3つである。

　この最後の「解体と不確実と危機の新しい時代」にあたる1972年，日本哲学会では「大学改革」をめぐるシンポジウムにおいて，以下のような指摘がなされている。科学・技術の進展に伴い科学・技術的問題が関与する社会的政策に関しては，専門家である科学者による決定を優先せざるを得ない。すなわち，少数の科学的専門家の権威を容認しなければならず，民主主義においても，科学的真理は多数決に委ねられないという問題である。

　その後，科学・技術は経済至上主義と結びつき驚異的に発展し，人類にとって利便性や快適性を与えてきたが，その反面，リスクや災害をももたらしたことも事実である。したがって，現代における問題は，科学・技術による生産物の利用の仕方だけではなく，その拒否・規制あるいは方向づけが必要であり，同時に，それらのことを一体誰が検討するのかということも重要な課題であろう。

　そこでまず，20世紀以降の科学・技術の特質について考えてみることに

する。次に、科学・技術の具体的な対象として、iPS細胞における再生医療技術を取り上げ、それがわれわれ人類に対して真の幸福をもたらすことが可能となるための条件について論じ、さらには、その1つのモデルとして京都大学iPS細胞研究所（CiRA：サイラ）の倫理研究部門の取り組みに関して言及し、今後の未来におけるトランス・サイエンスのための科学・技術倫理について考えてみよう。

2. 20世紀以降の科学・技術の特質

(1) ビッグサイエンス

現代において科学・技術は先進国にとって不可欠の要素である。17世紀以降、少数の人々により発展した科学・技術は、国家や大企業による研究資金援助に基づいた、産業と深く関わる大規模な営み、ビッグサイエンスとなっている。さらに、基礎研究を行う純粋科学よりも、自然を操作し新たな物質や生物の作成可能性を増大させる科学・技術のほうがより大きいと考えられる。こうした状況は、社会科学者マートンの指摘によると、科学者の間に熾烈な競争をもたらした、という。業績主義による競争が科学であり、偉大な科学者とは、ビジネスの世界と同様に、競争社会の中で勝ち残ったものであるという「科学・技術のゲーム化」という通念が出来上がったのである。

(2) 科学・技術と政策

第二次世界大戦中、アメリカは国家資金を投じ原子爆弾作成を目的にした科学・技術を推進するマンハッタン計画を遂行したことは事実である。アメリカにおいては、国家的規模の支援による軍事研究が、純粋科学の研究に繁栄をもたらしたといっても過言ではない。ビッグサイエンスは冷戦構造に伴い発生したため、純粋科学の発展は自由であった。しかし1990年代、冷戦構造が崩壊すると、科学・技術の社会環境に大きな変化が生じた。1993年、物質の質量の解明を目指す超電導大型加速器設計計画SSC（Superconducting

Super Collider）が，巨額経費が掛かることを理由に，合衆国議会により中止された。このように冷戦の終焉を機に，国家の科学・技術への期待は変化していった。

現在においては，大学の科学・技術研究と産業界との結合が推進されて，経済至上主義に基づく国益実現という観点から科学研究が評価されるようになってきた。つまり，冷戦構造崩壊に際し，純粋科学の存立の意義が問題視されはじめ，「純粋科学を市場原理によって制御する方向が，科学の社会的責任を果たす道として推進されている」。したがって，科学・技術は政策に左右される可能性が十分あると考えられる。

こうした状況を，純粋科学の研究の衰退と捉え，ポパーのように，スポンサーに基づく研究は下請け仕事であり，好奇心に基づく創造的研究という精神の堕落であるとみることもできよう。しかし，貧困・失業・福祉という社会環境を考慮すると，少数の科学者のみに意味を持つ研究に巨額な公的資金を投入することは正当化できない。さらに，科学・技術に対する不安・懸念も存在する。地球環境問題，福島原発問題，再生医療問題等がまさにそれである。

(3) 科学・技術の目的とは何か

科学・技術の研究が政策に依存するならば，そもそも科学そのものにとって自立性はありうるのであろうか。当初，いわゆる「科学哲学」は科学の自立性を前提とし，知識の生産の理想を科学に求め，方法論を確立してきた。そこで生産される知識は真理であり，その目的に関しては考察の対象外であった。ところが，現代に至って問われる重要な観点は，まさにその「知識生産の目的」である。

ギボンズによれば，研究は以下の2つのタイプに分類されるという。

① 物理学のような伝統的な専門分野内部の問題関心と手法によって自律的に進む研究（モード1）
② 研究課題が，経済的，社会的な応用的必要性から設定され，研究者の動員，研究方法が構築される研究（モード2）

ギボンズは，① から ② へと変化することを，知識生産のための社会組織の進化として把握している。② では，研究者は自分の研究の社会的意味に目覚め，説明責任を自覚する方向へと向かう。現在，科学技術者の社会的責任が喧伝される中，知識を特許化し，企業に有償で提供することが試みられている。この場合，説明責任は，市場の満足に還元されつつある。しかし，この説明責任が経済的，社会的ニーズだけにより定義されることに問題はないであろうか。実はこの点が非常に重要であろう。

いま科学・技術において，危惧されるのは，その経済という応用の文脈における，知識生産の商品化の問題である。しかし，② は世界的不平等を拡大する可能性がある。つまり，科学・技術の知識生産の成果が利用された場合に得られる経済的利益は，「富める国」と「貧しい国」という格差を生むことになるであろう。① のタイプの研究はコミュニタリアン的社会に，② のタイプの研究はリベラリズム的社会に結びつき，現代社会において政治哲学的な課題にも関連するように思える。したがって，いま，科学・技術に必要とされる提案は，現状の科学・技術の在り方を考慮して，知識生産の構造を分析し，さらに，その知識の目的に関して政策的観点からも議論することであろう。

(4) トランス・サイエンス

科学・技術の社会的，政治的利用の仕方により問題が生じる，という根強い考えがある。この発想には，「自然について知識としての科学，さらにその原理を用いて何かの目的を持ち生まれた科学・技術」と「その技術を社会に使用することを政治的に判断するという営み」とを，明確に区別可能であるとみなす考え方がある。これは哲学史的観点からすると，カントのいう「事実問題」と「価値問題」の二元論に基づく立場であると考えられる。

しかし，現代においては以上のような峻別は不可能である。1972 年，米国の核物理学者，アルビン．Ｍ．ワインバーグはこのような科学・技術と社会との新たな関係を「トランス・サイエンス」と呼んだ。彼の指摘によると，純粋な科学の領域と純粋な政治の領域とを明確に区別することが難し

く，この「科学と政治の交叉領域」（トランス・サイエンス）は，「科学によって問うことはできるが，科学によって答えることができない問題群からなる領域」と把握されている。

例えば，「原子力発電所のすべての安全装置が同時に故障した場合，深刻な事故が生じる」ということに関しては専門家の意見は一致する。この場合，科学によって問うことができ，科学によって答えることもできる。しかし，「すべての安全装置が同時に故障することがあるかどうか」という問いは，科学によって答えることができない問題であり，トランス・サイエンスな問いであるということができる。確かに，すべての安全装置が同時に故障することは低確率であるが，問題は，その低確率をほとんど起こりえない故，危険ではないとみなすか，あるいは，もし起こったならば，重大な災害を引き起こすことを想定し対策を講じる必要があるとみなすかというリスク評価に際し，工学的判断以外の社会的な判断が介入する，ということである。したがって，この問いに答えるには，科学的な問いの領域を越える（トランス）ことになる。

現代において，地球温暖化問題はトランス・サイエンスの最たるものであろう。脳科学，ナノテクノロジー，情報科学を駆使し開発される自動運転システム，ロボティクスを応用する医療機器等，さらには，再生医療で期待高まるiPS細胞技術，挙げればきりがない。現代の科学・技術はまさにトランス・サイエンスな状況である。これらの科学・技術が「われわれの社会や人々の生にどのような意味を持ち，どのような恩恵をもたらし，どのような災厄をもたらし，我々の思考や生活形式にどのような影響を与えるかという問題の考察は，ますます重要になるであろう」と科学哲学者である小林傳司氏は指摘する。

(5) 価値論を考慮した科学・技術研究の必要性

17世紀のデカルトに始まる近代哲学は，この21世紀の現在から反省的に考えるならば，狭量な合理性の概念を生み出し，その後，科学や哲学は確実性ばかりを求める方向へと向かい，論理分析が最高の価値を保持するものと

みなされることになった。かくして，事実問題と価値問題は分離され，事実問題だけが論理分析の重要なテーマとなり，価値問題は合理的に議論される機会を逸するまでに至った。

　この狭量な合理主義的傾向は20世紀まで続くが，しかし，1970年代になると，原子爆弾や環境問題への反省，コミュニケーションの必要性，さらには生命倫理等への関心から，17世紀の科学革命により否定され，狭量な合理性からはほとんど省みられることのなかったアリストテレス的な様々な問題が復活してきた，と指摘される。

　われわれは，何のために知識を生むのだろうか。先述したように，知識生産のタイプは2つあった。① 専門分野内部で自律的に進む研究，② 応用的必要性からなされる研究，である。①は閉鎖的専門集団による知識生産であり，自らの研究の社会的意味を問う動機に欠ける傾向があろう。その結果，その知識は共同体に属するものだけに有意義なものになり，自己満足的になりやすい。それに対し，②は社会的・経済的に必要とされるという動機を持つ研究であるので，ビジネスに直結する市場原理優先の研究に陥る危険性がある。そこには，このようにして生産された知識が，十分精査されずに社会に流失・還元されていくという危険性もある。

　そこで，いま新たに，第3の知識生産のタイプ③（モード3）を考え出すことが必要とされる。この③のタイプの知識生産が持つ要件は，知識生産の目的について，社会的に開かれた人による，開かれた討議をすることであろう。つまり，専門家集団を超えた多様な社会の人々の声を研究に反映させるシステムを構築することが必要である。①においては，科学・技術の潜在的危険性を回避する研究が促進されにくい。なぜなら，研究者は，「新奇性」を求められ，「知的財産権」を取得するよう奨励される。それゆえ，潜在的危険性に関する動機づけは消極的にならざるを得ないからである。確かに，研究課題の選択やその方法の選択には，社会的価値が影響することはありうる。その観点から，事実と価値の二元論的峻別を批判する論客もいよう。しかし，いま重要な問題は，「より広い社会的関心と関連付けられた価値」が科学・技術という事実と結びついているという点である。

ところで，科学・技術に関する討議に知識を持たない非専門家が参加する資質があるのであろうか，という反対意見も当然のことながら予想される。ここで討議すべき問題とは何か。その問題は科学・技術に関わる科学的な問題だけではなく，その社会的使用に関する政治的な議論であることを看過してはならない。先述したように，トランス・サイエンスを指摘したワインバーグは，そのような議論は科学者のみによるのではなく，科学者と市民の共同討議によらなければならないとした。われわれの生活世界は，科学・技術に植民地化されるのではなく，それをいかに使いこなすかという英知が必要とされている。そのことは，「科学・技術は何を目的とした知識生産であるべきなのか」という価値の問題に，われわれが既に踏み込んだことを意味しており，「何のための知識生産か」という問題はさらに共同体の中において絶えず修正され進化すべきであり，より普遍的な価値を目指すことを予見させる価値論を考慮した科学・技術研究が希求される必要があろう。

3. iPS 細胞と技術倫理

 次に，冒頭で述べたように，目下のところ，我々の近未来の生活にとって，最も関心の高い具体的な科学・技術の1つに目されるであろう iPS 細胞における再生医療技術を取り上げ，その科学・技術がわれわれ人類に対して真の幸福をもたらすことが可能となるための条件について論じてみよう。

 第4回国際生命倫理学会（1998年）において，「クローン技術を用いて，人の胚や胎児細胞から移植用の組織や臓器をつくることは認められるのではないか」という発言が，物議をかもした。その最中に，「ES 細胞」のニュースが TV で報道された。米ウィスコンシン大学の研究グループが，臓器や組織に分化する能力を持つ細胞である「胚性幹細胞」（ES 細胞）を，体外受精したヒトの受精卵から取り出し，培養して増殖に成功したのである。それ以後，ES 細胞の研究はクローン技術と密接に関係することにより，再生医療という新たな分野として発展することとなり，クローン人間から臓器を作製するという倫理的問題から解放されたかに見えた。しかし，こ

こにクローン人間とは異なった新たな倫理的問題が発生した。つまり，生命の萌芽である「クローン胚の破壊」という問題である。

ところが，2006年，京都大学の山中伸弥教授らのグループによって，世界初の人工多能性幹細胞（iPS細胞）が作られた。分化万能性を持った細胞は理論上，体を構成するすべての組織や臓器に分化誘導することが可能であり，ヒトの患者自身からiPS細胞を樹立する技術が確立されれば，拒絶反応の無い移植用組織や臓器の作製が可能になると期待されている。ヒトES細胞の使用において懸念されていた，「胚の破壊」という倫理的問題の抜本的解決に繋がりうることから，再生医療の実現に向けて，世界中の注目が集まっている。しかし，現在，同時にiPS細胞による生殖細胞の作製に伴う新たな倫理的問題が生じてきていることも事実である。はたして，iPS細胞技術はわれわれ人類に対して真の幸福をもたらすことが可能だろうか。

(1) iPS細胞とは何か

2006年，京都大学の山中伸弥教授らのグループが世界で初めて作製した人工多能性幹細胞（iPS細胞：Induced pluripotent stem cells）とは，体細胞へ数種類の遺伝子を導入することにより，ES細胞（胚性幹細胞）のように非常に多くの細胞に分化できる分化万能性（pluripotency）と，分裂増殖を経てもそれを維持できる自己複製能を持たせた細胞を指す。

ヒトの体はおよそ60兆個の細胞で構成されている。元をたどればこれらの細胞はすべて，たった1つの受精卵が増殖と分化を繰り返して，神経や筋肉，皮膚などの体を構成する約200種類の細胞に変化したものである。受精卵は様々な細胞に変化する「万能性」持つが，一度，神経などに変化すると，もう別の細胞には後戻りできない。実は，iPS細胞の新しさはこの生物の常識を覆した点にある。つまり，受精卵を使用せず，皮膚細胞に数種類の遺伝子を組み込むことで，すでに分化した細胞が分化多能性をもった細胞へと再びプログラム化され，「初期化」されるのである。すなわち，初期化とは，こうした細胞の中の時計の針を巻き戻す現象とみなすことができる。

山中教授らはこれまでの知見をもとに，ES細胞で強く発現されたり重要

な役割を果たしたりしている遺伝子のなかに，体細胞を初期化し多能性を付与する因子があるのではないかと考えた。そしてその未知の「初期化因子」の探索に着手した。取り出した皮膚や胃の細胞などに2～4種類の遺伝子を，ウィルスを用いて，入れ込む。この遺伝子は，山中教授が，ES細胞の万能性に関係する遺伝子の中から発見したものである。

(2) iPS細胞の応用と利点

　iPS細胞の作製で期待されることは，損傷した組織や臓器などを修復する再生医療の実現である。たとえば心臓の心筋細胞の一部が壊死した場合，iPS細胞を移植することにより心機能の回復が期待される。また，糖尿病においては，iPS細胞からインスリンを分泌する膵臓のβ細胞を作り移植すれば治療が可能となるであろう。さらに，それだけにとどまらず，iPS細胞を使い，新薬研究や疾患原因解明研究，ヒト発生・発達のメカニズム解明などの応用も期待されている。再生医療への応用としては，パーキンソン病，脊髄損傷，心筋梗塞など，これまでに有効な治療法のなかった様々な疾患への細胞移植療法による治療が期待されている。ただし，現状ではiPS細胞は安全性などの面で問題があるため，たとえば移植後，癌化する恐れがあり，臨床への応用にはまだ10年はかかると見られている。

　一方，再生医療よりも先に実現する可能性が高いと考えられているのが，iPS細胞を医薬品の効果や毒性をシャーレ上での確認に用いる方法である。例えば患者と健康な人双方のiPS細胞から疾患に関連した細胞を分化誘導し，培養下で異常が生じる過程を詳細に解析したり，医薬品候補分子の効果を試したりすることに利用できると考えられ得る。

　ところで，iPS細胞の最大の利点は，生命倫理的な問題が少ない点であろう。以前述べたように，ES細胞の場合，受精卵が分化した胚盤胞の中にある内部細胞塊を分解して様々な細胞へと変化させるゆえに，人の生命の萌芽である受精卵を破壊してES細胞をつくることになる。実はこのことが，実用化に対するひとつの障害となっていた。例えば，受精卵の破壊が問題となり，かつて米国のブッシュ大統領はヒトのES細胞を作製する研究に連邦資

金を支給することに対して反対した。また，日本においても，ヒトのES細胞研究が，国の指針で厳格に制限されている。

　ところが，iPS細胞樹立の成功により，ES細胞の持つ生命倫理的問題を回避することができるようになり，免疫拒絶の無い再生医療の実現に向けて大きな1歩となった。宗教界からの評価の1例として，ローマ法王庁の生命科学アカデミー（Pontifical Academy for Life）委員長のエリオ・スグレシア（Elio Sgreccia）司教兼所長は「難病治療につながる技術を受精卵を破壊する過程を経ずに行えることになったことを賞賛する」との趣旨の発表を行い，さらに「ヒトの皮膚からの人工多能性幹細胞（iPS細胞）の作製が成功したことについて，胚（はい）の使用に関連した『倫理的問題』とするべきではない」との見解を示した。彼は，キリスト教系通信社「I-Media」に対し，「現時点でわれわれはその研究を合法的とみなしており，それ以上の検証は行わない」と述べた。ただし，スグレシア司教によると，カトリック教会は技術的なプロセスについては懸念していないが，もし人間の尊厳が脅かされるようなことがあれば対応を考えるという。

　生物を構成する様々な細胞に分化できる分化万能性は，胚盤胞の一部である内部細胞塊や，そこから培養されたES細胞に見られる特殊能力であった。しかし，iPS細胞の開発により，受精卵やES細胞をまったく使用せずに分化万能細胞を培養することが可能となった。

　分化万能性を持った細胞は理論上，体を構成するすべての組織や臓器に分化誘導することが可能であり，ヒトの患者自身からiPS細胞を樹立する技術が確立されるならば，拒絶反応の無い移植用組織や臓器の作製が可能になると期待されている。さらに，ヒトES細胞を使用する際に懸念されていた，「胚盤胞を破壊する」ことに対しての倫理的問題が，一見，抜本的に解決されることに繋がるとみなされたがゆえに，再生医療の実現に向けて，世界中の注目が集まっていることは確かに事実である。

　また，再生医療への応用だけではなく，患者自身の細胞からiPS細胞を作り出し，そのiPS細胞を特定の細胞へ分化誘導することで，「従来は採取が困難であった組織の細胞を得ることができ，今まで治療法のなかった難病

に対して，その病因・発症メカニズムを研究したり，患者自身の細胞を用いて，薬剤の効果・毒性を評価することが可能となることから，今までにない全く新しい医学分野を開拓する可能性を秘めている」ということも十分納得のいくところである。

(3) iPS 細胞の倫理的・法的・社会的課題（ELSI）

しかし，京都大学生命倫理専門調査会によると，iPS 細胞は，現在生きているヒトの細胞から比較的簡単な操作で作製することができるため，以下にあげるいくつかの倫理的・法的・社会的課題が考えられる，という。

① プライバシーの保護

iPS 細胞は，細胞提供者の遺伝情報をすべて持つゆえ，もしその遺伝情報が流失した場合，細胞提供者のプライバシーが侵され，社会的，経済的，その他の不利益を被る危険性がある。そのため，確かなセキュリティー・システムを整備する必要があると考えられる。また，ヒト iPS 細胞の研究過程で，何らかの病気を発病する可能性の高い遺伝的変異が発見された場合に対処すべく，インフォームド・コンセントの手続きを決める際に，この問題を考慮しておく必要もあろう。

② 同意および同意の撤回

研究実施にあたって，研究内容の理解と自発的意思による同意（インフォームド・コンセント）を得ることはさることながら，研究倫理の原則から，試料提供者は研究開始後であっても，いつでも同意を撤回できなければならない。

③ 細胞提供者の権利の及ぶ範囲

樹立された iPS 細胞によって得られた経済的利益の一部を手にする権利を，細胞提供者は主張できるのであろうか。また，その iPS 細胞の利用方法に関して，提供者はどこまでコントロールする権利を持つのであろうか。

④ 知的財産に関する課題

多岐にわたる作製技術や樹立細胞の同一性が不明瞭のため，特許の分野は複雑な課題を抱える。

⑤ iPS細胞の倫理的使い方

　ヒト受精卵の破壊という倫理的問題は回避されたが，ヒトiPS細胞研究において，細胞の機能や安全性を調べるために，ヒト細胞を動物へ移植する必要がある。その際，倫理的・政策的課題を生み出す可能性がある（ヒト—動物キメラの作成）。また，現在，最も倫理的問題になるのは，「生殖細胞の産生」である。つまり，ヒトiPS細胞による精子と卵子の作製及びそれらの受精に関する問題である。

⑥ 臨床応用に向けた課題

　iPS細胞を用いた応用技術として，細胞を移植する臨床試験を実施する際，細胞の腫瘍化の防止，安全性の評価等の課題を考えなければならない。

　以上，iPS細胞の倫理的・法的・社会的課題について検討してきたが，その中で最大の問題は，⑤の「iPS細胞の倫理的使い方」における二番目の問題である「生殖細胞の産生」であろう。

(4) iPS細胞による生殖細胞作製の問題点

　2010年5月，ヒトiPS細胞から生殖細胞を作る研究が文部科学省の指針で解禁された。さらに，2011年2月，慶応大学におけるヒトiPS細胞による生殖細胞作製研究計画が文部科学省に受理（了承）された。同大研究チームは皮膚細胞から作ったiPS細胞に試薬を加えるなどして，生殖細胞に変化させる方法を探り，現時点ではまだほとんどわかっていない生殖細胞発生の仕組みを解明して，不妊症や先天性疾患治療や不妊治療の薬剤開発への応用を目指すという。しかし，作製した精子と卵子を受精させることは倫理的な問題があり，文科省の指針で禁止されているため，受精させることはできない。

　そこで，東京大学医科学研究所の幹細胞治療研究センターの主張する「iPS細胞を用いた生殖細胞研究の医学的有用性」についての見解に触れてみよう。彼らの科学的研究に対する基本的スタンスをまとめると，以下のとおりである。それは，「知的好奇心に基づく科学研究に制限を加えるべきでなく，ただし，その結果が社会的混乱をもたらす場合には制限が必要であ

り，科学研究の発展は将来を予想して制限すべきではないし制限は現実的に困難である」とするものである。iPS細胞による生殖細胞研究の重要性に関しては，「不妊の原因を明らかにし，さらには治療法を見出すための材料とすることができる」「環境因子の影響，薬剤の影響など，生殖細胞研究は人類の生存に影響を与えうる重要な研究である。iPS細胞を用いれば倫理的な問題を最小限にして再現性の高い研究が可能になる」とある。

たしかに，「iPS細胞による生殖細胞研究は，人類の生存にとって重要な研究である」ということは納得するところであるが，「知的好奇心に基づく科学研究ならば制限されるべきではない」，また「研究は将来を予想して制限すべきではないし予想は不可能だ」とする意見を素直に受け入れることには直感的に抵抗感がある。つまり，裏を返せば，知的好奇心に基づく科学研究ならば自由に行えるし，かつ，その悪影響を事前に想像力で考慮する必要はない，ということになろう。この態度には多少問題があると考えられる。なぜなら，科学的発展には，メリットとデメリットとが共存しているということは科学史の上から判断される事実であると考えられるからである。研究に伴う問題については，「機関内倫理審査委員会による承認など，研究内容に関する科学的合理性と透明性の維持が不可欠」との見解もみられるが，「機関内」だけではなく，「機関外」からの開かれた討論も必要かと考えられる。

さらに，ここには，もうひとつ看過できない問題がある。そもそも人類が，iPS細胞により生殖細胞を作製する技術を手中にしたという事実が，人類史および科学史において，いったいどのような意味を持つのか，という根本的な哲学的問題である。この問題はiPS細胞による生殖細胞研究を進めると同時に論究されるべき問題であると考えられる。

(5) スポンヴィルの「資本主義社会における4つの秩序」

ここで，フランスの気鋭の哲学者アンドレ・コント＝スポンヴィルの著書『資本主義に徳はあるか』の鋭く，言い当てた議論を参考にしてみよう。スポンヴィルは，人間社会を4つの秩序に区別している。第1は「経済－技

術—科学的秩序」で，その駆動力は「可能なものと不可能なもの」という対立軸である。第2は「法—政治的秩序」で，「合法と違法」という対立軸，第3は「道徳の秩序」で「善と悪，義務と禁止」という対立軸，第4は「愛の秩序」で，対立軸は「喜びと悲しみ」となる，と分析している。

　しかし，現代文明は，危機的状況に直面しているという。つまり，第1の「経済—技術—科学的秩序」は，それを引き起こした張本人である「専門知識をそなえ技術を有した卑劣漢」の横行を，「内」から抑えていく力を持っていない。「外」から，主として第2の「法—政治的秩序」の側から規制していく以外にない。しかし，第2の秩序も，法に触れさえしなければよい，というずる賢い「合法的な卑劣漢」を制圧していく力をもたず，この場合も「外」から，主として第3の「道徳の秩序」の側から規制していくしかない。そして，この第3の秩序も，口先だけの偽善者である「道徳的な卑劣漢」の存在を許してしまうことになる。道徳は「外」からの規制には本質的になじまないゆえ，したがって，「それを補完し，いわばうえからあける役割をはたすもの」として，第4の「愛の秩序」が要請される。しかし，同じ徳目をうながすにしても「道徳の秩序」が，外発的な義務付けに傾きがちなのに対し，「愛の秩序」は，あくまで内発的な喜び，充足感であることが決定的に異なる，というのだ。

(6) 内発的道徳としての技術倫理

　このようなスポンヴィルの議論を踏まえるならば，「iPS細胞技術」という「経済—技術—科学的秩序」は，文科省等による「法—政治的秩序」による規制が必要となるであろう。また，先に言及したような「機関内倫理審査委員会」による「道徳の秩序」という「外」からの規制も必要である。しかし，科学・技術を，私たちの幸福と福祉に貢献するものにするには，単なる外発的な義務付けとしての「道徳の秩序」ではなく，それを補完する内発的な秩序を開発する教育・実践が必要となろう。それが技術倫理の本来の目的であろう。

　では，「愛の秩序」としての内発的道徳を発展させる方法とは何か。例え

3. iPS 細胞と技術倫理

ば，環境問題において，「経済－技術－科学的秩序」が地球温暖化をもたらした現在，「法－政治的秩序」による地球レベルでの CO_2 削減規制が図られている。さらに各企業では，環境に配慮して企業倫理規定なるものが「道徳の秩序」として設置され，そのコンプライアンス（法令順守）が喧伝されているとおりである。しかし，この「道徳の秩序」は外発的であり，その立脚点が結果重視（利益）という態度に基づくならば，「道徳の秩序」は利益のために存在するということになり，それを形の上だけ順守するという人間が生まれる可能性がある。カントに従うならば，その人間は義務にかなった仕方でふるまっているが，義務によってふるまっているわけではない。そこでは，倫理は，利益追求の1つの方法となり，行為の善悪の基準を結果に委ねるという功利主義的な色彩の強いものとならざるを得ない。つまり，環境倫理や企業倫理をうたうことは「ビジネスチャンス」（利益）ということになるのである。

　筆者が主張したいことは，そうではなく，ある意味でカントが指摘するように「我が内なる道徳律にしたがう」という行為の動機に焦点を当てた態度が開発されない限り，外からの「道徳の秩序」である企業倫理さらには「機関内倫理審査委員会」は形骸化を残すのみの無力な秩序に堕する可能性を孕んでいるということである。そのためには，どうしても，「愛の秩序」としての内発的道徳が要請される必要があろう。

　具体的にその内容とは，知的好奇心に基づく科学研究を自由に行なうならば，同時に，その将来への悪影響を事前に把握する想像力を鍛え，開発することであろう。そのために，われわれ人類が，iPS 細胞技術による生殖細胞作製をコントロール可能にしたという事実が，人類史・科学史のなかで，いったいどのような意味を持つのか，また，作製した精子と卵子を受精させることはどうして倫理的な問題なのか，といった様な根本的な哲学的問題を志向する能力を開発することでもあろう。さらには，iPS 細胞技術に関して，生命関連領域以外の様々な立場の専門家（社会学・心理学・哲学・文学・芸術家・宗教者等）および非専門家（一般人）を巻き込んでの「開かれた精神による開かれた対話が必要」と考えられるのである。このようなプロ

グラムの遂行を通してこそ，iPS 細胞技術はわれわれ人類の福祉に対して，より大きな貢献を果たすものと期待できるのではないかと考えられる。

　クローン，ES 細胞，iPS 細胞を用いた再生医療の流れのなかで，iPS 細胞技術の応用・利点，その倫理的・法的・社会的課題，および iPS 細胞による生殖細胞作製の問題点，そして最後に，iPS 細胞技術に関する内発的な道徳的秩序について検討してきた。ES 細胞の研究により，クローン人間から臓器を作製・使用するという倫理的問題は回避され，さらに，iPS 細胞の出現により，生命の萌芽である「胚の破壊」という ES 細胞に関わる倫理的問題も解決された。iPS 細胞においては確かに，「胚を破壊しない」という点においては大きな前進といえるであろう。しかし，その出現によっても解消されず，依然として危惧されることは，宗教界から指摘されているとおり，「その技術が人間の尊厳を脅かす可能性が常にある」ということである。そして，2011 年 2 月に文部科学省に了承された「iPS 細胞による生殖細胞作製」という事実は人間の尊厳を脅かす可能性を持つゆえに，まさに，iPS 細胞に「新たに発生する懸念」となりうると考えられる。したがって，われわれは，iPS 細胞技術の未来と人類の幸福とを見据え，真摯に思索し，広く対話を起していく必要が，ここにあると考えられる。

4. 京都大学 iPS 細胞研究所（CiRA：サイラ）の取り組み

　そこで，目下のところ 1 つのモデルになるであろうと思われる京都大学 iPS 細胞研究所の開かれた情報発信と討議の実例を参考にして，今後の実現可能な技術倫理について思索してみよう。

(1) 研究所の倫理研究部門の充実
　京都大学 iPS 細胞研究所（CiRA：the Center for iPS Cell Research and Application）は 2010 年 4 月に設立され，6 年近くが経つ。CiRA には，未来生命科学開拓部門（細胞が初期化される仕組みを遺伝子レベルで解明），増殖分化増殖部門（iPS 細胞から目的の細胞へ分化させる方法を確

立)，臨床応用研究部門（疾患 iPS 細胞の作製，病因・メカニズムの解明），基盤研究技術部門（臨床応用の研究規制，細胞調製の運営・管理），上廣倫理研究部門（iPS 細胞研究に関する倫理研究の拠点）という5つの部門が存在する。いま，ヒト iPS 細胞の臨床応用が本格的にスタートしようとしている。研究の健全な推進・発展には，研究に対する社会の協力や理解は欠かない。京都大学 iPS 細胞研究所の倫理研究部門では，再生医療を円滑に行うための iPS 細胞ストックの構築，ヒト iPS 細胞と動物の混合，一般の方々と研究者と対話等のトピックスを，社会のニーズや人々の意識，国内外の倫理的規制や政策等を調査するとしている。つまり，iPS 細胞の臨床応用に関連しうる倫理的・社会的・法的課題の整理と明確化，対処法の検討や提案に取り組もうとする姿勢がそこには見える。

京都大学 iPS 細胞研究所長である山中伸弥教授は以下のように語る。

「臨床研究が始まろうとしている状況を考えると，iPS 細胞研究に対する社会の問題意識を把握し，人々が抱く様々な疑問に応えることが必要であると考えています。上廣倫理研究部門の設置により，iPS 細胞に関する倫理課題研究に積極的に取り組み，社会からの信頼のもとに研究を行うべく，課題への対処方法等の国内外へ向けた提言や教育・啓発活動を行いたいと思います。」

それでは，その実質的内容とはいかなるものだろうか。次に，そのプロジェクト概要を見てみよう。

(2) プロジェクト概要

iPS 細胞は，2006 年にマウスで，2007 年にヒトで樹立が成功して以来，ES 細胞の大きな課題とされた倫理的問題を克服すると期待されていることは事実である。現在，「iPS 細胞を用いた世界初の臨床研究を端緒に，臨床応用に向けた研究活動がいよいよ本格化する節目の時期を迎えています。iPS 細胞研究を迅速に進め，成功させるうえで重要な要素として，社会からの信頼は不可欠」である。したがって，「研究の目的や方法が科学的・倫理的に妥当であることを確認したり，社会のニーズや意識の所在を正確に把握

260　第11章　トランス・サイエンスのための科学・技術倫理

し，適切な対処策を検討・準備，提案したり，法令や指針に則った正当な手続きのもとで研究活動を行っていくこと」が必要とされている。

京都大学iPS細胞研究所の倫理研究部門は，こうした要請に応えるべく，2013年4月1日に開設された。以下に，研究所の公式ホームページからのその内容を引用する。

「本部門の研究者は，アンケートやインタビューなどの調査・分析を通じて社会意識を把握し，研究者や一般の方々に対処策を提案します。また，新しい科学技術の医療応用について問題意識を高めるために，研究者や青少年・一般の方々を対象とする教育活動にも取り組みます。さらにiPS細胞を用いた臨床研究などで求められる倫理審査等の手続きを含む法令や指針の遵守に向けた活動へも参画しています。iPS細胞を取り巻く医療の倫理的・法的・社会的課題の解決に向けた積極的な取り組みを通じ，iPS細胞研究に関する倫理研究の拠点としての役割を果たすことを理念としています。」

そこで，具体的な活動について見てみよう。公式ホームページには，CiRAの組織や研究活動をはじめ教育，iPS細胞の基本情報，ニュース，講演会情報がリアルタイムで掲載されている。とりわけ圧巻であるのが，2010年4月から京都大学iPS細胞研究所CiRAニューズレターが年4回発刊されている（2016年1月で24巻）ことであろう。その中には，13号からではあるが毎回，倫理研究部門から現在5名のスタッフによる「倫理の窓から見たiPS細胞」と題したコラム投稿が掲載されている。さらに2013年からは，倫理部門独自の研究実績報告書（年1回）も発刊されている。

(3)　公開シンポジウム『iPS細胞を含む幹細胞研究の未来に関する倫理』

倫理研究部門では2014年8月に公開シンポジウム『iPS細胞を含む幹細胞研究の未来に関する倫理』をカーネギー・オックスフォード倫理会議協賛で開催している。iPS細胞の登場により，ES細胞が抱えていた倫理的課題の1つである「受精した胚を破壊して研究利用すること」は克服されたといわれているが，しかし，研究の進展に応じてさらなる様々な問題が議論されている。たとえば，移植用の臓器を得るために，動物の胚にヒトのiPS細

胞を混ぜて生物（キメラ）を作ってよいのかといった，今までタブー視されてきたが本当の意味で議論がなされてこなかった問題について，一般の人々に向けて広く公開シンポジュウムを開催している。この取り組みは，大きな意味がある。iPS細胞研究の進歩に伴い生じる倫理的問題について，社会に問い，一般人と研究者の間で対話を持つことが大きな目的であるとする態度が評価できる。

まず。山中伸弥教授による「iPS細胞研究の未来と倫理」と題する講演がなされ，iPS細胞の誕生から医学応用についての概説と，iPS細胞研究に関わる倫理について問題を提起された。次により具体的に，明治大学の長嶋比呂志氏による「遺伝子改変ブタを利用する臓器再生・臓器移植研究の現状と課題」と題し，膵臓を持たないブタの胚とヒトのiPS細胞を用いて，移植用の膵臓を作り出す研究開発の紹介がなされた。さらに，毎日新聞科学記者の青野由利氏による「生命科学の「ちょっと待てよ」を考える」と題し，技術革新により生まれる社会的・倫理的課題の背景を読み解く方法の紹介がなされた。約300名もの学生・市民が参加したこのシンポジュウムにおいて，不老不死に対する人の欲求への疑問や，ブタの体内を用いて人の臓器を作ることへの感情的な抵抗感など，参加者のダイレクトな心に響く議論も生まれたことがうかがえる。

(4) 研究報告と教育

他に，事実把握のための実態調査を中心に，様々な研究を行っている。このような研究は，iPS細胞研究を医療へとつなげていく過程で，どのような倫理的課題が生じるのかを明らかにし，解決策を検討する目的でなされている。具体的には，「自由診療（保険がきかない医療）による細胞治療の実態調査」，「包括同意を得る条件とは」，「臨床研究に際しての倫理面での配慮」，「再生医療とリスク・コミュニケーション」「再生医療と文化や社会」等の報告を，国際学会やシンポジュウム等で発表している。

新しい科学・技術が社会に根付いていくには，教育も必要であろう。生命倫理学を知り，倫理的課題に対応できる人材の育成にも取り組んでいる。

「教育プログラムの開発」,「若手研究者や大学院生との勉強会」,「研究者や研究支援者へのサポート」,「海外における研究倫理コンサルテーションの現地調査」等がなされている。

さらには,「iPS細胞とともに歩む生命倫理」と題した2015年度成果報告会が2016年2月10に開催され,以下の諸報告が研究員によりなされる予定である。「小冊子『幹細胞研究ってなんだ』作成：ともに倫理を考えるために」,「iPS細胞を用いた動物性集合胚研究をめぐる一般市民の意識調査」,「日本で提供されている幹細胞治療の特徴：海外研究との比較」,「細胞治療を行うクリニックのWebサイト：ユーザーが目にする情報の分析」である。このような取り組みは,iPS細胞研究だけではなく,生命科学全般,さらには今後の科学・技術を取り巻く社会の在り方に関して大きな示唆を与えるものと考えられるのではなかろうか。

5. まとめ

以上,京都大学iPS細胞研究所の倫理研究部門の取り組みに関して述べてきた。第1節で論じたが,トランス・サイエンスを論じたワインバーグは,「議論は,科学者のみによるのではなく,科学者と市民の共同討議によらなければならない」と指摘した。われわれの生活世界は,科学・技術に植民地化されるのではなく,それをいかに使いこなすかという英知が必要とされている。繰り返すが,「科学・技術は何を目的とした知識生産であるべきなのか」という価値の問題に,われわれは既に踏み込んでおり,「何のための知識生産か」という問題はさらに共同体の中において絶えず修正され進化すべき問いであり,より普遍的な価値を目指すことを予見させる価値論を考慮した科学・技術研究が希求される必要があろう。京都大学iPS細胞研究所の倫理研究部門の取り組みその方途を示すものであろう。

また第2節で述べたように,科学・技術を,私たちの幸福と福祉に貢献するものにするには,単なる外発的な義務付けとしての「道徳の秩序」ではなく,それを補完する内発的な秩序を開発する教育・実践が必要となろう。そ

れが技術倫理の本来の目的であろう。「愛の秩序」としての内発的道徳を発展させる方法とは，ある意味でカントが指摘するように「我が内なる道徳律にしたがう」という行為の動機に焦点を当てた態度が開発されない限り，外からの「道徳の秩序」」は形骸化の可能性を秘めた無力な秩序になるであろう。

　具体的にその内容とは，知的好奇心に基づく科学研究を自由に行なうならば，同時に，その将来への悪影響を事前に把握する想像力を鍛え，開発することであろう。そのために，われわれ人類が，iPS 細胞技術による生殖細胞作製をコントロール可能にしたという事実が，人類史・科学史のなかで，いったいどのような意味を持つのか，また，作製した精子と卵子を受精させることはどうして倫理的な問題なのか，といった様な根本的な哲学的問題を志向する能力を開発することでもあろう。さらには，iPS 細胞技術に関して，生命関連領域以外の様々な立場の専門家（社会学・心理学・哲学・文学・芸術家・宗教者等）および非専門家（一般人）を巻き込んでの「開かれた精神による開かれた対話が必要」と考えられるのである。以上のような意味からしても，京都大学 iPS 細胞研究所の倫理研究部門の取り組みは，まだまだ始まったばかりであり，さらなる哲学的・倫理学的思索に裏付けられる余地はあるものの，今後の未来において，トランス・サイエンスのための科学・技術倫理に対して，1つの貢献を果たす可能性があると期待できるのではないかと考えられる。

参考文献

小林傳司（2008），「科学技術化した社会に生きるということ」『講座　哲学9巻』岩波書店，199-235頁。
ギボンズ編（1997），『現代社会と知の創造』（小林信一監訳），丸善ライブラリー，281頁。
Takahashi, K., Yamanaka, S (2006), "Induction of pluripotent stem cells from mouse embryonic and adult fibroblast cultures by defined factors", Cell, 126(4): pp.663-76.
伊勢田哲司・樫則章編（2006），『生命倫理学と功利主義』ナカニシヤ出版。
ウィットベック，C.（2000），『技術者倫理1』（札野順・飯野弘之訳），みすず書房。
松木真一編著（2006），『現代科学と倫理』関西学院大学出版会。
「注目されるiPS細胞技術とは」（2008），Daiwa Institute of Research.
加藤和人（2010），「iPS細胞の社会的・倫理的課題への取り組み—国際的動向について」京都大学人文科学研究所・文化研究創成部門・大学院生命科学研究科・生命文化学分野（兼任）・物

質─細胞システム拠点・科学コミュニケーションG（連携）生命倫理専門調査会資料2-3, http://www8.cao.go.jp/cstp/tyousakai/life/haihu58/siryo2-3.pdf

中内啓光「iPS細胞を用いた生殖細胞研究の医学的有用性」東京大学医科学研究所，幹細胞治療研究センター，資料4-3-3. http://www.lifescience.mext.go.jp/download/rinri/es58/es58-05.pdf

読売新聞, 2011年2月19日付朝刊。

江川晃（2011）「ips細胞技術は人類に真の幸福をもたらすことが可能か」, 21世紀科学と人間シンポジウム論文誌，第4巻38-43。

江川晃（2016）「トランス・サイエンスの技術倫理に関する考察」, 第9回科学と人間シンポジウム論文集（抄録集），第4巻15-20。

江川晃・嘉吉純夫・葭田光三（2010），『生命倫理について考える』文眞堂。

CiRAニュースレター, vol1-23, 京都大学iPS細胞研究所。http://www.cira.kyoto-u.ac.jp/j/pressrelease/publication_5.html

上廣倫理研究部門研究実績報告書（2014），京都大学iPS細胞研究所。

アンドレ・コント＝スポンヴィル（2006），『資本主義に徳はあるか』（小須田健／C・カンタン訳），紀伊国屋書店。

索　引

【数字・アルファベット】

21世紀の国土のグランドデザイン　192, 195
21世紀福祉ビジョン　163
4つの秩序　255
ActiveAgeing: 政策の枠組み（WHO: 2002）　155
IPCC　218
iPS細胞　244
　──技術　256
IS（イスラム国）　97
PM2.5　231
SSC　244

【ア行】

アーヴィング・ゴッフマン　183
愛の秩序　256, 263
悪性新生物　129
顎・歯の退化　40
アダム・スミス　62
アファール猿人　44
天の川銀河　4, 8
アントロポセン　217
安保関連法案　106
イスラム原理主義　96-97, 99
一億総中流　107
インフレーション　1, 7
ヴィーナス像　50
宇宙の年齢　7
柄谷行人　112
エディアカラ生物群　32
エピジェネティクス　38
猿人　44
応能負担　157, 160
オウム真理教　97
　──団　96
オールトの雲　3
小沢一郎　112

オゾン層　30
恩給法　143
温室効果　220
　──ガス　218
お互いさまねっと公田町団地　185

【カ行】

海岸侵食　229
介護保険制度　161, 165, 179, 183
介護予防　183, 185
　──・日常生活支援総合事業　167
カイパーベルト　3
海面上昇　228
買い物難民　184
科学・技術倫理　244
化学進化　22
格差問題　99
核石器　48
拡張期血圧　126
価値問題　246
価値論　249, 262
貨幣　55
河合克義　180
がん　129
簡易計量経済モデル　75, 83
簡易人口経済計量モデル　75, 80
簡易人口モデル　75, 80
環境可能論　217
完新世　217
カント　257
冠動脈疾患　126
管直人　177
旱魃　224
カンブリア紀の大爆発　33
官僚制　94
企業倫理規定　257
気候システム　222
ギボンズ　245

救護法　147
旧人　48
境界型糖尿病　125
京都大学 iPS 細胞研究所　244
虚血性心疾患　134
居宅介護支援　166
居宅サービス　166
銀河系　4
近代資本主義社会　63
黒岩亮子　174
グローカル　239
グローバリゼーション　98, 109
グローバル化　107
軍国主義　95-96
軍事研究　244
軍隊　93-94, 101-102
ケアハウス　162
ケアマネジメント　166
経済の成長と発展　62, 65
警察　93
軽費老人ホーム　156
結核　119
ゲルナー　92
限界集落　197
健康増進　135
原始海洋　15-16
原始共産制　62
原始大気　16
原始地球　14-16
現実成長率 G　66, 69
原人　47
憲法　93-94, 101
権力分立　93, 100
小泉純一郎　104
広域行政圏　199
光化学スモッグ　231
公共交通指向型開発　204
高血圧　126
恒星　4, 9
公田町団地　184-187, 190
光年　4
購買圏　199
高齢化社会　158
高齢化率　173, 176, 178, 184

高齢社会白書　177, 179, 183
高齢者対策企画推進本部　161
高齢者の居場所　184-185, 187
高齢者のための国連原則　155
高齢者保健福祉推進十か年戦略　161
ゴールドプラン　161
ゴールドプラン21　166-167
国際連合　96, 103
国際連盟　96
国土形成計画法　196
国土総合開発法　193
国富論　62
国民皆兵　94, 101
国民国家　63, 89-90, 92-94
国民主権　94-101, 107-108, 111-112
国連　106
互酬性　53
個人の尊厳　93
古代奴隷制社会　63
国家からの自由　92
国家への自由　92
後藤広史　182
小林江里香　183
小林傳司　247
後氷期　219
コブ＝ダグラス生産関数　76, 83, 85
コンドライト　11, 14
コンパクトシティ　203-204, 207, 209, 215
コンプライアンス　257

【サ行】

最終氷期　219
再生医療問題　245
在宅介護支援センター　162
斉藤雅茂　181
産業革命　61, 91
産業革命以前　65
酸性降下物　230
酸性硫酸塩土壌　234
シアノバクテリア　29
自衛隊　104-106
事実問題　246
市場経済　63
自然権　102

索引 267

自然成長率 Gn 68-69
自然増加率 71
資本主義 89,90,92,92-95,97-99,107-111
市民革命 63,89-90
ジャイアント・インパクト 15
社会契約 102
——説 93
社会主義 63,110
社会的孤立 174,177,180-181,183-184
社会福祉施設緊急整備5か年計画 158
社会問題化 174,180
シャッター通り 202
宗教 99-100
——集団 96
自由権 63,91
自由主義 91,93,98,110
収縮期血圧 126
修正資本主義 63
終堆石堤 227
重要伝統的建造物群保存地区 211
恤救規則 145
準惑星 3
小規模多機能型居宅介護 169
消費関数 84
商品経済 89-90
剰余価値 89
小惑星帯 3
ショートステイ 160
新型インフルエンザ 120
進化論 35
人権 91,93,100
新興感染症 121
人口転換 71
——理論 71
人口ピラミッド 71,73
新ゴールドプラン 163
新人 49
浸水被害 223
新全国総合開発計画 193
心臓疾患 134
深層崩壊 223
親族ネットワーク 182
人畜共通感染症 116
心不全 126

腎不全 126
森林伐採 232
人類の起源 42
人類の進化 44
水惑星 15
スポンヴィル 255
生活圏 197-200,202-203,213-215
生活支援体制整備事業 141,168
生活保護法 149
生殖細胞作製研究計画 254
生存権 63
生物と生命 18
生物の大絶滅 34
生命の起源 22
世界大戦 101,107
石刃 50
赤方偏移 5
絶対王政 89-90,94
絶対光度 5
雪氷圏 226
全国総合開発計画 193
戦争 89,94,96,100-101,106
戦争機械 95
贈与交換 54
ソーシャルサポート 181
ソーシャルスキル 182
ソーシャルネットワーク 181

【タ行】

第三次全国総合開発計画 194
大衆民主主義 94-95
大動脈瘤 126
第2の人口転換 73
台風 222
太陽 11
太陽系 2,8,10
第四次全国総合開発計画 194
高潮 228
多国籍企業 107
多国籍軍 103,105
多細胞生物の出現 32
地域支援事業 167
地域資源 215-216
地域ネットワーク 182

地域包括ケアシステム 140
地域包括支援センター 167,185
地球温暖化 218
地球型惑星 12
地球環境問題 245
地球磁場 28
地方生活圏 199
中核市 203
中間層の没落 110
中心市街地活性化基本計画 204-205, 207, 210
中心市街地活性化法 204
長寿社会対策関係閣僚会議 161
直立二足歩行 40
チョッパー 46
通勤圏 199
デイサービス 160
田園回帰 197
天然痘 122
天皇制 98
天文単位 2
同位体 11
洞窟壁画 50
糖尿病 123
　　――性神経障害 124
　　――性腎症 124
　　――性網膜症 124
常盤平団地 175-176, 178
特別養護老人ホーム 151, 156
都市圏 199
独居高齢者 173, 179, 181-182, 185, 188, 191
トマス・モア 64
豊四季台団地 175
トランス・サイエンス 244, 262

【ナ行】

内発的道徳 256
中曽根康弘 104
ナショナリズム 94, 98, 101, 108
二酸化炭素 220
日米安全保障条約 105-106
日本型社会福祉 159
日本国憲法9条 96, 100-106
認知症グループホーム 164
ネアンデルタール人類 49

ネオ・ダーウィニズム 37
寝たきり高齢者 158
熱水噴出孔 24
年周視差 4
脳血管障害 126

【ハ行】

パークアンドライド 208
パーセク 4
ハイデルベルグ人類 49
パイライト 234
剝片石器 49
パッシング 184
　　――としての孤立 184
ハッブル 5
　　――定数 6
　　――の法則 6
花畑団地 178
ハビタルゾーン 16
ハロッド＝ドーマー生産関数 76,83
ハロッド＝ドーマー・モデル 66
ピーター・タウンゼント 180
ビッグサイエンス 244
ビッグバン 1,7
ヒポクラテス 64
氷河 226
　　――湖決壊洪水 226
開かれた精神 257
微惑星 10, 14
貧困からの孤立 182
福島原発問題 245
普通選挙制度 94
ブッシュファイヤー 224
ブルジョアジー 90-91
　　――（市民階級） 90
プロレタリアート 91
　　――（労働者階級） 91
フロンティア 98, 108-109
文明 51
平均寿命 114
平和 89, 99, 101
　　――主義 105
ペスト 117
封建共同体 90

膨張宇宙　5-7
法の支配　93
ホームヘルパー　162
星間物質　4
星間分子雲　10
ホッブズ　102
　　――ボーム　243
ポパー　245
ホモ・エルガスター　47
ホモ・エレクトス　47
ホモ・サピエンス　49
ホモ・ハビリス　46

【マ行】

マートン　244
マグマオーシャン　14-15
マングローブ　234
マンハッタン計画　244
水野和夫　108-109
見かけの光度　5
ミトコンドリア・イブ　55
民主主義　93,110
無縁社会　176
村山富市内閣　102
モード1　245
モード2　245
モード3　248
木星型惑星　12-13
文字　51

【ヤ行】

夜警国家説　91

山中伸弥　250
結城康博　173
ユートピア　64
養護老人ホーム　156
養老院　148
養老施設　149,156
吉本隆明　97,112

【ラ行】

ライフイベント　182
ライフサイクル仮説　84
ラミダス猿人　42
陸軍軍人傷痍疾病恩給等差例　143
立憲主義　93
冷戦構造　244
レッセ・フェール　91
老人医療支給制度　159
老人家庭奉仕員　151
　　――派遣　157
老人漂流社会　182
老人福祉計画　163
老人福祉法　150,156
老人保健福祉計画　163
老人保健法　159,161
ロジスティックの法則　71

【ワ行】

ワインバーグ　246
惑星　2
湾岸戦争　103,105

著者紹介 (50音順)

上之園佳子（あげのその・よしこ）　第7章
- 1952年　福岡県に生まれる
- 1974年　九州大学医療短期学部卒業
- 2004年　國學院大學大学院法学研究科法律学専攻博士課程前期修了
- 2011年　日本大学文理学部社会学科教授
- 2012年　日本女子大学大学院人間社会研究科社会福祉学専攻博士課程後期単位取得退学
- 2013年　日本大学文理学部社会福祉学科教授（現在に至る）

　主要著書・業績
　　『生活支援の基礎理論Ⅰ』（共編者，光生館，2015年）
　　『生活支援の基礎理論Ⅱ』（共編者，光生館，2015年）
　　『社会・人口・介護からみた世界と日本』（共著，時潮社，2014年）
　　『少子高齢化―21世紀日本の課題―（AN21研究シリーズNo.5）』（共著，文眞堂，2014年）
　　『介護福祉学事典』（共編者，ミネルヴァ書房，2014年）
　　『生活支援総論』（共著，光生館，2014年）

石川晃司（いしかわ・こうじ）　第5章
- 1954年　山形市に生まれる
- 1977年　慶応義塾大学法学部政治学科卒業
- 1983年　慶応義塾大学大学院法学研究科博士課程単位取得退学
- 1995年　法学博士（慶応義塾大学）
- 2009年　日本大学文理学部教授（現在に至る）

　主要著書・業績
　　『保守主義の理路』（単著，木鐸社，1996年）
　　『国民国家と憲法』（単著，三和書籍，2016年）
　　『モダーンとポスト・モダーン』（共著，木鐸社，1992年）
　　『近代国家の再検討』（共著，慶應義塾大学出版会，1998年）
　　『慶應の政治学　政治思想』（共著，慶應義塾大学出版会，2008年）
　　『少子高齢化―21世紀日本の課題―（AN21研究シリーズNo.5）』（共著，文眞堂，2014年）
　　『アジアにおける地域協力の可能性』（共著，芦書房，2015年）

著者紹介

鵜川元雄（うかわ・もとお）　第1章
　　1954年　三重県に生まれる
　　1976年　名古屋大学理学部卒業
　　1980年　名古屋大学大学院理学研究科博士後期課程中途退学
　　1983年　理学博士（名古屋大学）
　　2012年　日本大学文理学部教授（現在に至る）
　　　主要著書・業績
　　　　『地球ダイナミクス』（共著，朝倉書店，2014年）
　　　　『日本の自然災害1995年〜2009年』（共著，日本専門図書出版，2009年）
　　　　『自然災害の事典』（共著，朝倉書店，2007年）

江川　晃（えがわ・あきら）　第11章
　　1954年　神奈川県に生まれる
　　1979年　千葉大学園芸学部農業生産学科卒業
　　1990年　日本大学大学院文学研究科哲学専攻博士後期課程満期退学
　　1993年　日本大学文理学部講師（現在に至る）
　　　主要著書・業績
　　　　『生命倫理について考える（AN21研究シリーズNo.3）』（共著，文眞堂，
　　　　　2010年）
　　　　『経済・生命・倫理（AN21研究シリーズNo.1）』（共著，文眞堂，2007年）
　　　　『21世紀の論理』（共著，八千代出版，2007年）
　　　　『プラグマティズムと記号学』（共著，勁草書房，2002年）
　　　　『科学哲学―現代哲学の転懐』（共著，北樹出版，2002年）
　　　　『21世紀の哲学』（共著，八千代出版，2000年）

大塚友美（おおつか・ともみ）　第4章
　　1953年　東京に生まれる
　　1976年　日本大学経済学部卒業
　　1982年　日本大学大学院経済学研究科博士後期課程満期退学
　　1999年　学術博士（東北学院大学）
　　2001年　日本大学文理学部教授（現在に至る）
　　2005年　日本大学大学院総合科学研究科教授（至2015年3月31日）
　　　主要著書・業績
　　　　『少子高齢化―21世紀日本の課題―（AN21研究シリーズNo.5）』（編著，文
　　　　　眞堂，2014年）
　　　　『Excelで学ぶ人口経済学』（単著，創成社，2011年）
　　　　『危機管理（AN21研究シリーズNo.4）』（共著，文眞堂，2011年）
　　　　『Excelで学ぶ情報処理（AN21研究シリーズNo.2）』（編著，文眞堂，2008

年)
『経済・生命・倫理（AN21研究シリーズ No.1)』（編著，文眞堂，2007年）
『実験で学ぶ経済学』（単著，創成社，2005年）
『ボーダーレス化の政治経済学』（単著，創成社，1996年）

落合康浩（おちあい・やすひろ）　第9章
1962年　静岡県に生まれる
1985年　日本大学文理学部卒業
1992年　日本大学大学院理工学研究科博士後期課程修了
1992年　博士(理学)（日本大学）
2011年　日本大学文理学部教授（現在に至る）
2011年　日本大学大学院理工学研究科教授（現在に至る）
　　主要著書・業績
　　『Mapping Transition in the Pamirs Changing Human-Environmental Landscapes』（分担執筆, Springer International Publishing, 2015年）
　　『少子高齢化―21世紀日本の課題―（AN21研究シリーズ No.5)』（分担執筆，文眞堂，2014年）
　　『農業地域情報のアーカイブと地域づくり』（分担執筆，成文堂，2008年）
　　『仕事がみえる地理学』（分担執筆，古今書院，2008年）
　　『地理学の見方・考え方―地理学の可能性を探る―』（分担執筆，古今書院，1998年）

櫛　英彦（くし・ひでひこ）　第6章
1954年　新潟県に生まれる
1980年　日本大学医学部卒業（医師免許取得）
1993年　医学博士（日本大学医学部）
1988年　脳神経外科専門医
1996年　救急専門医
2001年　救急指導医
2009年　日本大学文理学部教授（現在に至る）
2009年　日本大学医学部兼旦教授（現在に至る）
2010年　日本大学大学院文学研究科教授（現在に至る）
　　主要著書・業績
　　『Hemoperfusion with an immobilized polymyxin B fiber column inhibits macrophage/monocyte activation』（原著論文（共著），2009年）
　　『Hemoperfusion with a polymyxin B column decreases clotting activity』（原著論文（共著），2009年）
　　『Acute subdural hematoma because of boxing』（原著論文（共著），

2009年)
『Criteria for hemoperfusion with an immobilized polymyxin B fiber column based on oxygen metabolism』(原著論文(共著), 2008年)
『Early hemoperfusion with a polymyxin B column improves gastric mucosal pH in sepsis』(原著論文(共著), 2008年)

小池高史(こいけ・たかし)　第8章
1983年　静岡県に生まれる
2006年　横浜国立大学教育人間科学部卒業
2012年　横浜国立大学大学院環境情報学府博士後期課程修了　博士(学術)
2013年　日本大学文理学部助手
2016年　九州産業大学国際文化学部講師(現在に至る)
主要著書・業績
『何歳まで働くべきか?』(共編著, 社会保険出版社, 2016年)
『青空文庫で社会学』(共著, 書肆クラルテ, 2014年)
『ユースカルチャーの社会学』(共著, 書肆クラルテ, 2011年)

澤田博司(さわだ・ひろし)　第2章
1964年　群馬県に生まれる
1987年　北里大学衛生学部卒業
1987年　北里大学教養部助手
1994年　東京都立大学大学院理学研究科, 博士(理学)取得
2000年　北里大学一般教育部専任講師
2004年　日本大学文理学部助教授
2009年　日本大学文理学部教授(現在に至る)
主要著書・業績
「HCl treatment for preventing diapause caused Ca^{2+} efflux in Bombyx mori eggs」(共著, Zoological Science 32, 124-128, 2015年)
「Mechanism of the inhibition of leukemia cell growth and induction of apoptosis through the activation of ATR and PTEN by the topoisomerase inhibitor 3EZ, 20Ac-ingenol」(共著, Leukemia Research 39, 927-932, 2015年)
「Diapause prevention effect of Bombyx mori by dimethyl sulfoxide」(共著, PLoS ONE 8, e64124, 2013年)
「Difference on the roles of glutamine amidotransferase subunit of pyridoxal 5'-phosphate synthase between Bacillus circulans and Bacillus subtilis」(共著, Bioscience, Biotechnology, and Biochemistry 77, 1481-1485, 2013年)

「Developmental changes in the localization of protein kinase CK2 in non-diapause and diapause eggs of the silkworm, *Bombyx mori*」（共著，Zoological Science 29, 6-10, 2012 年）

「Role of 20 kDa protein associated with a carbocycle-forming enzyme involved in aminoglycoside biosyhthesis in primary and secondary metabolism」（共著，Bioscience, Biotechnology, and Biochemistry 74, 1215-1219, 2010 年）

髙階曜衣（たかしな・てるえ）　　第 6 章

　　1990 年　埼玉に生まれる
　　2013 年　日本大学文理学部卒業（学士：体育学）
　　2015 年　日本大学大学院文学研究科博士前期課程修了（修士：教育学）
　　2015 年　日本大学大学院文学研究科博士後期課程（現在に至る）

　　主要著書・業績

『骨格筋率の低い 90kg 以上の男子柔道選手は試合後の乳酸が蓄積する』（原著論文（共著），2016 年）

『Effects of the percentage of skeletal muscle and body fat on physiological changes after a judo match』（学会発表（共同），2014 年）

『The extra fat mass and body fluid volume of the rugby player attenuate by a camp』（学会発表（共同），2016 年）

高橋正樹（たかはし・まさき）　　第 1 章

　　1950 年　東京に生まれる
　　1974 年　東京大学理学部卒業
　　1980 年　東京大学大学院理学研究科修了（理学博士）
　　1985 年　茨城大学理学部助教授
　　1995 年　茨城大学理学部教授
　　2001 年　日本大学文理学部・大学院総合基礎科学研究科教授（現在に至る）

　　主要著書

『日本の火山図鑑』（単著，誠文堂新光社，2015 年）
『火成作用』（共著．共立出版，2012 年）
『地殻の形成』（共著，岩波書店，2010 年）
『富士山の謎をさぐる』（共著，築地書館，2006 年）
『島弧・マグマ・テクトニクス』（単著，東京大学出版会，2000 年）
『花崗岩が語る地球の進化』（単著，岩波書店，1998 年）
『フィールドガイド日本の火山 1〜6』（編著，築地書館，1998 年）

内藤佳津雄（ないとう・かつお）　　第 7 章
 1963 年　東京に生まれる
 1986 年　日本大学文理学部心理学科卒業
 1992 年　日本大学大学院文学研究科心理学専攻博士後期課程満期退学
 1997 年　厚生省老人保健福祉局老人福祉専門官
 1999 年　日本社会事業大学社会事業研究所専任講師
 2000 年　日本大学文理学部専任講師
 2007 年　日本大学文理学部教授（現在に至る）
  主要著書・業績
   『認知症実践リーダー研修標準テキスト』（共著，ワールドプランニング，2016 年）
   『発達と学習』（編著，弘文堂，2016 年）
   『発達と老化の理解・こころとからだのしくみ』（監修・著，全国社会福祉協議会，2016 年）
   『認知症の理解・障害の理解』（監修・著，全国社会福祉協議会，2016 年）
   『社会福祉学習双書・老人福祉論 2016』（編著，全国社会福祉協議会，2016 年）
   『美についての五つの考察』（共著，北樹出版，2012 年）

深田喜八郎（ふかだ・きはちろう）　　第 6 章
 1987 年　北海道に生まれる
 2011 年　日本大学文理学部体育学科卒業（学士（体育学））
 2013 年　日本大学大学院文学研究科教育学専攻博士前期課程修了（修士（教育学））
 2016 年　日本大学大学院文学研究科教育学専攻博士後期課程修了（博士（教育学））
 2016 年　日本大学文理学部人文科学研究所研究員（現在に至る）
  主要著書・業績
   『過体重の若年男性は高強度運動後に 8-isoprostane が上昇する』（原著論文（共著），2015 年）
   『低分子／高分子リポ蛋白コレステロール比は高強度運動後の線溶活性に影響を与える』（原著論文（共著），2014 年）
   『12 分間最大努力走における好中球数・リンパ球数急性増加に関与する因子』（原著論文（共著），2013 年）

276 著者紹介

葭田光三（よしだ・こうぞう）　第3章
　　1943年　静岡県に生まれる
　　1966年　東京大学理学部卒業
　　1968年　東京大学理学系大学院修士課程修了
　　1984年　医学博士（日本大学）
　　1994年　日本大学文理学部教授
　　2011年　同退職（現在に至る）
　　　主要著書・業績
　　　　『家族と生活』（共著，創成社，2013年）
　　　　『生命倫理について考える（AN21研究シリーズNo.3)』（共著，文眞堂，2010年）
　　　　『自然と文化の人類学』（単著，八千代出版，2003年）
　　　　『人類学用語辞典』（共著，雄山閣，1997年）

藁谷哲也（わらがい・てつや）　第10章
　　1958年　東京に生まれる
　　1980年　日本大学文理学部卒業
　　1987年　日本大学大学院理工学研究科博士後期課程（地理学専攻）修了
　　1987年　理学博士（日本大学）
　　2006年　日本大学教授（現在に至る）
　　　主要著書・業績
　　　　『危機管理（AN21研究シリーズNo.4)』（共著，文眞堂，2011年）
　　　　『経済・生命・倫理（AN21研究シリーズNo.1）増補版』（共著，文眞堂，2011年）
　　　　『極圏・雪氷圏と地球環境』（共編著，二宮書店，2010年）
　　　　『仕事が見える地理学』（共著，古今書院，2008年）
　　　　『環境と資源の安全保障―47の提言』（共著，共立出版，2003年）
　　　　『地理学の見方・考え方』（共著，古今書院，1998年）

人類の歩み
―21世紀の分岐点―

2017年4月15日　第1版第1刷発行		検印省略

編著者　　大　塚　友　美

発行者　　前　野　　　隆

　　　　　　　東京都新宿区早稲田鶴巻町533
発行所　　株式会社　文　眞　堂
　　　　　　　電話　03（3202）8480
　　　　　　　FAX　03（3203）2638
　　　　　　　http://www.bunshin-do.co.jp
　　　　　　　郵便番号（162-0041）振替00120-2-96437

製作・モリモト印刷

© 2017

定価はカバー裏に表示してあります
ISBN978-4-8309-4937-1　C3036

AN21 研究シリーズについて

　社会系・理系・文系の18学科1研究室から成る日本大学文理学部は，「文と理の融合（文理融合）」を理念としている総合学部である。

　AN21（ARS NOSTRA 21；アルス・ノストラ21；21世紀の我々の学術の意味）は，これらの学問領域にわたる学際的研究の成果の刊行を通して，この理念の更なる発展を図ることを目的として，本学部の教員有志が立ち上げた自主的研究グループである。

　AN21は2007年にAN21研究シリーズ第1巻を上梓して以来，その研究成果をほぼ年1回のペースで刊行して，今日に至っている。今後も，鋭意刊行を進めてゆく予定である。

AN21 代表
大塚　友美

AN21 研究シリーズ

No. 1　**経済・生命・倫理** ［増補版］　　定価：本体2000円＋税
　　　—ヒトと人の間（はざま）で—

　　大塚友美編著
　　21世紀の基本課題を問う
　　　生物である"ヒト"と万物の霊長である"人"の二面性を持つ人間は，種の存続をかけて，また，豊かな生活を求めて，経済を発展させてきた。この経済的営みによる自然への過重な負担が"ヒト"の存続を危うくしかねない今日，新たな経済観・生命観・倫理観の構築が"人"に求められている。21世紀の基本課題を問う。

No. 2　Excelで学ぶ情報処理　　　　定価：本体 2000 円＋税

大塚友美・谷口郁生編著

自然・社会・人文科学の代表的活用法が解る

　コンピュータは様々な活用法のある便利な道具であるが，それだけに初学者は混乱をきたしかねない。本書は自然・社会・人文科学の各分野の代表的な用法を平易に紹介しているだけでなく，記載内容をたどることによりその活用法の基本を習得できるように工夫されている。本書を読み終える頃までには，科学的分析への理解を深めることができよう。

No. 3　生命倫理について考える　　　　定価：本体 1650 円＋税

江川　晃・嘉吉純夫・葭田光三著

コトバとしての生命倫理から私たちの〈生命（いのち）の倫理へ〉

　本書のねらいは，理念の空間をとらえどころなく浮遊する「生命倫理」の実体を掴み取り，私たちの生の大地に根づかせることにある。それは，医学に加えて人類学の知見をもプラスするという，本書独自の構想によってはじめて可能になった。これこそまさに〈文理融合〉の現実化である。

No. 4　危機管理：新たな疾病との戦い　定価：本体 2000 円＋税

島方洸一編著

危機管理と文理融合型教養の重要性を提示

　危機管理，すなわち不測の事態への対応には総合的な知識が必要である。本書では，今日，喫緊の課題である感染症対策を共通のテーマに，理系・社会系・文系の専門を異にする執筆陣が危機管理を論ずる。危機管理論を通して「文理融合型」教養の重要性を，読者に「目からウロコが落ちる」ように感得してもらおうとするユニークな書物である。

No. 5 **少子高齢化** 定価：本体 2000 円＋税
　　　—21 世紀日本の課題—

大塚友美編著

文理融合の学際的観点から分析・追及！

　人はなぜ老いるのか。人間の心理は年齢とともにどう変化するのか。少子高齢化は日本の政治・経済・社会保障・国土計画等にいかなる影響を及ぼすか。急速に進展する少子高齢化現象は，我々の生活に大きな影響を及ぼしつつあるが，その実態は十分に知られていない。本書は，自然・社会・人文科学の学際的な観点から，この問題を分析している。